教育部人文社会科学研究青年基金项目（13YJC880128）

2016年度温州大学学术著作出版资金资助出版

朱家德 周湖勇 著

大学有效治理研究

中国社会科学出版社

图书在版编目(CIP)数据

大学有效治理研究/朱家德，周湖勇著 . —北京：中国社会科学出版社，
2016. 11 （2017. 4 重印）

ISBN 978 - 7 - 5161 - 9420 - 1

Ⅰ. ①大…　Ⅱ. ①朱…②周…　Ⅲ. ①高等学校—学校管理—
研究—中国　Ⅳ. ①G647

中国版本图书馆 CIP 数据核字（2016）第 288118 号

出 版 人　赵剑英
选题策划　刘　艳
责任编辑　刘　艳
责任校对　陈　晨
责任印制　戴　宽

出　　　版　中国社会科学出版社
社　　　址　北京鼓楼西大街甲 158 号
邮　　　编　100720
网　　　址　http://www.csspw.cn
发 行 部　010 - 84083685
门 市 部　010 - 84029450
经　　　销　新华书店及其他书店

印刷装订　北京君升印刷有限公司
版　　　次　2016 年 11 月第 1 版
印　　　次　2017 年 4 月第 2 次印刷

开　　　本　710×1000　1/16
印　　　张　18.75
插　　　页　2
字　　　数　323 千字
定　　　价　88.00 元

目　　录

序
把大学治理研究推向一个新高度

随着我国高等教育改革与发展的深入，21世纪初起国内学者开始研究大学治理问题。受欧美国学界的影响，主要形成两种研究路径：一是对大学治理结构进行本质主义的分析，认为完善法人治理结构是有效治理的基础，即区分不同层次的利益相关者，将决策权、执行权和监督权按照实际需要分配给治理主体，形成分权制衡结构。二是对我国大学治理实践进行"现象—问题—方法"的规范研究，在有限理性假设的基础上建构"政校分开、管办分离"的外部治理结构，以及"党委领导、校长负责、教授治学、民主管理"的内部治理结构。这两种研究路径实质上源于同一种研究范式：结构主义。近年来，有学者开始反思结构主义范式的缺陷，比如针对结构主义"不能解释结构相同的大学为什么绩效会出现那么大的差异，改造治理结构也未必一定产生预期的效果"①，认为研究大学治理结构的有效性既要重视治理结构又要超越治理结构，关注大学文化、信任等影响治理行为的非结构性因素。可见，揭示大学治理真面目，不仅要关注治理结构维度，也要关注治理行为维度。朱家德、周湖勇两位博士的专著《大学有效治理研究》正是基于这一考虑，从组织社会学视角对大学治理作了积极的探索。

大学治理现代化是国家治理现代化的有机组成部分，也是"深化教育领域综合改革、加快推进教育治理体系和治理能力现代化"的重要内容。那么，什么是大学治理现代化？本书从治理有效性与合法性的关系出发，提出一个很有见解的观点，即"大学治理现代化是大学以累积治理

---

① 顾建民、刘爱生：《超越大学治理结构——关于大学实现有效治理的思考》，《高等教育研究》2011年第9期。

有效性来强化其合法性的过程"。当前我国大学治理之所以合法性不强，是因为大学治理面临双重有效性危机：一方面，教师、学生等核心利益主体参与治理的制度化水平不高；另一方面，治理结构趋向精细化和"内卷化"，治理效率偏低。也正因为如此，大学治理就有有效与无效、高效与低效之分，有效或高效的大学治理是宏观制度安排与微观主体行为相互塑造的结果，反之亦然。本书还提出"大学治理双重有效性危机是宏观制度安排与微观利益主体行为相互形塑的结果"，"提高大学治理有效性是实现大学治理现代化的关键"等一系列创新性观点。本书主要采用案例研究法，结合历史分析法，将宏观历史考察与微观案例分析有机结合起来，实现宏观制度结构与微观主体行为的互动，以及历史经验与现实问题的互动。

　　本书以宏观制度安排与微观利益主体行为互动为主线索，在分析大学治理与参与、大学治理与效率等逻辑关系基础上，从参与（形式有效）和效率（实质有效）两个维度构建了大学有效治理的理论分析框架，突破了结构主义范式的局限性，具有学术创新性。这个理论分析框架能够对大学治理历史经验和当下大学治理实践作出一定的解释。如其所言，一方面，20世纪60年代以来，无论是罗马传统高等教育体系还是盎格鲁－萨克逊传统高等教育体系，抑或是我国致力于建设中国特色现代大学制度，大学治理改革的总趋势是不断提高治理有效性。西方大学治理改革集中表现在两个方面：一是大学积极回应校内外利益相关者的民主诉求，以参与原则扩大决策主体的范围；二是大学以提高决策效率和资源配置效率为目标，以效率原则重构大学与政府之间的关系，削减学术寡头权力，旨在重构学校层面的行政权力。与西方大学治理改革不同的是，我国大学治理改革始终把效率放在首位，坚持效率取向，比如不断强化党组织的领导地位，强化校级管理权力，提高决策自主性和决策效率，社会效益成为治理改革成败的主要标准，但大学利益相关者的民主权利诉求没有得到应有重视。当然，我国大学治理改革的核心是争取更多办学自主权，改革政府与大学之间的外部治理结构。另一方面，大量实证案例显示，从参与维度看，当前我国大学治理中教师等核心利益主体参与决策的广度和深度非常有限、参与的效果也不明显，同时教师参与治理的意愿不高，参与能力偏弱，参与动机是维护实现直接利益或减少利益受损。从效率维度看，当前我国大学治理的结构性效率和适应性效率偏低，决策中存在较为明显的权力精英联盟行为，大学成员之间也存在较为明显的依附发展关系，致使决策质量不高和可接受性偏低，政策执行成本偏高。应该说，上述研究发现较为客观。特别值得一提的是，本书认为，利益相关者参与大学决策可以提高政策质量和可接受性，减少政策执行成本，但要充分考虑参与者自身的知识、经验、能力，平衡参与和效率，需要界定"参与什么"、"谁来参与"和"如何参与"，否则就会陷入为了参与而参与的困境。在一定程度上修正了当前流行的"大学治理存在问题—利益相关者参与治理—问题得到合理解决"三段论臆想。

难能可贵的是，《大学有效治理研究》一书专章讨论了大学有效治理的法律基础。在国家推进"三位一体建设"宏观背景下，大学治理必须走法治化道路，大学治理主体之间的互动必须在法治框架下进行，从某种程度上来说，大学有效治理是大学法治，离开法治的大学治理不是现代化治理。因此，大学治理的法理基础、大学治理过程的程序正义以及大学纠纷解决机制构建是大学有效治理的三个关键环节，贯穿于大学治理的全过程。在法治层面，完善大学治理结构实质就是根据大学运行逻辑，在决策权、执行权和监督权相对分离的基础上，通过权力对权力的制约以及权利对权力的制约，实现大学权力结构的分权制衡。完善大学治理程序就要以程序正义规范决策权、执行权和监督权的运行，强调治理过程的有效性，进而使治理行为体现程序公开、程序参与、程序理性、程序自洽等程序正义理念。大学纠纷解决机制是大学办学自主权的重要组成部分，大学章程应当为大学内部纠纷解决机制提供整体架构，并通过制定具体规章制度予以落实。

本书最后落脚到超越大学治理的双重有效性危机。作者提出，在参与维度上，一方面要利用网络技术，提高核心利益主体参与治理的制度化水平，扩大参与治理的广度和深度，建立和健全程序正义机制；另一方面要提高决策质量和政策可接受性，识别并引导参与者的动机、提高参与者的参与知识和能力。在效率维度上，一方面要利用大数据平台，完善内外部治理结构，提高大学的结构性效率和适应性效率；另一方面要避免治理体系日趋复杂化和精细化而治理效率整体没有实质性提高的"内卷化"困局，通过提高治理能力，规范治理行为，建立健全内部纠纷解决机制，提高内外部合作效率。

本书还有一个重要特点是大量采用案例研究。案例研究是对理论假设的强检验。案例研究遵循再现逻辑，而非抽样逻辑。本书两位作者把案例研究引入大学治理研究中来，很有说服力。

当然，本书还存在不少瑕疵，比如理论分析框架的自洽性和适切性还有进一步论证空间，案例分析的广度和深度也待改进，跨学科研究中学科融合度还有提升空间，等等。但整体而言，本书两位作者在研究大学治理上，无论是理论分析框架的建构还是研究方法的选择，都相当有见地，可以说是把大学治理研究推向了一个新高度。

是为序。

中国人民大学教育学院副院长 教授 博士生导师
中国教育发展战略学会改革与发展规划专业委员会副会长 秘书长

2016 年 10 月 20 日于北京

引论　我国大学治理面临双重有效性危机

　　本书以我国大学治理存在的关键问题为导向，从组织社会学视角探讨大学有效治理的理论内涵，回答大学有效治理的本质是什么，有哪些基本特征，进而探究提高大学治理有效性的政策建构。本章提出大学怎样治理才有效这个核心命题，指出当前我国大学治理面临双重有效性危机，一方面大学核心利益主体参与治理的制度化水平不高，另一方面大学治理效率偏低。

第一节　参与制度化水平不高

　　大学有效治理是实现大学治理现代化的重要途径，也是"深化教育领域综合改革、加快推进教育治理体系和治理能力现代化"的重要内容。当前，我国大学治理改革的困境是面临双重有效性危机：一方面，教师、学生等核心利益主体在重大事务决策和执行中缺席或处于边缘状态，参与治理的制度化水平不高，参与效果有限，难以满足他们参与治理的权利诉求；另一方面，办学自主权不足与权力行使不规范并存，内部管理精细化、复杂化程度越来越高，而治理效率却偏低，资源配置不合理现象较为普遍，政策执行成本偏高，大学达成自身使命困难重重，也难以满足社会经济发展对大学的期望。

一　核心利益主体在重大事务决策中缺席或处于边缘状态与教师参与治理的效果有限并存

　　当前，我国大学治理实践的一个突出问题是核心利益主体在重大事务决策中缺席或处于边缘状态与他们参与治理的效果非常有限并存。大学党委会或党委常委会作为最高决策机构，目前存在的最大问题是党委委员来源单一，缺少来自教授群体、学生群体以及社会群体的代表，难以满足各方利益相关者参与治理的诉求。本应是最高学术决策机构的学术委员会通常异化为一个行政机构，委员大多是校领导、职能部门负责人、基层学术组织负责人，其结果是行政权力凌驾于学术权力之上，学术权力日渐式微。教代会也在一定程度上沦为党委会的"新闻发布会"，成为重大政策出台的合法化工具。大多数大学章程也规定学校鼓励和支持学生参与学校的民主管理和通过正常渠道对学校的工作提出批评或建议，但同时规定学生团体除在法律法规规定的范围内活动外，还要"服从学校的领导和管理"。因此，师生真正参与大学治理在结构上还存在渠道不畅的问题。另外，核心利益主体在参与大学治理上又表现出一种"政治冷漠"，教师代表缺席教代会开幕式、分组讨论等环节现象严重，出席闭幕式环节也仅仅是因为要参与投票，参与教代会介于荣誉感和应付感之间。[1] 教师对大学治理的认识只是基于个人的经验常识和价值观形成的一些感性认识，"参与者可能由于缺乏专业知识而不能理解政策质量标准中包含的知识"[2]，致使教师参与大学治理陷入能力困境。在一项研究中，10 所高校的 200 名教职工中有 34.5% 的人承认参与学校决策的最大阻力是自身"实践经验不足"，51.5% 的人认为是"没有参与决策的环境"。[3] 由于参与大学治理所需专业知识和能力的缺陷，教师等核心利益主体参与大学治理只能停留在浅层参与层面，对真正提高政策质量的效果非常有限。

研究者通常采用统计归纳的方法，通过对所得数据的统计分析，似乎无意中达成一个共识，认为赋予并保证教师等核心利益主体更多参与治理的权利是完善大学内部治理结构和提高大学治理有效性的重要途径。因此，他们开出的大学治理改革的"药方"普遍强调在制度层面强化教师参与治理的权利[4]，比如完善党委会领导制度、完善教代会制度、加强学

---

① 于海棠：《高校教代会中教师代表参与的张力及其限度——以某地方综合性大学为例》，《高校教育管理》2013 年第 1 期。

② 贾西津：《中国公民参与：案例与模式》，社会科学文献出版社 2008 年版，第 35—36 页。

③ 林炊利：《核心利益相关者参与公办高校内部决策的研究》，博士学位论文，华东师范大学，2013 年。

④ 郭卉：《如何增进教师参与大学治理——基于协商民主理论的探索》，《高等教育研究》2012 年第 12 期；余承海、程晋宽：《当代美国大学共同治理的困境、变革及其启示》，《高等教育研究》2014 年第 5 期。

术委员会制度、建立教授会或理事会、加强基层学术组织建设等，指向通过加强教师参与治理的制度设计以彰显学术权力，提高治理的民主性和科学性。这些研究的基本逻辑是"大学治理存在问题—教师参与大学治理—问题得到合理解决"，没有给予教师参与意愿、参与知识、参与能力等个人因素应有的考虑，想当然地认为教师有意愿且有能力参与大学治理，可以说是一种一厢情愿的遐想。西方学者研究认为，教师参与大学治理的程度较高有其积极的一面，但也有不可避免的弊端：教师参与治理活动的时间增加，势必减少教师用于教学和科研活动的时间；教师可能作出以牺牲大学利益而使政策最利于他们个人利益；某些能显著改变现状的项目的实施会因教师利益冲突而增加阻力；影响决策效率进而妨碍管理者有效完成发展大学和提高大学绩效的任务。① 那么，我国教师参与大学治理的意愿和能力如何？教师参与大学治理的动机是什么？教师可能关注哪些大学治理事务？如何提高教师有效参与大学治理？这些问题都需深入调查后再行探讨。

二　大学治理共识不足与民主参与价值式微并存

大学治理是一个包括治理理念、治理体系、治理能力、治理行为、操作规则等复杂的过程，其中治理理念具有价值基础性地位，制约治理观念导向。当前，我国大学治理遇到的一个重大问题是没有形成与之相适应的治理共识，大学治理改革进展与治理共识的价值亏空越来越明显，而且随着治理改革进入"深水区"和"攻坚期"，治理的价值冲突在教学、科研、人事、财务等领域迅速表现出来。首先，大学精英治理事实与民主参与价值之间的疏离。大学治理的核心价值是民主参与，但我国大学的治理现状是一种精英治理，主要治理主体是来自党和政府的利益代表，而来自教师群体、学生群体、社会群体的代表没有得到应有重视，他们在最高决策机构中没有获得相应的席位，即使来自学术系统的代表，在"学而优则仕"的大学文化熏陶过程中，他们也很难胜任整个学术群体的代表。由于政治权力、行政权力遵循的是政治逻辑和行政逻辑，强调对上级党委政府以及大学本身的忠诚、偏重效率，而学术群体遵循的是学科逻辑，注

①　［德］尤塔·默沙伊恩：《大学治理与教师参与决策》，魏进平、马永良译，知识产权出版社2014年版，第44—49页。

重对本学科的忠诚，看重的是自身学科的发展。因此，大学政治权力精英、行政权力精英和学术权力精英共同参与的精英治理存在事实上与大学治理的民主参与价值之间难以调和的冲突。其次，大学内部群体间的信任危机。大学群体的利益诉求存在差异，现在大学内中老年教职工与青年教职工、编制内教职工与编制外教职工（人事代理，临时聘任）、教师与行政人员、低职称教师与高职称教师、普通科员与处级干部、处级干部与厅局级干部、学生与教职工等群体之间的矛盾比较突出，在涉及住房分配、岗位津贴、职称评审、岗位聘任等关键问题上很难达成共识，各群体之间存在比较严重的信任危机。特别是代表行政权力的群体和代表学术权力的群体之间的信任危机尤为严重，在涉及切身利益的事项上很难达成一致看法。大学治理层强行推进工作轻则引起怠工，重者引发群体性突发事件，如 2013 年重庆工商大学二届五次教职工代表大会暨工会会员代表大会讨论和审议《重庆工商大学绩效工资实施方案（审议稿）》时导致数百名教师齐聚校门口高唱国歌维权。① 而我国的改革开放是以"放权让利"为先导的，2000 年以来国家政治体制和行政体制对集权的需求越来越强烈，在此背景下大学希望内部各利益群体通过民主协商的方式来达成共识越加困难。最后，教学与科研之间的分离。大学中的学科发展是在科学发展的内在逻辑、科学组织、社会需求和政府干预等各种力量作用于学科之上形成的一种张力下的运动，在学科发展演变过程中，学科有一种为追求自身发展而专注学术研究，逐渐淡化人才培养功能的倾向。② 被学科规训化了的职业化学者具有通过发表和出版科学研究成果来证明自己适合从事学术职业，属于本学科学术共同体中一分子的内在需求。教学与科研在性质、条件以及评价效果等存在非线性的复杂的内在关系，教师持有客观主义的科研观，但其教学观则属于建构主义。③ 尽管教师普遍认为教学与科研呈正相关关系，但在学校内部政策影响下，教师不得不认可教学与科研的分离，由此出现了长期备受诟病的"重科研轻教学"问题。由于治理共识的价值亏空，大学发展战略目标认可度不高，一些大学章程沦为一纸空

① 《重庆工商大学 300 名教师校门口齐唱国歌维权》，http://edu.ifeng.com/news/detail_2013_03/19/23251732_0.shtml，2014 - 10 - 06。

② 冯向东：《张力下的动态平衡：大学中的学科发展机制》，《现代大学教育》2002 年第 2 期。

③ 刘献君、张俊超、吴洪富：《大学教师对于教学与科研关系的认识和处理调查研究》，《高等工程教育研究》2010 年第 2 期。

文、发展战略规划最后沦为"鬼话"也就不足为怪。

三　大学治理过程缺乏必要的程序正义与教育申诉制度处于闲置或半闲置的状态并存

在大学内部重要决策方面，无论是制定过程还是内容都缺乏程序正义。作为治理纲要的大学章程的制定过程往往是由大学行政主导，其他利益主体无法有效参与，所谓公开征求意见制度大多只徒具形式。就其内容而言，程序方面的规定存在严重的缺失或者不完善：部分章程的条款均是围绕学校管理的实体规则展开，有关权力行使的程序则鲜有规范，至多也只是在章程结束部分或者附则条款中简约规定章程的修改程序；但即便是在这为数不多的程序性条款中亦不乏法治层面的瑕疵，虽不至于使得学校管理权无从行使，但至少未遵从"法定程序"行使。作为大学自治重要体现的大学规章制度在制定过程中没有注意保障相关利益主体的有效参与权等程序性权利，由此导致的结果是，虽然大学章程和规章制度意义重大，也至少会部分反映利益相关者的利益，但他们仍然觉得大学规章制度是学校管理层单方意志的产物，反映的只是管理层的利益；大学规章制度的内容也往往缺乏程序性条款，规定的大多是实体性权力（利），尤其是管理层权力的行使缺乏程序性规定，给予其太多的自由裁量权，甚至不受权力和程序的制约，权力的滥用甚至腐败也就难以避免。比如，很多大学关于学生处分的规章规定了处罚的事实、情形、种类等实体内容，但对处罚的程序，如学生的陈述、申辩、听证、处罚决定的送达、期限、救济途径等却很少有规定，或不完整，或不符合程序正义。包括大学处分等在内的大学具体行政和学术自治行为缺乏程序正义。大学处分、学位授予、职称评定等具体行政和学术自治行为在实践中由于缺乏程序正义而受到质疑，甚至被诉诸法院。在法院历年受理的案件中学校败诉的很大一部分就是因为程序问题，最为典型的是田永诉北京科技大学案以及刘燕文诉北京大学案。①

---

① 田永在考试中作弊，学校作出勒令退学这么一个重大的决定时竟然没有通知他本人，甚至没有书面的决定书。同样，北京大学作出不授予刘燕文博士学位这个关乎其人生走向的重大决定时也没有通知他本人，他也找不到一个地方问问理由，学校竟然说没有告知他的义务。法院在审查学校作出不授予其学位决定的理由时，北京大学的代理人竟然主张学校学位委员会的委员要对论文进行实质审查，即一个非无线电的专家要对一篇无线电博士学位论文进行审查，而且在一个上午要审查几十篇博士学位论文。

　　另外，教育纠纷解决机制缺失或者不完善，而仅有的教育申诉制度由于缺乏程序正义处于闲置或半闲置的状态。大学裁判权以及有关纠纷解决机制的缺失或不完善是程序缺失的重要表现。我国没有专门的教育诉讼制度，教育诉讼适用于《民事诉讼法》及《行政诉讼法》的有关规定。同时，根据现行法律，我国立法只确立了民商事仲裁、劳动人事争议仲裁及农村土地承包经营仲裁三种类型的仲裁，而没有专门的教育仲裁制度。《仲裁法》适用于合同纠纷和财产权益纠纷等民商事案件，《农村土地承包经营仲裁法》适用于农村土地承包案件，不适用于教育纠纷；《劳动争议调解仲裁法》则适用于劳动人事争议案件，因而教师的人事争议可以适用该法，但人事仲裁适用所有的人事争议案件，并非专为教育纠纷的解决而设置，从而无法体现教育纠纷的特殊性，不能称之为专门的教育纠纷解决机制。《教育法》和《教师法》规定了教育申诉制度，这是我国立法规定的唯一的专门教育纠纷解决机制，除此之外，没有其他的教育纠纷解决机制。有些大学尝试建立教育仲裁制度①，有些地方还探索建立教育法庭制度，但收效甚微，或者最终流产②。我国仅有的专门教育纠纷解决机制——教育申诉制度由于缺乏程序正义而实际上处于闲置或半闲置的状态，并没有发挥应有的作用。就学生申诉制度而言，虽然2005年教育部出台的《高等学校学生管理规定》对学生的申诉权的行使程序进行了完善，增强了可操作性，作为高校管理对象的学生的程序性权利从多方面得到充实，管理程序的合理性也有明显增强，高校学生管理程序正逐步趋向规范化与法治化③，可以说，这是我国教育立法主张程序正义的一个典范，但该规定的申诉权却仅限于学生处分这一个方面，学生教育申诉权的适用范围实际上被缩减了。同时，该制度在程序上仍然存在诸多不足，如事前公布告知不明确，听证制度欠缺，申诉处理委员会设置不周全，司法救济规定不完备等。④ 教师申诉权至今未制定实施细则，更不要说符合正当程序的可操作性规则了。正是这些程序性规定的不足，导致教育申诉制

---

　　① 于建坤：《争议裁决，招考公正的尺度和力度》，《中国教育报》2006年5月17日第10版。

　　② 张义清：《教育法庭在中国：我国首例教育法庭的钩沉、反思与启示》，《吉首大学学报》（社会科学版）2009年第1期。

　　③ 尹晓敏：《高校管理中学生程序性权利研究》，《教育科学》2005年第4期。

　　④ 李爱春：《法制化视角下的高校管理——正当程序流程的学生处分设计》，《中国青年研究》2008年第9期。

度基本上处于闲置和半闲置的状态。

第二节 治理效率偏低

一 大学办学自主权不足与内部权力监督机制不健全并存

治理结构是现代大学制度的基石，完善治理结构是大学治理现代化的重要途径。由于缺乏强有力的外部制约与激励的制度安排，也没有形成制度创新的内生机制，当前我国大学治理改革陷入了"内卷化"的困境①，这主要表现为大学治理改革基本上是对原有治理结构的复制、延伸和精致化，结果导致当前大学的压力越来越大，但效率并不高。当前，我国大学治理结构存在以下四个主要问题：第一，政校关系有待进一步理顺。大学治理结构一个突出的问题是办学自主权不足与内部权力监督机制不健全。囿于宏观制度环境的制约、行动者认知方式的制约以及制度的历史累积效应，大学办学自主权始终没有跳出"一收就死，一放就乱"的循环圈子，成为久拖不决的政策难题。② 在政府简政放权大背景下，2013 年以来教育部取消和下放的管理层级行政审批项目共有 8 项，其中，取消审批的项目 7 项，下放管理层级的审批项目 1 项，包括取消国家重点学科审批、取消高校设置和调整第二学士学位专业审批、取消中外合作办学机构以及内地与港澳台地区合作办学机构聘任校长或者主要行政负责人核准，取消高校部分特殊专业及特殊需要的应届毕业生就业计划审批等。但是，1985 年的《关于教育体制改革的决定》指出，政府有关部门对大学"统得过多"、"管得太死"的局面至今没有得到根本性改变，教育、财政、科技等主管部门通过设置名目繁多的"工程"、"计划"，以专项经费项目形式牢牢牵住大学的"牛鼻子"。大学依然是政府的附属机构，政校关系难以适应大学办学自主权的需要。第二，书记与校长的关系不明确。在党委领导下的校长负责制中，校长和书记之间的关系不明确，校长作为法律确定的法定代表人，是法律框架内的"一把手"。书记在大学的政治体制和组织体制中是"一把手"，大学事实上

---

① 孙百亮：《大学治理改革的"内卷化"及其规避》，《当代教育科学》2014 年第 7 期。

② 周光礼：《中国大学办学自主权（1952—2012）：政策变迁的制度解释》，《中国地质大学学报》（社会科学版）2012 年第 3 期。

处于"双校长制",大学运行中容易形成两个中心。这种法律框架与政治和组织框架的矛盾,是完善大学内部治理结构时所遇到的一个十分突出的问题,如中部地区一所重点大学的党委书记因个人比较强势,任书记时是学校绝对的一把手,而改任校长后依然是绝对的一把手,削弱了党委领导下的校长负责制的权威性。第三,正校级领导与副校级领导的关系不明确。大学领导班子中的书记、校长、副书记、副校长、总会计师等,无论他们的身份是中共党员还是民主党派或无党派人士,作为领导班子成员都是中管干部或省管干部。由于现行法律法规没有明确界定书记与副书记、书记与副校长,校长与副校长、副书记与副校长之间四组关系,正校级领导对副校级领导干部的任免难以产生实质性影响,没有进入党委会或常委会班子的成员不服从集体领导的现象时有发生,副校级领导通常根据领导班子分工在自己的管辖范围内经营且各自为政,甚至出现副校级领导架空正校级领导的局面。第四,学校与基层学术组织权责分配不对等。大学与基层学术组织之间权力分配存在权责不对等,基层学术组织承担无限的责任,但缺乏足够的人事权、财权,已经成为基层学术组织发展的瓶颈。虽然部分大学章程规定了基层学术组织拥有资源配置权,但这种配置权是学校层面剩余的资源配置权,在学校财政等资源分配过程中,基层学术组织几乎没有话语权。

二　权力精英联盟与群体利益公共化并存

通常来说,知识精英参与公共政策决策可以提高决策的科学性。知识精英有两种潜在的行为取向:一是选择依附政治精英和经济精英,充当政治精英和经济精英的附庸。在精英联盟主导的公共政策决策模式中,精英群体的群体利益上升为公共利益,所谓的科学理性决策演变为使精英群体的利益最大化的决策过程。二是在保证自身利益的前提下追求公共利益,充当社会公共利益的代言人,监督政治精英和经济精英。知识精英的行为取向受制于政策目标、政策实施过程、政策实施后的可能结果等外部因素,也受制于知识精英自身的学识、信仰、价值偏好、对政策的了解程度等内部因素,同时还跟他们与政治精英和经济精英的地缘、姻缘、血缘等有关联。

我国大学中存在三类权力精英,即政治权力精英、行政权力精英和学术权力精英,他们为维护既得利益以直接制定或影响制定政策的方式采取联盟或共谋行为策略。大学权力精英共谋主要表现在学术资源配置、职称评审、岗位聘任、住房、薪酬、福利分配等方面。比如东部一所大学在"十二五"学科建设经费分配时，以校长和 3 位副校长为学科带头人的 4 个理工科学院共分得全校总经费的 65% 以上，而没有校级领导支持的人文社会科学学院共分到的经费比例不到 20%。事实上，该大学的人文社会科学学科水平在教育部学科评估中排名不俗，正需要加大经费投入力度，而其理工学科实力并不强，也没有很看好的发展前景。再比如 2013 年重庆工商大学教师维权案中，"所谓教职工代表，70% 是处长或副处长，25% 是正教授，5% 是其他代表，一位参会代表透露，他所在的代表团接近 40 人，其中只有 4 名一线教师代表"①。在职称评审和岗位聘任过程中，通常以"老人老办法，新人新办法"为由给特定群体设置带有倾向性的条件。一些大学还趁职称评审权下放至学校的机会，不顾学校学科发展实际情况拔高职称评审条件，把大部分青年教师拒在高级职称特别是正高级职称门外，目的是不给青年教师竞聘高级职称岗位的机会，进而维护现有高级职称人员的岗位，而高级职称人员作为既得利益者恰恰是职称政策的制定者。一些大学以少数拔尖人才为目标的学术锦标制为政策制定思路，与多数青年教师的利益偏好和价值信念不相吻合，致使青年教师的制度认同度普遍不高，其学术行为大多属于制度压力下的应激行为。② 总之，当前大学中权力精英联盟、共谋现象比较普遍，权力精英往往借政策制定和执行的便利为本群体谋利益。

由既得利益者形成的维护既得利益的群体就是既得利益群体。③ 当前，我国大学中存在至少四个既得利益群体：一是以党委书记为首的党委系统；二是以校长为首的行政管理系统；三是学术锦标制的少数获胜者群体；四是老年群体。有学者归纳出苏联既得利益集团官僚特权阶层具有宗派性、虚伪性、保守性、垄断性、贪婪性和颠覆性 6 个特征，④ 这些特征在大学既得利益群体身上都能找到部分表征。利益群体在不同

---

① 《重庆工商大学 300 名教师校门口齐唱国歌维权》，http://edu.ifeng.com/news/detail_2013_03/19/23251732_0.shtml，2014 - 10 - 06。

② 卢晓中、陈先哲：《学术锦标赛制下的制度认同与行动逻辑——基于 G 省大学青年教师的考察》，《高等教育研究》2014 年第 7 期。

③ 魏崇辉：《当代中国国家治理现代化的理论指导、基本理解与困境应对》，《理论与改革》2014 年第 2 期。

④ 黄宗良：《特权阶层问题与社会主义的命运》，《国际政治研究》2002 年第 1 期。

层面上构成了点、线、面的几何排布：点就是利益群体中的核心人物，线就是利益集团内部成员聚合在一起的利益链条，面就是利益链条纵横织就的利益网络。大学既得利益群体的行为表现有，党委系统与行政系统明争暗斗，打着为学校发展掌舵、为全校教职工谋福利等旗号，实则是维护本系统成员的地位和利益；行政管理人员（特别是中层干部）与学术人员争权夺利，行政权力压制学术权力；高级别职称群体视低级别职称群体为附庸，剥削他们的劳动成果；老年群体以对学校发展有过贡献，甚至打着弱势群体的旗号要挟党委行政系统，忽视青年教职工的利益。既得利益集团是大学治理改革的主要阻力，形成了不作为惰性效应。

三　治理能力有待提升与治理失范行为时有发生并存

大学治理能力不强主要表现在学校和基层学术组织的政策制定、执行、评价能力不强。大学内部政策制定的通常做法是职能部门负责人根据自己的判断或主管校级领导的授意，指派下属起草某项政策草案并经该负责人修改后，征求政策可能涉及的部门的领导意见，再向主管校级领导汇报并同意后就可以上校长办公会，如果比较重大的政策就再上党委会或常委会，甚至再经教代会审议。在整个政策制定过程中，不少大学决策参与者缺乏大数据意识，没有对学校发展的各种数据进行深入挖掘，还是习惯于"拍脑袋"。政策制定过程无视现实情况而只是由实际享有决策权的人简单地以自己有限的理解、走马观花式调研、若干群体的座谈来取代全面的调查、论证和科学的判断。政策执行者在执行过程中往往加入部门利益或群体利益因素，以"上有政策、下有对策"的方式消解政策。目前，只要少数大学建立了政策执行效果的评价机制，即使在编制五年发展规划时也很少对前五年发展规划执行情况进行科学评价。

大学治理行为失范在学校层面主要表现为"党委领导下的校长负责制"的集体领导容易成为书记、校长的领导，党委会或常委会异化为党委书记一言堂的合法化工具，会议时间、议题选择基本是由党委书记基于个人判断来决定，校长办公会也容易成为校长个人的办事会议。不少高校并未严格落实《教育部关于进一步推进直属高校贯彻落实"三重一大"决策制度的意见》规定的凡属学校"重大决策、重要人事任免、重大项目安排和大额度资金运作事项必须由领导班子集体研究作出决定的要求"。《高等学校学术委员会规程》对学术委员会委员构成规定"担任学校及职能部门党政领导职务的委员，不超过委员总人数的1/4"，一些高校为了使校级领导和重要职能部门领导进入学术委员会就扩大委员人数规模，从而满足教育部令的规定，结果学术委员会实际运行中往往被党政权力架空。在职称评审过程中，部分大学以分类管理为由，把全校参评教师分为理科组、工科组、医科组、人文组和社科组等，但人事部门在对教师分组时不会严格依据学科归属而是根据领导授意，把少数需要特殊关照的理工医科教师分到人文组或社科组，目的是要确保被关照对象顺利晋升职称。① 教代会成为党委会的附属机构，没有真正成为《学校教职工代表大会规定》规定的"教职工依法参与学校民主管理和监督的基本形式"。治理失范行为同样出现在基层学术组织，与学校层面的失范行为并无二致。

治理行为失范的后果之一是大学陷入"政绩困局"，具体表现为人才培养质量难以满足用人单位的需要、人才流失等。② 大学权力精英为了实现"有为才有位"，一心抓学位点、科研项目、科研经费、标志性成果、论文等高显示度指标，短期内提高了大学美誉度，也获得了利益相关者的认可，增强了治理作为合法性。但从长远来看，人才培养质量得不到用人单位的认可，大学势必被学生、家长、社会所抛弃，部分大学科研业绩快速上升但生源质量、毕业生就业质量却下降的事实可以证明这点。有的大学就像一台永不停止的"榨油机"，不顾科学研究规律和教师专业发展规律，不断提高教师教学科研业绩考核指标，教师"端起碗来吃肉，放下筷子骂娘"的现象较为普遍。当前，已经出现一些东部地区大学教师向中西部地区流动现象，"孔雀西南飞"开始取代"孔雀东南飞"，也有"985"、"211"大学教师向层次较低的大学流动。大学教师流动本来是正常现象，但他们选择流动的原因大多与原大学的治理行为密切关联，而那

---

① 当前，大学职称评审强调论文和科研项目，理工医科教师发表 SCI 论文有学科优势，而 SCI 论文在职称评审中的分值通常高于人文社科教师发表的 CSSCI、SSCI 论文；理工医科教师成功申报国家自然科学基金项目比人文社科教师申报国家社科基金项目相对容易，这点可以从历年两类项目的立项率得以证明。

② 政绩是政权合法性的重要来源，但仅仅把政权的合法性建立在政绩基础上同样会导致政权合法性危机。亨廷顿所指的"政绩困局"是指政权的合法性主要建立在政绩基础上所导致的政权合法性危机，他所指的政绩主要是指经济增长和军事胜利。

些有流动意愿但未流动的教师对学校的政策、治理行为也颇有怨言。正如改革开放以来我国取得了巨大的经济绩效，人们的物质生活水平得到大幅度提高，但人们的相对剥削感越来越强烈一样。为什么会这样？以经济增长和人们物质生活待遇改革为基础的政绩绩效在一定时期内可以增强政权的合法性，但有个时效性的局限，当经济增长放缓或贫富差距扩大时，政权合法性危机随之产生。人们的需求也是多层次的，温饱问题解决之后，人们的关注点就会转移到更高层次的需求上去。总之，政绩是政权合法性的必要条件而不是充分条件。大学需要充分发挥人才培养、科学研究、社会服务、文化传承与创新的功能，满足社会经济发展需要，追求大学整体利益卓越，同时也要满足师生员工的情感需求、政治参与、民主权利、价值认同等。

第一章　文献研究与理论框架

本章通过梳理国内外有关大学有效治理的文献，进而从参与和效率两个维度构建了大学有效治理分析框架，并论证用这个分析框架分析我国大学治理的可行性和适切性。本章还介绍了本书采用的主要研究方法是案例研究法，重点介绍了案例研究法及其在本书中的具体运用。

第一节　文献研究

一　国外研究现状

美国学者从 20 世纪 60 年代起开始研究大学治理，欧洲学术界在 80 年代也开始研究大学治理。目前，已基本形成了结构主义①和人—文化主义②两大影响较大的理论学派。

结构主义认为，通过设计和改革治理结构可以满足利益相关者的民主诉求，实现决策权、执行权和监督权的分离与制衡，协调学术权力和行政权力的关系，提高决策效率和资源配置效率。研究内容集中在董事会的规模、成员构成、权力分配等结构性问题，代表性学者有科尔森（Corson）、鲍德里奇（Baldridge）、伯恩鲍姆（Birnbaum）、克里斯托夫（Christopher）等。其中科尔森认为大学权力是一个二元结构，一种是传统的管理科层结构，另一种是教师在权力范围内决策的结构，这两种权力结构之间存在严重的冲突，如何协调管理权力和专业权力是大学面临的一个难

①　Weick, K., "Educational Organizations as Loosely Coupled Systems", Administrative Science Quarterly, No. 1, 1979.

②　Adrianna Kezar, "What is More Important to Effective Governance: Relationship, Trust, and Leadership, or Structures and Formal Process", New Direction for Higher Education, No. 127, 2004.

题。① 权力结构的二重性理论成为结构主义范式研究的基础。伯恩鲍姆也认为大学治理就是平衡两种不同的但都具有合法性的组织控制力和影响力的结构和过程，一种是董事会和行政机构基于法定的权力，另一种是教师基于专业知识拥有的权力。② 20 世纪 70 年代以来，学者关注的是大学内部决策结构中的分权，韦克（Weick）解释了分权化的治理结构，明兹伯格（Mintzberg）的组织理论佐证了韦克的研究，他指出 20 世纪 60 年代的大学治理变革催生了专业化官僚结构。③ 而科恩（Cohen）和马奇（March）针对治理中的分权使校长影响了决策，创立有组织的无政府模式。科恩和马奇的研究实质上是批评现有的大学治理结构，指责现有的结构远没有实现应有的效率，在此基础上科勒（Keller）提出大联合决策委员会结构。④ 遗憾的是，这些委员会大多数都没能如愿运行，导致这种新的结构失去了合法性基础。各种治理结构的变革只是对决策过程的小修小补，无法回应大学治理所面对的挑战。进入 20 世纪 90 年代中期，由于社会公众和政府的批评，大学治理结构研究出现了一些新的变化。伯恩鲍姆运用控制论的思想分析了学术组织的权力结构，重点是学术评议会的制度安排。⑤

进入 90 年代，研究者开始反思结构主义，认为仅仅改进治理结构并不一定能实现大学的有效治理，还应重视领导力、人际关系、信任、文化等影响治理行为的非结构性因素，代表性学者有卡普兰（Kaplan）、科恩、马奇、科扎（Kezar）等。欧美学者主要是运用定性和定量相结合的方法来研究大学的治理结构，论证治理结构与治理绩效之间的关系⑥，以及什么样的治理结构会带来更好的治理绩效。大多数学者认为及一些案例证

---

① Corson, J. J., Governance of Colleges and Universities, New York: McGraw - Hill, 1960.

② Birnbaum Robert, "The End of Shared Governance: Looking ahead or Looking back", ERIC ED325141, July, 2003.

③ Mintzberg, H., The Professional Bureaucracy, Englewood, NJ: Prentice - Hall, 1979.

④ G. Keller (ED.), Academic Strategy: The Management Revolution in American Higher Education, Baltiomore: The Johns Hopkins University Press, 1983.

⑤ Birnbaum R., How Colleges Work: The Cybernetics of Academic Organization and Leadership, San Francisco: Jossey - Bass, 1991, p. 55.

⑥ Cohen, M. D. & March, J. G., Leadership and Ambiguity: the American college president, Boston: Harvard Business School Press, 1986.

明，完善治理结构确实可以改进大学的绩效。[1] 有研究表明，完善治理结构可以改进大学的绩效，如西班牙大学。[2] 大卫（David）在 1975 年就分析了大学治理的合法性的理论基础以及大学治理的要素。[3] 威廉（William）和詹姆斯（James）认为，文化和符号过程与结构同等重要，都是有效治理的基本要素，并强调沟通路径与承认话语力量的重要性。[4] 有学者从参与维度评价大学治理的有效性，认为大学运作方式是否令学术人员满意，其关键因素不在于管理机构的运作是否有效，而在于教师委员会或教务委员会能否恰当地代表各个院系，能否广泛接受普通教师的意见，这就一方面要求学术人员愿意投入精力和时间参与到管理中去，另一方面要求学术性组织拥有学术事务的决策权。[5] 在美国，针对 70 年代以来非学术人员在治理过程中的参与度下降，有研究表明非学术机构的工作人员的参与有助于提高组织的承诺度和共享的权威水平。[6] 教师所认同的共同治理结构有许多好处，如果教师认为他们没有充分参与大学校园的决策，会影响他们充分发挥共同管理的水平。[7] 还有研究指出教师共同参与的治理可以改善行政和教员之间的关系。[8] 索耶（Sawyer）等人的实证研究表明，在共享的治理结构中，教师通过参与治理可以提高个人的领导和管理

---

① Enrique Villarreal Innovation, "Organisation and Governance in Spanish Universities", Tertiary Education and Management, No. 2, 2001.

② Enrique Villarreal Innovation, "Organisation and Governance in Spanish Universities", Tertiary Education and Management, No. 2, 2001.

③ David W. Leslie, "Legitimizing University Governance: Theory and Practice", Higher Education, No. 2, 1975.

④ Labaree, Robert Vaughan, Ed. D., The Implementation of an Academic Program Merger: Efficiencies of Information Exchange and Restraint Under the Principles of Shared Governance, University of Southern California, 2004.

⑤ ［英］迈克尔·夏托克：《成功大学的管理之道》，范怡红译，北京大学出版社 2006 年版，第 108—109 页。

⑥ Haynes, Jim R., Ed. D., The Relationship between Participation in Shared Governance and Organizational Commitment Reported by Nonacademic Staff in Public Research, Doctoral, and Master's Colleges and Universities, Arkansas State University, 1999.

⑦ Love, Julie Y., Ed. D., Faculty/University Collaboration: Differential Perceptions of Shared Governance, Presidential Leadership Style and Decision – Making at a Research University, University of Houston, 2005.

⑧ Redmond, Rodney W., Ed. D. Faculty Involvement in Shared Governance and Decision Making: A Case Study, Morgan State University, 2007.

能力。① 学生参与治理被认为是高等教育民主的需要，是实现学术民主与政治民主的路径，大学治理要发挥创造培育学生民主价值观的作用。② 一项对新西兰 8 所大学在 1993—2001 年共 8 年的年度报告分析显示，年度报告有利于治理委员会作出决策并增强对大学的责任感。③ 通过对英国诺丁汉特伦特大学、萨里大学，日本东京大学以及早稻田大学的大学组织变革中的企业化行为，特别是治理、管理、领导和基金会的研究，两国以市场为导向的治理变革使大学更好地适应了外部环境的变化，承担起社会责任，但大学的发展战略中的企业文化如何协调是个值得研究的问题。④ 加拿大高等教育在持续增长的财政和新兴研究领域的压力下，要发挥评议会在大学学术决策中的主体作用，化解大学治理面临的前所未有的政策压力。⑤ 不过，也有学者在分析德国大学治理后认为，较高程度的教师参与大学治理有其积极的一面，但也有不可避免的弊端：教师参与治理活动的时间增加，势必减少教师用于教学和科研活动的时间；教师可能作出牺牲大学利益而使政策最利于他们个人利益；某些能显著改变现状的项目实施会因教师利益冲突而增加阻力；影响决策效率进而妨碍管理者有效完成发展大学和提高大学绩效的任务。⑥

二　国内研究现状

受欧美学者的影响和我国高等教育发展与改革的实际需要，从 21 世纪初起国内学者开始研究大学治理有效性。研究主要是基于结构主义，利用两个分析框架：一是对大学治理结构进行本质主义的分析，认为一个有

---

① Jay Paredes Scribner, R. Keith Sawyer, Sheldon T. Watson, and Vicki L. Myers, "Teacher Teams and Distributed Leadership: A Study of Group Discourse and Collaboration", Educational Administration Quarterly, No. 1, 2007.

② Josephine A. Boland, "Student Participation in Shared Governance: A Means of Advancing Democratic Values?", Tertiary Education and Management, No. 3, 2005.

③ Keith Dixon, David Coy, "University Governance: Governing Bodies as Providers and Users of Annual Reports", Higher Education, No. 2, 2007.

④ Keiko Yokoyama, "Entrepreneurialism in Japanese and UK Universities: Governance, Management, Leadership, and Funding", Higher Education, No. 3, 2006.

⑤ Glen A. Jones, Theresa Shanahan, Paul Goyan, "Traditional Governance Structures - Current Policy Pressures: The Academic Senate and Canadian Universities", Tertiary Education and Management, No. 1, 2002.

⑥ ［德］尤塔·默沙伊恩：《大学治理与教师参与决策》，魏进平、马永良译，知识产权出版社 2014 年版，第 44—49 页。

效的大学治理结构应该根据利益相关者组织属性并区分利益相关者的不同层次，将决策权按照实际需要分配给治理主体，并使不同主体之间产生权力依赖和制约关系，提高大学权力运行效率，满足"冲突和多元利益"的治理需要。熊庆年等人认为随着外部环境的变化和组织规模的扩张，大学的治理结构由简单变得复杂，其根本原因在于利益主体的多元和分化。① 当今世界，大学的利益与影响已远远超出大学自身的范围，大学治理结构应被看作是一个帮助大学适应现代社会复杂环境、引导并推进大学治理发展水平的"超组织结构运行机制"，其实质是遵循大学内在逻辑并与现代社会相契合，重建大学变化中的力量平衡。② 以结构主义范式为指导的研究，关注的是如何通过完善治理结构来满足大学利益相关者参与治理的民主需求，以及如何提高治理效率，满足社会经济发展对大学的期望。从研究的内容来看，大多数学者有关大学治理结构的研究主要涉及宏观和微观治理结构，认为治理结构是现代大学制度的基石。③ 以至于我国学者在研究大学治理时研究主题过于关注治理结构，研究的理论基础和研究范式过于依赖治理理论基础上的结构主义研究范式。

二是基于我国大学治理存在的问题进行"现象—问题—方法"的规范研究，在完全理性假设的基础上建构"政校分开、管办分离"的外部治理结构，以及"党委领导、校长负责、教授治学、民主管理"的内部治理结构。席酉民等人认为大学的价值体现为独立的决断和独立的治理，根据自己学校的特点确定办学特色，建立适应自身生存和发展的办学治理机制，从治理制度设计的视角来看，目前外部治理亟须政府明确大学的性质、定位、社会责任范围、投资体系、规范的资源配置模式，使大学在一种规范的政府管理和社会环境下按照自身的规律行使其独立法人权利；内部治理上，党委领导下的校长负责制中需要界定决策权与执行权的相对分离，规范当事人对自己的行为。④ 马陆亭认为大学的有效治理，需要在

① 熊庆年、代林利：《大学治理结构的历史演进与文化变异》，《高教探索》2006 年第 1 期。

② 龚怡祖：《大学治理结构：建立大学变化中的力量平衡——从理论思考到政策行动》，《高等教育研究》2010 年第 12 期。

③ 龚怡祖：《大学治理结构：现代大学制度的基石》，《教育研究》2009 年第 6 期；龚怡祖：《大学治理结构：建立大学变化中的力量平衡——从理论思考到政策行动》，《高等教育研究》2010 年第 12 期。

④ 席酉民、李怀祖等：《我国大学治理面临的问题及改善思路》，《西安交通大学学报》（社会科学版）2005 年第 1 期。

"宏观有序、微观搞活"原则下，制度化地建构大学内外部关系的工作机制，通过转变政府职能落实大学的自主法人地位，通过发展社会中间组织缓冲政府与大学间的直接行政关系，通过合理规划大学的分类定位解决发展的使命方向，通过建章立制规范权责关系和完善约束机制，通过党委和校长间权力的合理划分保证办学的有序，通过基层学术组织建设增强学术创新的活力，最终实现政府的目标和大学的自治。① 周光礼认为现代大学制度建设必须适应中国"由计划经济体系向市场经济体系、由集权管理体制向分权管理体制、由大学行政化运作向去行政化"三大转型，回应宏观社会背景的变迁，同时必须有利于培养拔尖创新人才和产出高水平研究成果。② 也有学者基于结构主义视角，认为大学治理必须始终关注公平与效率的有机平衡问题，现代大学的治理越来越强调工作的效率与资源的使用效益，对公平性注意不够，而权力是解决大学治理中公平与效率冲突的一种重要手段或中间力量。③ 大学民主管理与提高治理效率并不一定冲突，民主管理有助于提高效率但不等于效率的提高，民主管理与科学管理的有机结合可最大程度提高效率，大学要在保障民主管理的基础上提高效率。④ 大学如何在竞争中求得更大的生存和发展空间有赖于其效率的提高，而办学自主权的落实与扩大的一个重要议题就在于提高效率，提高效率是当前大学治理改革的普遍追求。⑤ 也有学者认为大学内部治理制度运行效率的评价是通过对大学产权制度、大学组织制度和大学管理制度进行了解、分析、测试，从而对大学制度的完善、有效和可靠程度做出价值判断的过程，是现代大学制度科学化过程中的一个重要环节，并尝试构建出评价模式。⑥ 由于缺乏强有力的外部制约与激励的制度安排，也没有形成制度创新的内生机制，当前我国大学治理改革陷入了"内卷化"的困境⑦，这主要表现为大学治理改革基本上是对原有治理结构的复制、延伸

① 马陆亭：《现代大学制度建设中的内部治理结构》，《北京教育·高教》2009 年第 6 期。
② 周光礼：《完善中国现代大学制度——以大学章程为载体，以治理变革为突破口》，《大学》（学术版）2012 年第 1 期。
③ 陈运超：《公平与效率视野下的大学治理平衡》，《教育发展研究》2008 年第 1 期。
④ 孙大军：《对当代我国高校治理中民主与效率问题的认识》，《教育评论》2014 年第 12 期。
⑤ 卢晓中、谢静：《论高校效率与自主权》，《江苏高教》2015 年第 1 期。
⑥ 兰军瑞：《现代大学内部治理制度运行效率的评价模型构建》，《内蒙古师范大学学报》（教育科学版）2015 年第 7 期。
⑦ 孙百亮：《大学治理改革的"内卷化"及其规避》，《当代教育科学》2014 年第 7 期。

和精致化，结果导致当前大学的压力越来越大，但效率并不高。大学治理的低效率主要是指大学没有形成合理格局，不能使教育资源得到充分的开发，不能有效地发挥和利用其教学、科研及直接为社会服务的功能，主要表现在大学治理主体的低效率、大学治理客体的低效率、大学治理机制的低效率三方面。① 有学者运用委托—代理理论和交易成本理论等分析工具，对美国大学董事会制度的功能和效率进行深入研究后认为，该制度有自我修正和自我发展的能力，整体具有节约交易成本、协调成本和制度转型的功能，是一种有效率的治理制度安排。②

近年来，研究人员开始反思结构主义范式，认为完善大学治理结构不仅要满足校内外利益相关者的民主需求，还要提高决策效率和资源配置效率，更好地发挥大学的功能以满足社会经济发展的需求。有学者针对结构主义"不能解释结构相同的大学为什么绩效会出现那么大的差异，改造治理结构也未必一定产生预期的效果"③，认为研究大学治理结构的有效性既要重视治理结构又要超越治理结构，关注大学文化、信任等影响治理行为的非结构性因素。也有个别学者从公共经济学的视角来研究美国大学的治理结构，认为大学治理结构会因各类主体地位和作用的差异而对大学的资源配置领域产生不同的效率影响④，看到了治理结构与治理绩效之间存在正相关关系。好的治理结构可以带来好的治理绩效，而差的治理结构同样不利于提高大学的治理绩效，但好的治理与差的治理如何区分，好的治理有什么特征，目前的研究尚未能回答这些问题。

国内大多数学者意识到参与对大学治理具有重要的价值和意义，学者们基于"大学是典型利益相关者组织"的认知，大多认同兴起于美国大学的共同治理理念。共同治理蕴含的协商对话精神、多元主体参与的民主管理机制、追求公共利益最大化的治理目标、公开透明的共同治理决策过

---

① 史彩霞：《强制性制度变迁的困境——对中国大学治理结构低效率的制度解读》，《复旦教育论坛》2006 年第 4 期。

② 王绽蕊：《美国高校董事会制度：结构、功能与效率研究》，高等教育出版社 2010 年版，第 178—181 页。

③ 顾建民、刘爱生：《超越大学治理结构——关于大学实现有效治理的思考》，《高等教育研究》2011 年第 9 期。

④ 程北南：《美国大学治理结构的经济学分析》，中国财政经济出版社 2010 年版，第 249 页。

程、权责明晰的大学章程规定①，对解构家长制与等级制的大学治理结构有着重要的价值。教师以其在学科或专业领域的专门修养成为大学三个职能活动的主体，对学科、专业领域的事务应当拥有主要发言权，因此教师参与大学管理是高等教育的性质和大学的职能所决定和要求的。② 教师参与大学的政策制定，有助于提高教师的士气、激发教师的工作热情、增强教师对自己职业的满意度。③ 20世纪末以来，美国大学共同治理面临着教师参与度降低、教师与管理者对共同治理存在截然不同的理解及功能蜕变等困境，为此美国大学试图通过工会化、在院校类型和治理风格间建立联系、加速共同治理决策进程、增进理解与合作等措施来加以改进，变革过程表明，共同治理依然是美国大学最具学术魅力的制度设计。④ 我国大学治理改革有必要借鉴共同治理理念，有助于化解治理泛行政化趋势和实现权力共享与制衡。否则，教师就会缺乏主人翁的归属感、责任感、荣誉感及主动性⑤，进而抑制大学的学术生产力，降低大学的治理绩效。针对"教授治学论"与"教授治校论"之争，有学者从大学发展的历史轨迹辨明，认为教授既主导治学，也参与治校，二者并非截然对立；从现代大学的实际运行看，治学与治校主体通常交叉，绝非某一主体独享某一专有领地；从教授治学与教授治校的内在逻辑看，二者既有区别也有联系，并非非此即彼。⑥ 针对学术人员忠诚于学科，行政人员忠诚于学校，有人认为吸收教师参与大学治理有利于实现大学教师在学科和组织的"双重忠诚"⑦的统一。当前，我国大学治理中亟待解决的问题是增进教师的参与，为此，除应通过强化教师的制度化权力来促进教师参与外，还应在此

---

①　刘军仪：《民主、协商、合作：来自美国明尼苏达大学共同治理模式的经验》，《外国教育研究》2011年第12期。

②　潘懋元：《多学科观点的高等教育研究》，上海教育出版社2001年版，第293页。

③　李如海：《美国教师参与决策研究述评》，《江西教育科研》1997年第6期。

④　余承海、程晋宽：《当代美国大学共同治理的困境、变革及其启示》，《高等教育研究》2014年第5期。

⑤　曲铭峰、龚放：《哈佛大学与当代高等教育——德里克·博克访谈录》，《高等教育研究》2011年第10期。

⑥　杨兴林：《论教授主导治学与参与治校的统一》，《复旦教育论坛》2015年第1期。

⑦　刘国权、彭学文：《治理视角下我国大学教师"双重忠诚"研究》，《大学教育科学》2015年第1期。

基础上建立教师和行政人员之间的协商对话机制。① 通过确立教师在校务治理决策中的权威地位，构建以学术权力为主导的大学内部治理结构，解决大学内部治理中权力配置失衡问题。② 也有人看到了教师参与大学治理的缺陷，认为大学治理向教师大门洞开完全忽略了知识与官僚之间的必要界限，混淆了学术权威和行政权威之间区隔，这很难达到现代大学治理的要求：从理念上说，过度的教师参与背离了大学的核心价值；从过程来说，教师全面参与大学治理不可避免带来教师参与能力的困境；从结果来说，教师完全参与的共同治理模式损害了大学决策的效率。③ 教师参与大学治理的实践表明，教师对涉及自身经济利益的诸如福利分配、教师培训计划等事务有较高的参与意愿，而对于诸如办学目标与发展战略等与教师切身利益直接关系较为遥远的事务则参与意愿不高。④ 教师参与决策常常是一些常规的、无关紧要的问题，从形式上看，教师参与了学校决策，但实质上，教师参与决策的权利并未得到充分体现。⑤

此外，部分学者基于共同治理理念，在学生⑥、校友⑦、社会⑧参与大学治理的价值、存在问题、原因及如何改进等方面取得了一些研究成果。

三　国内外研究述评及研究趋势

整体来看，大学有效治理研究范式有两种：结构主义和人—文化主义，其中结构主义范式占据主导地位。近年来，欧美学者在整合上述两种

---

① 郭卉：《如何增进教师参与大学治理——基于协商民主理论的探索》，《高等教育研究》2012 年第 12 期。

② 谭晓玉：《教师参与大学内部治理：角色定位与制度反思》，《复旦教育论坛》2015 年第 1 期。

③ 陈星平：《现代大学共同治理中的教师参与》，《学术界》2011 年第 5 期。

④ 李永生：《教师民主参与管理的调查与分析》，《教育研究与实验》2002 年第 9 期。

⑤ 李春玲：《对教师参与学校决策的深层次思考》，《教学与管理》2000 年第 5 期。

⑥ 董向宇：《论现代大学内部"共同治理"中的学生参与》，《全球教育展望》2015 年第 1 期；王怀勇、杨扬：《学生组织参与现代大学内部治理的反思与重构》，《国家教育行政学院学报》2015 年第 5 期；段俊霞、蒋青：《学生参与大学治理：问题与对策》，《西南石油大学学报》（社会科学版）2015 年第 2 期；何晨玥：《学生参与大学治理与公共价值观培育》，《中国青年社会科学》2015 年第 2 期。

⑦ 李珍刚：《校友参与与现代大学治理结构的完善》，《广西民族大学学报》（哲学社会科学版）2014 年第 9 期。

⑧ 丁月牙：《社会参与大学治理——基于高校内部的视角》，《国家教育行政学院学报》2014 年第 8 期；郝永林：《大学治理的社会参与：中国情境及其实现》，《大学教育科学》2014 年第 3 期。

研究范式的基础上，逐渐发展出问责主义，运用定性与定量相结合的方法来研究大学治理的有效性，Bryman 于 2007 年提出了一个包含 13 个指标的大学治理评估框架。在国内，已经有学者开始讨论大学治理的有效性特征和评价标准，主要是大学目标的整体适合性、与外部环境的协调性、独立性、开放性、可持续发展性和效率。国内学者意识到大学治理有效性研究的重要性，但仅仅停留在讨论层面，没有设计出具体的评价指标体系并进行相应的实证研究。当前，我国大学治理改革正处于攻坚期，如何判断现有治理的有效性是找出问题及提高政策针对性的关键，大学治理有效性评价的探索研究具有重大的理论和实践意义。

需要说明的是，西方学者认为大学自主、学术自由素有传统，是不证自明的，因此他们研究大学治理的重点是大学内部管理权力的分配和平衡，很少讨论大学外部治理结构。而我国学者在研究大学治理时非常重视大学与政府、大学与社会的关系，热衷于建构大学外部治理结构，同时也非常关心大学内部治理结构。随着《国家中长期教育改革和发展规划纲要（2010—2020 年）》以及《高等学校章程制定暂行办法》的实施，中国大学的治理结构将在一段时间内相对稳定。但大学治理将在很长一段时间内仍然是高等教育研究的关键词，跟之前注重建构大学治理结构相比，今后的研究重点将转向优化大学治理过程以及大学治理质量评估。如何提高大学治理质量必将成为政府和大学共同关心的一个理论与实践问题，大学治理质量评估的重点内容之一就是评估治理有效性。有关治理的有效性问题在公司治理和公共治理领域引起了高度重视，有关理论和实践研究方兴未艾。在公司治理研究领域，有关监事会治理有效性问题的研究，有学者以制度演进过程中的路径依赖、制度互补与战略互补为问题着眼点，构建了以正当性、互补性与经济合理性为核心概念的评判监事会治理有效性的理论模型。[①] 在公共管理领域，有效治理也是近年来一个新的学术增长点，有学者认为"有效治理乃是中国民主政治建设合乎逻辑的现实目标和基本准则"[②]，但权威体制与有效治理是一对深刻的矛盾[③]。

---

① 王世权：《监事会治理的有效性研究》，中国人民大学出版社 2011 年版，第 89—96 页。

② 何显明：《基于有效治理的复合民主：中国民主成长的可能方式》，《浙江社会科学》2011 年第 8 期。

③ 周雪光：《权威体制与有效治理：当代中国国家治理的制度逻辑》，《开放时代》2011 年第 10 期。

第二节 理论框架

任何组织治理都必须解决两个基本问题，即有效性和合法性，并且处理好二者间的逻辑关系。在国家治理中，有效性是指"国家有足够强大资源汲取和配置能力，能够保证社会改革目标的充分实现"，而合法性是指"社会改造的目标和手段应该符合社会期待，以赢得社会的认可、支持和忠诚"。① 通常认为有效性可以分为两个维度，即形式有效性和实质有效性。形式有效性的核心是民主参与原则，如果一个组织的治理结构、治理过程体现了利益相关者参与治理的原则，可认为该组织治理具有形式有效性。实质有效性的核心是效率原则，如果一个组织的治理结构、治理能力有效配置各种资源进而达成组织目标，该组织治理具有实质有效性。合法性也可以分为两个层面，即体制特性合法性（对政治体系"特性"的认同）和体制作为合法性（对政治体系"作为"的认同）②。前者指利益相关者对组织的治理理念、发展战略目标、治理结构的制度安排是否认同，后者指利益相关者对组织的治理能力、治理行为、治理效果是否认同。组织的有效性与合法性是一种因果关系，有效性是"因"，合法性是"果"。无论是组织的形式有效性还是实质有效性，都是组织获取并提高合法性的基础。哈贝马斯曾指出，"任何一种政治系统，如果它不抓合法性，那么，它就不可能永久地保持住群众（对它所持有的）忠诚心。这也就是说，就无法永久地保持住它的成员们紧紧地跟随它前进"③。有效性必然能够累积"体系作为合法性"，但并不必然导致"体系特性合法性"，非常规治理可以累积有效性并在短期内提高"体系作为合法性"，但只有通过常规治理才能提高"体系特性合法性"。④

提高大学治理的形式有效性和实质有效性是大学治理现代化的重要途

① 冯仕政：《中国国家运动的形式与变异：基于政体的整体性解释》，载周雪光等《国家建设与政府行为》，中国社会科学出版社 2013 年版，第 43 页。

② 林尚立：《在有效性中累积合法性：中国政治发展的路径选择》，《复旦学报》（社会科学版）2009 年第 2 期。

③ ［德］尤尔根·哈贝马斯：《现代国家中的合法性问题》，载《重建历史唯物主义》（修订版），郭官义译，社会科学文献出版社 2013 年版，第 201 页。

④ 蔡禾：《国家治理的有效性与合法性——读后感点滴》，载周雪光等《国家建设与政府行为》，中国社会科学出版社 2013 年版，第 139—141 页。

径。关于"大学治理"和"现代化"构成，国内外学者通常认为大学治理是指大学内外利益相关者参与大学重大事务决策的结构和过程。现代化（Modernization）是一个极具广泛涵盖性的概念，学术界至今尚未达成公认的内涵界定。现代化理论研究集大成者塞缪尔·P. 亨廷顿（Samuel P. Huntington）认为现代化是一个革命的过程、复杂的过程、系统的过程、全球化的过程、长期的过程、阶段性的过程、同质化的过程、不可逆的过程、进步的过程。① 现代化是从传统的农业社会向现代工业社会转变，从工业社会向现代信息社会转变，对经济、社会、政治、文化、环境、思想等各个领域产生革命性的影响，并引起社会组织与社会行为的深刻变革的过程。② 本书认为现代化是组织提高有效性进而强化合法性的过程，因此大学治理现代化是指大学以治理体系和治理能力为要素，不断累积治理体系和治理能力的形式有效性和实质有效性，进而提高内外利益相关者对大学治理理念、发展战略目标、治理结构、治理能力、治理行为和治理效果的认同过程。概而言之，大学治理现代化是指以累积治理有效性来强化其合法性的过程。因此，大学治理现代化的关键是提高治理有效性。

大学作为一种公共组织和学术组织，具有双重使命，既要追求公共利益，也要追求学术真理。大学治理有效性评估必须基于大学的双重使命，可以从形式有效和实质有效两个维度来开展。第一，形式有效。大学治理的形式有效是判断大学治理的合法性，其核心是参与原则，主要看大学各个层次的利益相关者在大学最高权力机构中是否占有席位以及占有多少比例的席位，即决策权、执行权的配置模式。第二，实质有效。大学治理的实质有效即大学治理的制度效率，是鉴别大学与政府、大学与社会之间的关系是否相互支持，大学内部的决策权、执行权和监督权的相互关系是否有利于达成大学使命、是否有利于大学追求学术真理和实现公共利益，学术权力与行政权力是否协调。其核心是效率原则，包括两个方面：一是治理是否有利于大学及时对内外部环境的变化作出反应，即治理体系的结构性效率；二是大学资源满足人才培养、科学研究和服务社会的程度，即适应性效率。

---

① 陈柳钦：《现代化的内涵及其理论演进》，《经济研究参考》2011 年第 44 期。
② 同上。

一　大学治理的形式有效：参与维度

俞可平认为民主是现代国家治理体系的本质特征，是区别于传统国家治理体系的根本所在，因此通常将现代国家治理称为民主治理。① 民主也是大学治理的本质特征，是区别于大学管理的重要标识。"参与"与"民主"相伴相生，但自由主义民主和共和主义民主对参与的态度却非常不同，自由主义民主强调以扩大选举权为核心的政治参与，是保障民主制度正常运行的最低限度的参与，与共和主义民主所主张的公民参与有本质的区别。自由主义民主并未把公民参与作为一个基本条件，排斥广泛的公民参与。正如卡罗尔·佩特曼指出的，参与思想不仅在政治理论家和政治社会学家所普遍接受的民主理论中占有最为低微的地位，而且近来民主理论的一个显著特征是强调大众广泛参与的政治所具有的内在危险，并以德国法西斯和"二战"后一些建立在大众参与基础上的极权政权为例来加以佐证。② 由于自由主义民主的内在缺陷，20 世纪 60 年代以来其价值遭到前所未有的批判，归纳起来批评者的意见主要集中在③：①精英主义倾向压制了个人自由，全面扼杀了公民个体的主体性；②忽视个体先赋性和后致性因素差异，政治参与的机会明显偏向于社会经济地位较高的阶层；③忽视了公民个人的民主参与能力以及相应条件的培养；④以个人主义和利益为基础，对政治过程的理解往往具有私人化的倾向；⑤纯粹的政治民主，而非经济、文化或管理方面的民主；⑥投票活动只是简单地聚合选民的利益偏好，投票结果无法保证能够满足公共利益；⑦包含着大量的操纵和盲目决策，利益集团操纵政治。正是在批判和反思自由主义民主的基础上，20 世纪六七十年代复兴了参与型民主。卢梭的《社会契约论》对参与民主理论的形成起了奠基作用，他所指的"参与"是参与决策过程，参与还是一种保护私人利益和监督政府的方式。④ 卡罗尔·佩特曼在总结

---

① 王柳：《以绩效管理科学化推进治理现代化——"治理现代化与绩效管理科学化"会议综述》，《经济社会体制比较》2015 年第 2 期。

② ［美］卡罗尔·佩特曼：《参与和民主理论》，陈尧译，上海世纪出版集团 2006 年版，第 1—2 页。

③ 陈尧：《从参与到协商：当代参与型民主理论之前景》，《学术月刊》2006 年第 8 期；陈家刚：《协商民主研究在东西方的兴起与发展》，《毛泽东邓小平理论研究》2008 年第 7 期。

④ ［美］卡罗尔·佩特曼：《参与和民主理论》，陈尧译，上海世纪出版集团 2006 年版，第 24 页。

归纳前人参与民主思想的基础上提出了参与型民主理论。佩特曼指出，真正的民主应当是所有公民直接、充分参与公共事务决策的民主，公民有权参与政策的制定和执行；对政治的参与能够促进人类的发展，提高人们的政治效能感，促进个体的社会能力和政治能力发展；培养人们对公共问题的关注，有助于参与型社会的形成；参与的主要功能是教育功能，包括心理方面和民主技能、程序的获得，通过参与过程的教育功能可以发展和培育参与制度所需要的品质。① 公民参与活动最恰当的领域是与人们生活息息相关的领域。

参与民主的实质是对代议制的补充，强调参与的教育功能是对自由主义民主理论的参与冷漠的批评，但这种民主思想也存在一些不可忽视的缺陷，许多学者质疑参与型民主的可行性、参与型民主在当代复杂社会中的效率等。② 20 世纪 80 年代以来，西方学者对此进行了修正，发展出协商民主。协商民主是指自由平等的公民在政治共同体中，通过参与政治过程、提出自身观点并充分考虑其他人的偏好，根据条件修正自己的理由，实现偏好转换，批判性地审视各种政策建议，在达成共识的基础上赋予立法和决策以合法性。③ 协商民主可以作为一种决策形式，也可以作为一种治理形式，还可以作为一种团体组织或政府形式。协商民主继承了共和主义民主强调政治参与的核心价值，把民主重新定位在参与政治决策的自治理想之上。④ 协商民主具有协商参与主体多元性、平等性，协商目的公共性，协商过程合法性、程序性、公开性、包容性、平等性，利益相关者参与性、责任性和理性，协商结果共识性等特征。⑤ 协商民主的价值在于促进决策合法化，培育公民精神，矫正自由民主的不足，制约行政权力的膨胀。⑥ 当然，协商民主也存在不可避免的缺陷：具有明显的精英主义倾向，协商民主有利于强势协商群体；具有浓厚的理想色彩和乌托邦色彩；协商理想和现存民主之间存在不可逾越的鸿沟；关于协商民主的程序描述

---

① ［美］卡罗尔·佩特曼：《参与和民主理论》，陈尧译，上海世纪出版集团 2006 年版，第 39 页。

② 陈尧：《从参与到协商：当代参与型民主理论之前景》，《学术月刊》2006 年第 8 期。

③ 陈家刚：《协商民主：概念、要素与价值》，《中共天津市委党校学报》2005 年第 3 期。

④ 同上。

⑤ 陈家刚：《协商民主：概念、要素与价值》，《中共天津市委党校学报》2005 年第 3 期；韩冬梅：《西方协商民主理论研究》，中国社会科学出版社 2008 年版，第 42—53 页。

⑥ 陈家刚：《协商民主：概念、要素与价值》，《中共天津市委党校学报》2005 年第 3 期。

过于狭隘，不利于协商民主的发展；协商过程可能存在无效和失败。①

　　20 世纪 60 年代起，全球兴起了一股新公民参与运动，与传统的公共参与存在两个主要方面的区别：第一，在传统"政治与行政二分论"意义上，公民参与的作用和角色被限定在政治领域，即政策制定，公共行政被视为公民参与不适宜的领域，威尔逊总统指出"对政府日常工作细节的监督和政府日常管理措施的选择直接施加公众批评，这无疑是一种愚蠢的妨害"，而新公民参与运动强调公民不要参与政策制定，更要参与政策的实际执行；第二，新公民参与运动摒弃传统公民参与中的精英主义倾向，将参与扩展到相关参与的公民个体和公民组织的范围。② 新公民参与运动有两个重要背景：一是高等教育规模迅速扩大带来的知识传播和扩散速度激增，知识就是力量，知识就是权力，知识的传播和扩散带来的一个结果是权力扩散；二是信息技术，特别是互联网技术的快速发展，加快了知识传播和扩散的速度，瓦解了以信息集中控制为基础的集权式公共政策决策模式。研究者认为：公民参与可以为决策带来更多的有效信息，有助于提高决策质量；伴随公民参与公共决策过程，公民对决策的接受程度大大提高，从而促进了决策的成功执行；如果公民能够辅助公共服务的提供，公共部门的服务就会更有效率和效益；公民参与将会增加公民对政府行为的理解，从而减少人们对政府机构的批评，改善官僚遭到围攻的困境；不断增强的公民参与可以发展公民与政府间的沟通渠道并监督政府，可以提高政府和公共管理者的责任心，促进公民对决策的接受性可以巩固政府合法性基础。③ 随着公民参与实践经验的逐渐丰富，新公民参与运动也遭到一些批评：公民参与的不完善性，社会优势阶层参与的机会多于劣势阶层，那些通过新公民运动参与进入公共政策的人常常不能代表更广大公民的利益；公民参与增加了公共管理者日常工作的难度，影响了公共管理的绩效，而参与的不可预期性也加剧了人们参与热情的枯竭；公民参与会降低一些专业化程度高的政策质量，增加公共项目运作成本，也会阻滞改革和创新；很多代表特定群体的公民参与决策后追逐群体利益，从而导

---

　　① 陈家刚：《协商民主研究在东西方的兴起与发展》，《毛泽东邓小平理论研究》2008 年第 7 期；陈家刚：《协商民主的价值、挑战与前景》，《中共天津市委党校学报》2008 年第 3 期。

　　② ［美］约翰·克莱顿·托马斯：《公共决策中的公民参与》，孙柏英等译，中国人民大学出版社 2014 年版，第 2—14 页。

　　③ 同上书，第 140 页。

致了更广泛的公共利益的缺失。①

　　在大学治理实践方面，20世纪60年代以来在校园民主运动中，学生、非教授教学人员、教辅人员等的目标之一就是要求分享大学的决策权。1968年，法国《高等教育方向指导法》规定"参与"是大学办学的三大原则之一，德国大学提出学生代表、初级教学人员和高级教学人员的"三三三制"参与原则。21世纪初，日本国立大学法人化改革后，大学也实现了校外人士参与管理并向社会开放运作的机制。在美国，1966年AGB、ACE和AAUP联合发布《大学治理宣言》，提出大学共同治理的理念，1967年AAUP又颁布了《大学和学院的治理声明》再次提出共同治理原则，肯定和保障教师在大学决策中的地位，还吸纳1—2名学生进入董事会。"参与"原则在实践中也遇到不少困难，许多大学生更关心毕业后的就业机会，而不愿意参与学校的民主管理，学生也对自己的参与效果表示怀疑，教师也不想使决策过程因学生参与变得更加复杂；低级别教师由于受制于教授提拔任用，在管理上一般对教授唯命是从。但整体来看，参与的教育功能是明显的，教师参与大学决策过程，增进政策理解，有利于政策的执行。学生参与大学治理是高等教育民主的需要，是实现学术民主与政治民主相互融合的路径，也是培育学生民主价值观的重要途径。②

　　大学有效治理的民主参与维度主要体现在大学治理机构中的成员是否来自不同群体和不同层次的利益相关者，大学治理过程中是否遵守必要的程序正义，各层次利益相关者的知情权、参与建议权是否得到保障，大学资源分配中是否设有必要的协商机制等。

二　大学治理的实质有效：效率维度

　　效率是任何组织治理不可回避的核心议题，组织有效治理的特征之一就是高效率。提高大学治理效率有助于增强大学的战略决策和战略管理能力与效果，有利于提升大学竞争能力和竞争优势，这些对于达成大学使命，实现维护公共利益和学术真理具有重要意义。那么，什么是效率？如何理解治理效率？效率的内涵随着社会的发展而不断演变，不同的学科视

---

　　① ［美］约翰·克莱顿·托马斯：《公共决策中的公民参与》，孙柏英等译，中国人民大学出版社2014年版，第20—24页。

　　② Josephine A. ，"Boland Student Participation in Shared Governance：a Means of Advancing Democratic Values?"，Tertiary Education and Management，No. 3，2005.

角也对效率有不同的理解。在经济学中，效率是指在有限资源条件下，通过对资源的有效配置获得的经济效果。在管理学中，效率是指在特定时间内，组织的各种收入与产出之间的比率关系。新制度经济学家着重研究"制度效率"，科斯认为与制度相关的交易费用是衡量制度效率高低的关键指标。道格拉斯·诺斯认为制度可以约束人们的行为，不同制度导致不同的行为选择，进而导致产出不同，有效率的制度意味着人们的行为会增加产出，而不能增加产出的制度则是无效率。[1] "有效率的经济组织是经济增长的关键；一个有效率的经济组织在西欧的发展，正是西方兴起的原因。"[2] 可见，效率对一个组织的重要性，而制度效率的最根本特征在于与制度相关的投入产出比。制度的制定、执行、评估都需要一定的经济、时间、机会等成本，这就是投入，制度也会带来一定的产出，即制度产出。

目前，从效率维度研究大学有效治理的文献还不多见，而公司治理效率则是个方兴未艾的研究主题，尽管大学与公司的组织属性、使命有巨大差异，但在治理要义上有很多的共同性和相通性，因此借鉴公司治理效率研究成果对理解和构建大学治理效率具有可行性。公司治理有效性是公司治理的重要研究主题之一，跟公司治理有效性相关的治理效率内涵、影响治理效率的因素、治理有效性评价指标和测量等引起了国内外研究者的关注。公司治理效率本质上属于制度效率范畴，核心是公司治理解决"代理问题"的效率，主要体现在能否有效解决公司经营管理过程中不同利益主体之间的利益冲突，降低各个利益主体的代理成本，其外在表现是公司经营管理活动的效率，包括公司获取盈利的能力与效率，获得并保持竞争优势可持续发展的能力与效率，应对不确定环境和经营风险的能力与效率，实现战略目标的能力和效率等。[3] 在公司治理有效性评价上，国外学者倾向于用"好/坏"来描述治理现状。史莱佛（Shleifer）和维希尼（Vishny）认为，一个治理效率高的公司治理机制就是好的治理机制，公

---

① ［美］道格拉斯·诺斯：《经济史中的结构与变迁》，陈郁译，上海三联书店 1991 年版，第 12 页。

② 林红玲：《制度、经济效率、收入分配》，经济科学出版社 2002 年版，第 20 页。

③ 王军伟：《控股股东、最终控制人行为与公司治理效率关系的实证研究》，博士学位论文，南京航空航天大学，2013 年。

司高效率治理可以为投资者获取投资收益提供保证。① 梯若尔（Tirole）认为好的治理机制其效率也比较高。② 国内学者在公司治理效率研究上取得了不俗成果，如郑红亮认为有效率的公司治理就是利用一套制度安排最大限度地降低代理成本，表现为股东如何以较低的代理成本有效地控制和监督管理层行为的问题。③ 刘汉民则认为，治理效率既要考虑治理成本，也要考虑治理收益，治理效率可以是治理成本最小化，也可以是治理收益最大化，而且在考量治理成本或者治理收益时，应该考虑包括股东、债权人、经营者和雇员在内的不同利益相关者。④ 2002 年，宋冬林等人首次提出"治理效率"的概念，并且认为高效率的治理才是公司治理的最终目的，因此治理效率是衡量公司治理结构合理性的恰当标准，特定的治理结构只是实现一定治理效率的手段。治理效率包括两层含义：一是结构性效率，是因整体协调而产生的制度效率，更强调制度组织的有效性；二是适应性效率，是一种动态性效率，即企业对内部、外部环境变化的适应性。其中，结构性效率是适应性效率的基础。⑤ 陈赤平认为，合作效率是公司治理效率的核心，合作效率分为内部合作效率、外部合作效率，其中：内部合作效率是指企业在内部协调的基础上形成正确的决策、纠正错误决策的效率；外部合作效率是指企业组织与市场中的其他经济主体间的协作效率。⑥ 因此，公司治理效率的理论内涵包括以下几个方面：一是公司治理效率作为一种制度效率，是指公司治理制度安排的有效性，公司治理机制的运行是否能有效达到公司治理的目标；二是利益相关者治理成本最小化、治理收益最大化是公司治理效率的直接测度指标；三是公司治理效率不能等同于公司绩效、公司价值，但是公司治理目标的实现有利于公司绩效增长和公司价值的提高，因此可以用公司绩效、公司价值作为公司治理效率的测度指标。

借鉴公司治理效率的研究成果，本书认为大学有效治理的效率维度也可以从制度效率考察，即大学治理体系是否促成大学使命的达成（结构

---

① Shleifer, R. Vishny, "A Survey of Corporate Governance", Journal of Finance, No. 2, 1997.

② Jean Tirole, "Corporate Governance", Econometrica, No. 1, 2001.

③ 郑红亮：《公司治理理论与中国国有企业改革》，《经济研究》1998 年第 10 期。

④ 刘汉民：《所有制、制度环境与公司治理效率》，《经济研究》2002 年第 6 期。

⑤ 宋冬林：《治理效率：一个深化公司治理的新视角》，《当代经济研究》2002 年第 12 期。

⑥ 陈赤平：《公司治理的契约分析——基于企业合作效率的研究》，中国经济出版社 2006 年版，第 73—83 页。

性效率），大学治理的经济成本、时间成本、机会成本与政策产出的关系，即大学对社会经济发展的满足程度（适应性效率），大学内部权力精英在决策过程中的合作程度及纠纷解决效率（内部合作效率），以及大学校际间的协同合作效率（外部合作效率）。

一方面，由于优质高等教育资源稀缺，难以满足人们对高等教育的需求；另一方面，高等教育耗费大量的财政、社会捐助等资金，行政问责和社会问责成为大学治理不得不面对的事实，为此高等教育领域必须重视"效率"这一概念。20 世纪 80 年代，联合国教科文组织明确提出：效率是高等教育发展的核心概念之一。[①] 大学面临资源不足与发展需求不断增长的矛盾，如何使有限的教育资源得到最优化的配置和最高效的产出成为解决这一矛盾的突破口。同时，大学发展资源不足与治理效率低下并存，提高治理效率成为我国大学治理改革的普遍追求，涉及大学内部治理和外部治理两个层面。第一，在大学外部治理方面，落实和扩大大学办学自主权是提高大学治理效率的有效途径。1985 年颁布实施的《中共中央关于教育体制改革的决定》将大学办学效率不高的主要原因归结于大学对政府的依附关系，提出"在加强宏观管理的同时，坚决实行简政放权，扩大学校的办学自主权"是大学管理体制改革的关键。随着市场经济体制的确立并逐步引入高等教育领域后，要求大学更加注重质量和效率意识。1993 年，《中国教育改革与发展纲要》（简称《纲要》）明确指出要使大学真正成为面向社会自主办学的法人实体，逐渐形成市场调节和政府宏观调控相结合的资源配置方式。《纲要》要求大学要善于行使自己的权力，承担应负的责任，建立起自我发展、自我约束的运行机制。进入 21 世纪以来，落实和扩大大学自主权始终是高等教育改革的关键词，尤其是党的十八届三中全会提出，全面深化改革在高等教育领域主要在于深入推进管办评分离，完善高校内部治理结构，以落实大学办学自主权。第二，在大学内部治理方面，完善内部治理结构，提高内部治理能力是落实和扩大办学自主权的关键所在。进一步完善大学内部治理结构，提高内部治理能力，有助于提高大学治理效率。我国大学实行党委领导下的校长负责制，学校党委是领导核心，把握学校发展方向，决定学校重大问题，监督重大决议执行，支持校长依法独立负责地行使职权，保证以人才培养为中心的

---

① 卢晓中、谢静：《论高校效率与自主权》，《江苏高教》2015 年第 1 期。

各项任务的完成。校长是学校的法定代表人，接受学校党委领导，组织实施学校党委有关决议，行使高等教育法等规定的各项职权，全面负责教学、科研、行政管理工作。大学同时设立学术委员会作为校内最高学术机构，统筹行使学术事务的决策、审议、评定和咨询等职权。建立"党委领导、校长负责、教授治学、民主管理"的治理体系，明确党委权力和校长权力、行政权力和学术权力的边界，可以防止党政不分、政学不分，保证政治权力、行政权力和学术权力的分工与协作，确保权力规范运行，提高大学治理效率。

但值得注意的是，大学有效治理的民主参与维度和效率维度之间需要保持适度的协调平衡，要以程序正义协调民主参与和效率之间的关系，过度强调民主参与或效率都可能无助于大学实现有效治理。当前公共治理中，提高公民的参与程度与提高治理效率相结合是总体发展趋势。正如罗伯特·伯恩鲍姆的研究表明，治理的有效性总是与低效和功能冗余相联，虽然组织看上去没有效率，但实际上非常有效，恰恰是某些影响效率的因素促进了治理的有效性。① 因此，从民主参与和效率两个维度来考察大学治理的有效性，可以划分为四种模式，如图 1 - 1 所示。

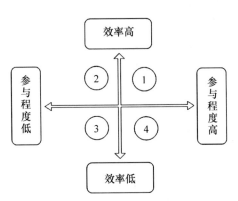

图 1 - 1   大学有效治理理论分析框架

①参与程度高—效率高。大学各层次利益相关者高度参与大学重大事务决策、执行和评估，并体现出必要的程序正义，同时大学有比较充足的

---

① ［美］罗伯特·伯恩鲍姆：《大学运行模式》，别敦荣译，中国海洋大学出版社 2003 年版，第 21 页。

办学自主权，内部决策权、执行权和监督权相互制约，治理结构完善，大学运行规范，很好达成了大学使命，比较好地满足了社会经济发展对大学的需求。当今美国一些私立大学和公立大学的治理大致可以归为这种模式。

②参与程度低—效率高。大学高度受制于政府，自主权不多且主要集中在少数行政管理人员和学术人员手中，但大学内部治理结构完善，决策程序正义，也比较好地达成了大学使命，满足了社会经济发展对大学的需求。19 世纪中期至 20 世纪初期的德国大学和"二战"后至国立大学法人化改革前的日本大学治理可以归入这种模式。

③参与程度低—效率低。大学高度受制于政府或少数权力精英且大学内部权力主要集中在少数人手中，内部治理结构不健全，治理行为随意、失范行为较为普遍，治理过程很难体现出必要的程序正义，未能发挥出大学的人才培养、科学研究和社会服务等功能，无论政府、社会还是个人普遍对大学不满意。我国"文革"期间的大学大致可以归入这种模式。

④参与程度高—效率低。大学是相对自治的独立机构，具有很大的自治权，大学各层次利益相关者高度参与大学重大事务决策、执行和评估，并体现出必要的程序正义，大学内部治理结构也比较完善，体现出一种"精神的手工业者行会"特征，但大学停留在象牙塔内，不关注社会经济发展，政府、社会等利益主体对大学也不太满意。中世纪的欧洲大学大致可以归为这种模式。

第三节　案例研究方法

案例研究方法跟其他研究方法一样，是遵循一套预先设定的程序、步骤，对某一经验性、实证性课题进行研究的方式，包括单案例研究和多案例研究。案例研究法适合用于研究发生在当代对相关因素进行控制的事件，使用者采用该方法可以突出事件的前后联系与研究对象之间存在高度关联。[1] 案例研究实质上是通过对某个（或几个）案例的研究来达到对某一类现象的认识，而不是达到对一个总体的认识，至于这一类现象的范围有多大、它涵盖了多少个体，则是不清楚的，案例研究得出的一般结论只

---

① ［美］罗伯特·K. 殷：《案例研究：设计与方法》（中文第 2 版），周海涛等译，重庆大学出版社 2010 年版，第 13—21 页。

适合于某一类现象，即与所研究的个案相类似的其他个案或现象①，因此，案例研究中的案例不是统计样本，所以它并不一定需要具有代表性。案例研究有三种类型：解释性或因果性案例研究、描述性案例研究、探索性案例研究。② 利普哈特把案例研究的类型分为以下几种：非理论性的案例研究、诠释性的案例研究、产生假设的案例研究、理论证实的案例研究、推翻理论的案例研究，以及偏离常规的案例研究。偏离常规的案例研究是通过分析与某一理论相偏离的案例，以寻求说明和提炼理论。③

　　案例研究始终面临着如何处理特殊性与普遍性、微观与宏观之间的关系问题，为此有四种主要处理方式：超越个案的概括、个案中的概括、分析性概括及扩展个案方法。④ 分析性概括认为个案研究的有效性和概括性完全可以不必通过概率抽样获得，个案是根据其逻辑关联或理论意义进行外推的，外推的有效性不是取决于个案的代表性，而是取决于理论推理的力量。分析性概括旨在说明，个案研究法的魅力在于其辅助理论建构的力量，扩展个案方法站在宏观场景，特别是宏大权力的领域中，居高临下地观察具体的日常生活，同时借由具体个案反观宏观因素，从而实现理论的重构。扩展个案方法旨在建立微观社会学的宏观立场，它试图立足宏观分析微观，通过微观反观宏观，并在实践中处处凸显理论的功能。分析性概括从方法论高度证明了个案研究法的生命力，扩展个案方法是这一结论之下具体方法的体现。

　　教师参与大学治理的重要性不言而喻，研究者通常采用统计归纳的方法，通过对所得数据的统计分析，似乎无意中达成一个共识，认为赋予并保证教师更多参与治理的权利是完善大学内部治理结构和提高大学治理有效性的重要途径。本书第二章第一节拟采用多案例研究方法分析近年来 A 大学教师在制定住房分配规则、制定学校章程、调整职称政策、调整校内津贴分配政策 4 个案例中的舆论和行动，揭示教师参与大学治理的意愿和

① 王宁：《代表性还是典型性？——个案的属性与个案研究方法的逻辑基础》，《社会学研究》2002 年第 5 期。

② ［美］罗伯特·K. 殷：《案例研究：设计与方法》（中文第 2 版），周海涛等译，重庆大学出版社 2010 年版，第 8 页。

③ 唐睿：《体制性吸纳与东亚国家政治转型——韩国、新加坡和菲律宾的比较分析》，中央编译出版社 2014 年版，第 15 页。

④ 卢晖临、李雪：《如何走出个案——从个案研究到扩展个案研究》，《中国社会科学》2007 年第 1 期。

能力，以及教师关注的事务，以期在一定程度上修正教师参与大学治理的研究路向，为提高教师有效参与大学治理提供客观依据。从利普哈特的分类来看，对这4个案例的研究属于偏离常规的案例研究，研究的目的并非推翻教师参与大学治理的必要性，而是要说明教师参与大学治理应考虑他们的意愿、能力等个人因素，以及要从教师个体和制度供给两个维度提高教师有效参与治理。

我国致力于建立科学化和民主化的大学内部决策模式已有近20年的历史，目前大学决策模式是否发生了根本性变化？是否实现了决策民主化和科学化？本书第二章第二节分析"B大学编制2013—2015年中央财政专项资金建设项目规划"案例中校级领导、职能部门处级干部、学院和教辅机构负责人等决策者的行为策略，对我国大学决策模式进行探究。是否存在权力精英联盟现象？权力精英参与政策决策究竟是为了什么？影响他们决策行为选择的关键因素是什么？该案例分析的目的是要回答案例是"怎么样"以及"为什么"会是那样。中央财政专项资金建设项目规划既涉及资金分配，也涉及学科建设、教学实验平台建设、科研平台建设、公共服务体系建设和人才团队建设，编制项目建设规划还要充分考虑学校中长期发展规划以及正在执行的短期（通常是5年）发展规划，因此项目建设规划兼具行政决策和学术决策的属性。该案例兼有描述性和探索性案例研究属性。

本书第二章第三节分析C大学2012—2015年全员聘任中M副校长与分管单位的处级和科级干部聘任、Y校长与校特聘教授遴选聘任案例，探讨大学内部成员依附发展问题，回答如下问题：大学组织中是否存在这种庇护—回报型的依附发展关系呢？如果存在，其表现如何？这种现象对大学治理改革有什么影响？产生的深层次原因是什么？

本书所研究的7个案例资料是2010年至2015年间研究者在全国有关大学开展田野研究期间所获得，包括会议资料、访谈资料、年鉴、校史、相关规章制度，以及研究者本人现场观察记录下来的资料等。

本书除了主要采用案例研究方法外，还采用历史分析法，通过考察"二战"后主要西方发达国家和我国大学治理有效性，弄清楚大学有效治理的历史演变逻辑，寻求大学实现有效治理的一些历时性和共时性特征，为我国大学提高治理有效性提供经验依据。

第四节　本章小结

本章梳理了国内外有关大学有效治理的文献，其中西方学者的研究已基本形成了结构主义和人—文化主义两大影响较大的理论学派。结构主义认为，通过设计和改革治理结构可以满足利益相关者的民主诉求，实现决策权、执行权和监督权的分离与制衡，协调学术权力和行政权力的关系，提高决策效率和资源配置效率。人—文化主义是在反思结构主义的缺陷基础上发展起来的，认为仅仅改进治理结构并不一定能实现大学的有效治理，还应重视领导力、人际关系、信任、文化等影响治理行为的非结构性因素。当然，也有少数学者意识到，教师等核心利益主体过度参与大学治理，无论是对教师本人还是大学都具有不可忽视的弊端。

国内学者有关大学有效治理研究，主要是基于结构主义，用两个分析框架：一是对大学治理结构进行本质主义的分析，认为一个有效的大学治理结构应该根据利益相关者组织属性并区分利益相关者的不同层次，将决策权按照实际需要分配给治理主体，并使不同主体之间产生权力依赖和制约关系，提高大学权力运行效率，满足"冲突和多元利益"的治理需要。二是基于我国大学治理存在的问题进行"现象—问题—方法"的规范研究，在完全理性假设的基础上建构"政校分开、管办分离"的外部治理结构，以及"党委领导、校长负责、教授治学、民主管理"的内部治理结构。也有少数学者意识到，仅仅从参与维度审视大学治理问题是不够的，还必须考虑大学治理效率问题，提高决策效率、执行效率、资源配置效率，大学才能更好地满足社会经济发展需求。

本书基于组织治理有效性与合法性的逻辑关系，认为大学治理现代化是不断累积治理有效性来强化治理合法性的过程。大学治理有效性可以划分为形式有效和实质有效两个维度，并据此构建了大学有效治理的理论分析框架。形式有效的核心是参与原则，主要看大学各个层次的利益相关者在大学最高权力机构中是否占有席位以及占有多少比例的席位，即决策权、执行权的配置模式。实质有效即大学治理的制度效率，包括两个方面：一是治理体系的结构性效率，大学治理体系是否有利于大学及时对内外部环境的变化作出反应；二是适应性效率，大学资源满足人才培养、科学研究和服务社会的程度。

第二章 大学有效治理的实证分析

针对当前我国大学治理机构人员构成单一和"大学是典型利益相关者组织"的认知，大多数学者开出的完善大学治理结构的"药方"普遍强调教师等利益相关者参与治理。但也有少数学者认为教师参与大学治理忽略了知识与官僚之间的必要界限，混淆了学术权威和行政权威之间区隔，过度的教师参与不仅背离了大学的核心价值，也损害了大学决策的效率，不可避免地带来教师参与能力的困境。那么，我国大学教师参与决策的现状到底如何？教师参与决策有没有真正提高决策质量？有没有提高大学治理的有效性？

我国致力于建立民主化、科学化的大学内部决策模式已经20余年，效果如何？有人认为我国大学内部决策模式由改革开放前的政治权力精英和行政权力精英垄断的决策模式进入了政治权力精英和行政权力精英主导、教职工广泛参与的民主决策模式，但也有不少学者认为我国大学精英决策模式没有实质性变化。一个不可忽视的事实是，当前我国大学形成了庞大的政治权力精英、行政权力精英、学术权力精英群体，这三类精英群体为了维护实现自身利益或减少利益受损，采取精英结盟或利益交换的方式，使群体利益公共化。那么，我国大学决策的真实情况是什么？三类精英群体如何联盟，或者说他们是如何进行权力共谋的？

有研究认为我国国有企业、基层农村、地方政府权力的基本特征是庇护—回报型的依附关系，在权力结构中，低级别成员往往以忠诚、支持和服务等方式向高级别成员寻求庇护，而高级别成员也以自己所掌控的权力、资源和利益回报低级别成员，他们之间形成一种利益、资源交换关系。那么，大学组织中是否存在这种庇护—回报型的依附发展关系呢？如果存在，其表现如何？这种现象对大学治理改革有什么影响？产生的深层次原因是什么？

本章拟通过 7 个案例对上述问题进行分析性探讨。

第一节　大学决策中的教师参与

当前，我国大学治理实践的一个突出问题是教师在重大事务决策中缺席或处于边缘状态与教师参与治理的效果非常有限并存。研究者通常以民主参与理论为指导，采用统计归纳的方法，通过对所得数据的统计分析，似乎无意中达成一个共识，认为赋予并保证教师更多参与治理的权利是完善大学内部治理结构和提高大学治理有效性的重要途径。因此，他们开出的大学治理改革的"药方"普遍强调在制度层面强化教师参与治理的权利[①]，比如完善党委会领导制度、完善教代会制度、加强学术委员会制度、建立教授会或理事会、加强基层学术组织建设等，希望通过加强教师参与治理的制度设计以彰显学术权力，提高治理的民主性和科学性。这些研究的基本逻辑是"大学治理存在问题—教师参与大学治理—问题得到合理解决"，没有给予教师参与意愿、参与知识、参与能力等个人因素应有的考虑，想当然地认为教师有意愿且有能力参与大学治理，可以说是一种一厢情愿的遐想。西方学者研究认为，较高程度的教师参与大学治理有其积极的一面，但也有不可避免的弊端：教师参与治理活动的时间增加，势必减少教师用于教学和科研活动的时间；教师可能作出以牺牲大学利益而使政策最利于他们个人利益；某些能显著改变现状的项目实施会因教师利益冲突而增加阻力；影响决策效率进而妨碍管理者有效完成发展大学和提高大学绩效的任务。[②] 那么，我国教师参与大学治理的意愿和能力如何？教师参与大学治理的动机是什么？教师可能关注哪些大学治理事务？如何提高教师有效参与大学治理？本书拟采用案例研究方法来分析近年来 A 大学教师在制定住房分配规则、制定学校章程、调整职称政策、调整校内津贴分配政策 4 个案例中的舆论和行动，揭示教师参与大学治理的意愿和能力，以及教师关注的事务，以期在一定程度上修正教师参与大学治理

[①]　郭卉：《如何增进教师参与大学治理——基于协商民主理论的探索》，《高等教育研究》2012 年第 12 期；余承海、程晋宽：《当代美国大学共同治理的困境、变革及其启示》，《高等教育研究》2014 年第 5 期。

[②]　[德] 尤塔·默沙伊恩：《大学治理与教师参与决策》，魏进平、马永良译，知识产权出版社 2014 年版，第 44—49 页。

的研究路向，为提高教师有效参与大学治理提供客观依据。

一　利益主体参与大学决策的价值分析

公共政策是管理公共事务的准则和工具，是一种价值和资源的分配方案。公民参与性的广度和深度是判定一个公共政策程序的正义与否三条主要依据之一。[①] 改革开放以来，东部沿海地区经济快速发展，社会阶层结构、利益结构、基层民主政治出现了新的变化，公民参与政策过程的积极性不断提升，政策参与的方式、途径也发生了重大转变，主要呈现四个趋向：从个体参与到组织化参与，从个别环节的参与到政策的全程参与，从部分领域的政策参与到政策的广泛参与，从传统参与方式到多元参与模式的创新。[②] 大学政策内嵌于公共政策，是公共政策在大学中的具体表现，既具有公共政策的共性，也具有大学组织属性本身的一定的特殊性。大学政策的制定、执行都可能对不同利益主体的利益产生一定的影响，这种影响是否符合正义要求，就看政策是否满足公共利益和学术真理发展的要求。大学政策事关公共利益、师生利益等，师生等核心利益主体理应有权参与制定，发挥各自的角色功能，拥有对等的自由表达意见的机会。

在大学中，学术人员和行政人员是两大基础性群体，学术人员忠诚于学科，而行政人员忠诚于大学，二者间的职业价值观存在内在冲突。在政府财政拨款与大学绩效挂钩问责的外部压力下，大学治理不仅要考虑学术发展，还不得不考虑成本收益，行政人员有向学术要效益的冲动。而扩大教师等利益主体参与大学决策，可能会降低决策效率，学术人员与行政人员之间的冲突有加剧的趋势。因此，加强学术人员与行政人员之间的对话交流显得尤为必要，只要各利益主体的意见得到充分的表达和尊重，政策偏离公共利益和学术真理发展的可能性就会更小。师生等大学核心利益主体参与大学决策，通过公开表达自己的意见与建议，既增强了不同利益主体之间交流意见，也增进了他们对政策的理解，如果他们的意见能够得到平等的重视，可以减少政策执行的外部成本，提高政策执行效率。

随着高等教育收费政策的实施以及财政拨款力度加大，大学办学经费

---

① 另外两条依据是：程序所产生的结果与实质正义相一致，这种程序所允许的政治权力使用的正当性。参见李建华《公共政策程序正义及其价值》，《中国社会科学》2009 年第 1 期。

② 吴太胜：《公民公共政策参与的发展及其动力因素探析——基于浙江公民政策参与的实践研究》，《行政论坛》2010 年第 5 期。

等资源迅速增长，在简政放权的大背景下，大学内部可自由支配的经费、资源越来越多。由此，大学内部利益结构也发生了实质性的变化。为维护自己或群体的利益，实现个人或群体利益的最大化，各群体的人员参与政策过程的积极性不断提升。当前，我国大学师生等核心利益主体参与大学决策有两条渠道：一是教代会、座谈会、研讨会、意见征求会、校长信箱、校领导接待日、来信来访等正式渠道；二是师生自治组织等非正式渠道，这一点在网络空间表现得比较活跃。第一条渠道对大部分师生来说，使用的机会并不多，而且这种渠道直接暴露意见人或建议人的身份，甚至要与管理人员面对面交流，使用者担心会遭到打击报复、故意刁难等，因此使用的频率也不高。由于网络空间具有便捷性、开放性、匿名性等特征，师生更愿意选择通过第二条渠道来表达意见。随着网络监管力度加大，行政力量介入网络空间表达的深度也在加深，但总体来看第二条渠道使用的频次比第一条渠道要多一些。

二　案例概况

A 大学在 2012 年 9 月至 2015 年 3 月期间制定了 4 个比较重要的政策，分别是 2012 年 9 月至 2013 年 5 月制定的经济适用房分配政策（下称"分房事件"）、2012 年底至 2013 年 6 月调整职称评审政策（下称"职称事件"）、2013 年 3 月至 2015 年 3 月制定的学校章程（下称"章程事件"）、2014 年 9 月至 2015 年 3 月调整的校内津贴分配政策（下称"津贴事件"），我们借此分析教师参与大学决策的意愿、能力及动机。四项政策出台之前均通过学校办公网向全体教职工征求过意见，每个教职工均有参与政策制定表达意见的机会。所有案例资料是研究者于 2012—2015 年间，在 A 大学 OA 办公网、博士联谊 QQ 群、教工住房交流 QQ 群中所获取的，同时还包括研究者与部分教师的非正式谈话资料、观察笔记等。

1. 制定经济适用房分配政策

为解决教职工和引进人才的住房问题，在地方政府的支持下，A 大学联合所在高教园区其他两所高校兴建了一批经济适用房，2012 年暑假房屋基本建成，进入分配环节。2012 年 9 月 27 日，学校国资处在办公网上发布了《关于征求〈A 大学 2008 年教工住宅分配定位实施细则〉意见的通知》。9 月 29 日，国资处公示了参加本次分房教职工的排序，并要求所有教职工于 9 月 30 日至 10 月 25 日公示期内到国资处予以确认。10 月 12

日，国资处发布了分房排序的"补充说明"，声称分房排序公示后，国资处收到许多意见和建议，最终定位排序将在广泛征求各方意见的基础上，依据《A大学2008年××高教园区教工宿舍（经济适用房）购房指标预分配实施办法》文件精神确定。11月20日，国资处公布了《A大学教工宿舍分配定位细则（草案）》，规定"已婚或已满35周岁的时间截止点为2012年12月31日"，参加本次分房的教职工人数由征求意见稿中的552人调整为548人，对比9月27日的征求意见稿，可以发现有4名教职工因各种原因被取消了分房资格，分别是100平方米档2人、90平方米档2人。2013年3月27日至4月30日，A大学比较顺利地完成了548名教职工的分房工作。

按照A大学的分房经验，所有的引进人才都有机会参与购买120平方米的房源，他们与学校签订就业协议时也曾得到可以参与购买120平方米房源的口头承诺。2013年4月28日国资处公布各类引进人才房源，以2010年6月25日为界，界前40名引进人才的房源均为120平方米，界后90名引进人才的房源为120平方米13套、100平方米19套，剩下的58套都是90平方米。界前引进人才基本能按引进时的承诺兑现房源，这部分人也比较顺利地分到了房。由于房源受限，界后的90名学术骨干中绝大部分人不可能购买120平方米的房源，为此，当学校公布了他们的房源后，博士们开始骚动起来。他们参与了住房分配政策的讨论，要求与界前的引进人才享有同等机会选择120平方米的房源；如果不能选120平方米的房源，学校应进行相差面积的经济补偿；要求学校正视学科差异。从4月中旬起，他们在线下线上议论不断，并发生20余人组成的"抗议团"一度进入人事副校长办公室，要求兑现引进时的口头承诺的事件。但《2013年A大学学术骨干住房定位规则》在经历了若干程序后还是按时发布并实施，该定位规则规定：按来校报到年度排序（以校人事处开具的报到介绍信上的时间为准）。同一年度报到的，根据下列优先原则排序：①进校工作以来，主持国家级科研项目的（成果归属权必须为A大学，以校教学科研管理部门提供的材料为准；夫妻双方成果可叠加；项目数量多者排名优先）；②如上述条件相同，夫妻双方均系引进的学术骨干优先；③同等条件下，抽签决定选房顺序。该规则对博士们的科研业绩只强调国家级项目，而国家自然科学基金和国家社科基金项目的立项率存在巨大差异，即使同是国家社科基金项目，但不同学科之间的立项率也不一样，因此这个定位规则明显偏向理工科博士，人文社科类引进人才面临利益受损的风险。

2. 调整职称评审政策

A 大学 2012 年职称评审工作于 12 月底顺利结束，2013 年 1 月 4 日人事处发布《关于〈A 大学专业技术职务申报资格条例〉（修订稿）征求意见的通知》，提请各学院、部门和广大教职工认真研读并提出宝贵意见和建议，并于 1 月 10 日前以书面形式反馈。从 1 月 8 日至 10 日，博士们通过网络联系，共有 17 位博士教师通过青年博士联谊会组织向学校提交了 37 条意见和建议，普遍认为新修订的职称申报条件过高、提高国外进修要求不合理、职称政策实施时间太短没有给教师充分的准备时间、忽视学科差异、不尊重科研规律、急功近利、各系列职称申报机会不公平等。参与提意见的 17 位教师都是 2013 年准备申报职称的青年博士，占博士联谊 QQ 群成员的 10% 左右。由于意见分歧较大，学校最后决定暂缓实施新修订的职称政策。

3. 调整校内津贴分配政策

近年来，A 大学的校内津贴分配政策思路是以前三年业绩定未来三年的待遇，也就是以三年为一个聘期，期满考核结果用于下一个聘期，而聘期内不再进行严格的年度考核。2014 年，由于学校领导班子成员分工调整，新任人事副校长有意执行校长的"赛马规则"，认为要加强聘期内的年度考核。为此，在新任人事副校长操作下，人事处起草了新的校内津贴分配方案，核心就是不仅要加强聘期考核，还要加强年度考核，年度考核结果决定下一年的绩效津贴，同时增设基础工作量（A 大学之前设有基础津贴，但不设基础工作量，教师每上一节课都在基础津贴外再获得课时费，每一个科研奖励业绩分均有绩效奖励）。经过中层以上干部对该方案进行多轮讨论修改后，人事处于 2015 年 2 月 2 日发布了《关于〈A 大学教职工收入分配补充规定〉征求意见的通知》，提请广大教师提出意见和建议，要求各学院或教师个人以电子邮件形式于 2015 年 2 月 4 日上午 12：00 前反馈至人事处。该方案公示期仅两天，且在寒假期间，目的就是尽量减少方案获得通过的阻力，完成学校领导交代的任务。但这个方案在博士联谊 QQ 群还是炸开了锅，博士们讨论的焦点在于：①增设教师教学科研基础工作量，实际上减少了薪酬，与公务员涨薪趋势背道而驰（如果一个教师在新老方案中都刚好完成基础工作量，他实际被减少了基础工作量的绩效津贴，为1.1万—1.3万元）；②学校打包给各二级单位的绩效津贴总量不变，基础津贴发放后的资金以"多劳多得，优劳优酬"进行二次分配，势必减少教学工作量不足和科研业绩欠佳的教师的收入，从而增加教学工作量多和科研业绩好的教师的收入，可能会进一步拉大教师之间的收入差距（影响教师教学工作量的因素主要是所属专业的学生数和教师数，A大学有的本科专业每年只招收1个班级，客观上使部分教师教学工作量严重不足）；③科研业绩年度考核有违科研客观现实，如有的论文发表周期长，在研科研项目主持人和成员再次申报项目受限，申报科研奖项一般2年以上才有一次机会等，因此一个教师可能今年远远超额完成科研工作量，但下一年也可能连基础科研工作量也无法完成；④行政人员工作量难以定量考核，可能流于形式，方案对他们的津贴分配几乎没有实质性影响，有失公平正义；⑤教学考核中的学生评价可能误导教师教学、扭曲师生关系；⑥要求提高基础津贴，让教师体面些生活，提高生活质量，而急功近利的考核和分配会增加作弊等学术失范行为发生的可能性。

4. 制定学校章程

A大学根据国家教育部和省教育厅的相关文件要求，2013年上半年启动制定学校章程。经过征求学校主要领导、重要职能部门等必要程序后，学校以"《A大学章程》建设领导小组"的名义发布《关于征求〈A大学章程〉意见和建议的通知》，提请各学院、各部门和广大师生积极参与讨论，提出意见和建议，于2015年1月10日前以电子邮件或书面材料等形式反馈至起草小组。遗憾的是，起草小组没有收到任何意见或建议。2015年3月学校教代会（共有270名代表，包括正式代表、列席代表和特邀代表）按期召开，教代会秘书组收集到16条意见和建议，集中在：要进一步提炼办学特色和办学方向，明确学院学术分委员会与教授会的关系，处理好直属研究机构与学院的关系，体现教授、学生参与学校管理，明确校长推举制度等，以及若干与章程建设无关的意见。

三　研究发现

1. 教师参与大学决策的意愿不强

自20世纪60年代的校园民主化运动后，非教授教学人员、教辅人员、学生等利益群体开始在西方大学决策机构中获取一定比例的席位，被学界视为是大学回应利益群体参与大学治理的普遍做法。当前，我国大学治理相关研究者普遍针对我国大学治理机构人员构成单一和"大学是典型利益相关者组织"的认知，认为赋予并尊重包括教师在内的各层次利益相关者参与治理的权利是完善我国大学治理结构的重要举措，甚至是解决我国大学治理问题的灵丹妙药。本书发现，教师参与大学治理的意愿并没有研究者所想象的那么强烈，无论是在网络空间还是现实空间中，A大学教师对学校政策制定表现出一种普遍的冷漠，且与自身直接利益关联度越低的政策，教师参与的积极性越低。

部分教师参与大学决策经历多次失败后，从"无语"进入"无奈"，最后视其为理所当然，以至于调整自己的心态聊以自慰，"如果学校有利己的政策把它当作天上掉馅饼，如果有不利的举动把它当天灾"①。大学章程享有"大学宪法"之称，外接国家法律法规内接各项规章制度，是大学实现有效治理的重要载体。在A大学"章程事件"中，面向全校师生征求意见的14天内，起草小组没有收到任何有关章程建设的意见和建议，全校师生主动放弃参与大学"制宪"的权利，反映出师生参与大学治理的意愿明显不强，甚至冷漠。在A大学三届三次教代会上，270名代表中只有16名代表发表了对章程建设的意见和建议，占全体代表总数的0.6%。A大学教师参与学校章程建设的意愿不强在中部一高校也得到印证，该校高教所受学校第八届"双代会"筹委会委托，承担了学校章程修改工作，于2011年1月17日以电子邮件形式向全校2555名教职员工发送了《关于征求〈××××大学章程〉修改意见和建议的问卷调查通知》，并要求于2月25日前回复意见和建议，但截至3月8日，仅有8名教职工提交了问卷。可见，教师参与学校章程建设的态度冷漠绝非个案。在"分房事件"中，认为利益受损最严重的是2010年6月25日后的90名引进人才，虽然他们线上线下对学校的分房规则议论纷纷，但真正在座谈会上发表反对意见的老师也只有10来个，而要求当面与人事副校长交流的教师则更少。专业技术职称对每个专任教师、教辅人员来说都是至关重要的，与其直接利益密切相关，本应得到所有教职工的重视。在"职称事件"中，只有17名青年博士参与提意见，占博士联谊QQ群成员的10%左右，占当年全校191名拟申报职称的教师人数的8.9%。在"津贴

---

① 张俊超：《大学场域的游离部落——研究型大学青年教师发展现状及应对策略研究》，博士学位论文，华中科技大学，2008年。

事件"中，有 22 名博士参与讨论，占博士联谊 QQ 群成员的 12%。总体来看，A 大学教师参与政策讨论的人数很少，且政策对自己直接利益相关性越弱，参与人数越少。当然，本研究中收集到的教师关于学校政策讨论的数据可能不完整，比如博士联谊 QQ 群成员只占全校博士的一半左右，不排除 QQ 群外的博士和其他教职工也向学校提出过相关意见和建议。

　　教师参与大学决策的意愿与行为之间是一种正相关关系，参与意愿高通常就会实施参与行为，反之亦然。也不排除教师出于各种原因，比如认为自己的参与知识不足、参与能力不够，或者担心向学校提意见可能会遭到打击报复等，尽管有参与治理意愿，但无参与行为。但从 A 大学章程事件之外的 3 个案例来看，无论是"分房事件"、"职称事件"还是"津贴事件"，在博士联谊 QQ 群中发言比较积极的教师相对固定，在"分房事件"中向人事副校长讨要说法和围困党委书记的教师也是相对固定的，且与博士联谊 QQ 群中发言积极的教师存在比较大的重合，可以认为教师因为担心打击报复而不实施参与行为的情况不多见，进一步说明教师没有参与学校政策讨论是参与意愿不强的结果。

　　2. 教师参与大学决策的能力偏弱

　　教师参与大学决策的能力偏弱，一方面表现在非理性参与特征上。在"分房事件"中，部分 2010 年 6 月 25 日后引进的博士通过线上线下联系组成了一个近 20 人的"抗议团"，在人事副校长不知情的情况下，进入人事副校长办公室讨要说法。2015 年，"分房事件"的衍生事件——高教园区附属学校定位问题，部分教师采取围困学校党委书记的做法，要求党委书记出面跟地方政府交涉。不管是围困党委书记还是向人事副校长讨要说法的维权形式，在一定程度上达到了向学校领导施加压力的目的，但这种行为有过激之嫌，对解决问题并没有多大的帮助，表现出教师参与大学治理的非理性特征。另一方面，教师参与决策能力偏弱还表现在他们的意见针对性不强，带有某种宣泄情绪的特征。在"章程事件"中，几位教代会代表所提意见跟章程建设关联度很低，比如"学校驻地不对，现在没有××镇，而是××街道"、"校长推举制度没有明确，校长应将注意力集中到'治校'方面，章程体现不多"、"关于'双肩挑'的界定，人事处、工会、章程的三个文件有些矛盾和出入，应该统一界定"、"章程修改应该更充分些，要几上几下"等。实际上，A 大学的法人登记证上的学校注册地就是"××镇"；《高等教育法》规定"高等学校的校长、副校长按照国家有关规定任免"，目前并无校长推举制度；章程作为治校纲领，不可能对具体岗位和人员进行详细界定；在教代会上审议的章程也已经经过多轮修改讨论，且已经向全校教职工征求过意见，说明提这条意见的代表平时不关心学校事务。在"津贴事件"中，几位博士讨论津贴政策时只是发牢骚，或者跑题到意识形态上去，比如：

> "感觉科研教学人员就是后娘养的，最苦最累，还让人嫌弃。"
>
> "这是要 A 大学小讲师干全中国博导教授大牛没干过的事，哈哈。"
>
> "所以屌丝就不要为难屌丝，其实学校管理层啥的，A 大学精英啥的，其实也都是屌丝，大家苟活的同时多点人情味，多替人家着想就 OK 了。"
>
> "如何定义精英？如何判断一个人是精英？又如何确定一个人没有学术的潜力和价值？科斯老人家只靠两篇文章即拿到了诺贝尔奖，若在中国，恐怕早已解聘了。"
>
> "霍金的身体状况，找工作，身体检查这一关都过不去……"
>
> "呵呵，所以说，只能不停地呵呵了，一个只能呵呵的社会，竟然总是叫嚷着要发挥每个人的创造性和创新的潜力，我都觉得像冷笑话。"

这些言论具有明显的情绪发泄特征，已经超出了政策征求意见的初衷，对完善政策并无实质性的帮助。

3. 教师参与大学决策的动机是维护或减少直接利益受损

教师参与大学决策的动机是什么？是维护学术自由、保障大学自治，促进大学科学发展，还是维护实现自身直接利益和减少利益受损呢？有研究显示，教师代表作为第一提案人提交教代会提案占总提案数的比例不到10%，且他们的提案绝大多数是与教师发展或福利待遇密切相关的内容。[①] 一项针对 10 所高校的 200 名教职工（专职教师 44%、科研人员17%、教辅人员 5%、教师兼管理人员 34%）参与大学治理意愿的调查显

---

① 于海棠：《高校教代会中教师代表参与的张力及其限度——以某地方综合性大学为例》，《高校教育管理》2013 年第 1 期。

示，教师最希望参与的决策领域主要包括教师进修、岗位津贴、科研、教学、资源调配、成果申报评审等学术事务，对学校规划、后勤资产的参与意愿明显不足（而教师实际只在教学和科研两个方面参与率较高，在资源调配方面的参与率最低，教师的参与意愿与实际参与之间存在巨大差距）。[①] 2004—2006 年，H 大学青年教师座谈会上众青年教师归纳出的最关心的八大热点问题中，住房问题和工资待遇问题分别排在第一和第二位，依次排在后的分别是个人发展问题、教学问题、学校政策问题、教师考核问题、人才战略问题以及健康问题。[②] 作为具有"大学宪法"之称的章程，一般都专章设计教职工的权利与义务，理应受到全体教职工的重视和关心。但 A 大学的"章程事件"表明，教职工并不关心学校章程的建设工作，而"分房事件"、"职称事件"、"津贴事件"等却表明教职工对与自身直接利益相关的决策非常关心甚至是一种带有狂热的、非理性的关心。教师参与大学决策又表现出理性算计的特征，有明显的"事不关己，高高挂起"和"搭便车"的心态。因此，教师参与大学决策的动机在很大程度上并非是维护学术自由、保障大学自治，促进大学科学发展，而是维护实现自身直接利益，或减少利益受损（这里的"利益"包括经济利益、学术科研利益等）。在"分房事件"中，国资处首次公布分房排序后收到了教职工的举报（具体人数不详），最终有 4 名教职工被取消分房资格，分别是 100 平方米档 2 人、90 平方米档 2 人。在 A 大学所在地，当时的商品房价格接近 15000 元/平方米，100 平方米的经济适用房和商品房之间的总价差距接近 100 万元（A 大学经济适用房的价格约为 5000 元/平方米），举报者冒着巨大风险去反映他人的问题，是因为担心自己的利益受损（在 500 多套房源的情况下，实际利益受损的对象是不确定的）。在"分房事件"中，在房源限定的情况下，2010 年 6 月 25 日后引进的博士们的诉求可能影响到 6 月 25 日前引进的博士们已经选定的房源，因此界前、界后两部分博士就自然划分为两个不同的利益群体。这两个群体虽然没有明显的冲突，但在跟教师交流中是能感受到界前博士对界后博士的抵触情绪的，两个群体间的"敌视"正是学校转移矛盾的一个技巧而已。

---

① 林炊利：《核心利益相关者参与公办高校内部决策的研究》，博士学位论文，华东师范大学，2013 年。

② 张俊超：《大学场域的游离部落——研究型大学青年教师发展现状及应对策略研究》，博士学位论文，华中科技大学，2008 年。

2010 年 6 月 25 日后引进人才之所以对分房规则不满，目的就是穷尽一切办法争取参与 120 平方米房源分配，如果不能参与 120 平方米房源分配则希望学校对实际分配到的房源与 120 平方米房源之间的面积差给予适当经济补偿。在"职称事件"中，参与向人事处提交意见和建议的教师当年准备申报职称，他们的目的是要求学校不要提高职称评审条件，至少不要当年实施新的职称政策，以减少自己晋升职称的困难。实际上，目前高校青年教师人数众多，教师职称评审条件总体趋势是越老越高，晋升难度越来越大，所有需要晋升职称的教师都是提高职称评审条件的潜在利益受损者。在"职称事件"中，几乎看不到当年不准备申报职称的教师参与职称政策讨论，即使当年拟申报职称的教师中的大部分人也抱着"搭便车"的心态，不希望因为向人事部门提意见影响自己的职称评审。只有少数当年拟准备申报职称的教师参与了决策讨论，而当年不准备申报职称的教师的参与率明显低于当年准备申报职称的教师，也说明了教师参与政策讨论的动机是维护自身直接利益。在"津贴事件"中，参与博士联谊 QQ 群讨论教师的意见和建议，也反映出他们的诉求是：教学科研业绩考核要尊重学术规律，不要成为施加压力的手段；津贴分配改革要提高教师收入水平而不是变相降薪。参与"津贴事件"讨论的 22 个博士中有 2 个已经是教授职称且入选学校特聘教授，每年校内特聘岗位津贴 8 万元，其中 H 教授是二级学院副院长、A 教授是教务处副处长，他们在 QQ 群中的发言更能体现教师参与治理的目的。人事处处长把津贴分配方案在 QQ 群里一公布，副教授与教授之间就开展了一次很有意思的对话：

> L 副教授：看到新的收入分配方案彻底无语了。
> H 教授：哈哈（表情图片）。
> L 副教授：你还开心？
> H 教授：不以物喜，不以己悲，哈哈。
> W 教授：没有健全二级学院管理机制，这些并不看好啊。说不定结果事与愿违，老师更受伤。建议多开普通教师的座谈会，多花点时间完善方案，太匆忙不好。
> ……
> H 教授：学校的出发点是好的，但希望不要出现因个别教师不愿意上课、主业副业颠倒的现象而伤害绝大多数老师的利益，其实只要

原来的教学业绩考核就可以对极少数不上课的老师进行限制和处罚了。

H教授：还有就是机关和学院的特聘教授工作和性质差不多，但要求却差异太大。

W教授：那还是不一样的，光坐班这项学院（特聘教授）爽吧。

L副教授：这个每年都考核太不科学，科研文章的发布有周期的，以我的方向为例，顺利的话两年发表（从寄出到出检索号），如果修个两次，4—5年都有可能。

W教授：（科研）每年考（核）那是个大问题。

L副教授：为啥收入分配方案针对教学科研人员，其他的人呢？凭啥不考核？

G副教授：感觉科研教学人员就是后娘养的，最苦最累，还让人嫌弃！好像我们才是这个学校的最大受益者一样。

……

Z副教授：在不使任何人利益受损的前提下提高的效用才是帕累托改善。不增加资源投入慎言改革。

……

Z副教授：这是要A大小讲师干全中国博导教授大牛没干过的事，哈哈。

H教授：基础工作量就是指每个老师的最低工作量，而最低工作量一般是不用奖励的。

W教授：加大高显示度业绩的奖励，砍掉一般奖励，用来提高教学薪酬。

可见，教授与低职称教师在津贴分配政策上的意见存在明显差异，相对于低职称教师而言，教授可以被认定为既得利益者，他们比较认同津贴分配政策的一个重要原因是该政策对他们的利益影响不明显。从H教授的发言中，也可以发现他关注的是学院和机关的特聘教授岗位考核差异，H教授认为学院特聘教授考核要求高于机关特聘教授，显失公平，目的还是减少学院特聘教授的利益受损。W教授强调加大高显示度业绩的奖励，砍掉一般奖励，提高课时津贴，也是维护教授群体的利益，减少低职称教师的奖励，因为教授获得高显示度业绩的可能性高于低职称教师，教授的课时津贴也高于低职称教师。副教授关注政策本身可能对自身利益的伤害，但与教授相比，他们在科研竞争中没有优势，因此副教授对政策的认同度远低于教授。在"津贴事件"中，校本部博士教师在参与政策讨论时，有两位来自 A 大学所属独立学院的博士教师也参与了讨论，他们担心独立学院会参照校本部的津贴分配政策调整相关政策。

总之，A 大学的 4 个案例从正反两个方面反映出教师参与大学决策的动机在很大程度上并非出于提高决策的科学性和民主性，促进大学科学发展的考虑，而是维护实现自身的直接经济利益、学术科研利益，或减少利益受损。

四　结果解释

教师参与大学决策通常被认为可以提高决策的民主性和科学性，凸显学术权力、保障学术自由，促进大学科学发展。教师参与大学决策可以提高大学管理决策力、提升决策执行力、增强组织凝聚力、激发教师创造力、涵养民主精神力等。[①]本节 A 大学的 4 个案例中，教师的参与意愿为什么没有想象的那么强烈，参与能力也没有想象中的那么强？参与动机在很大程度上也仅仅是为了维护自身直接利益或减少利益受损。那么，如何解释呢？本书认为，教师参与大学决策现状是教师的学科逻辑、知识和能力困境与治理制度供给不足共同型塑的结果。

1. 教师与学科而非学校共荣共生

作为学术人员的教师（纯教学科研人员）遵循学科逻辑，注重对本学科的忠诚，看重的是自身学科的发展。正如费希特所言，学者"应当尽力而为，发展他的学科；他不应当休息，在他未能使自己的学科有所进展以前，他不应当认为他已经完成了自己的职责。只要他活着，他就能够不断地推动学科前进"[②]。可以说，学术人员是与自身学科共荣共生，而大学行政人员一般是遵循政治逻辑和行政逻辑，强调对上级党委政府以及大学本身的忠诚，偏重效率，与大学共融共生。学术人员与党政系统人员参与大学治理的感受和参与路径也有很大的差异，有研究表明，他们在对

---

①　尹晓敏：《教师参与高校决策：高校发展的重要内生力》，《高教探索》2007 年第 2 期。

②　［德］费希特：《论学者的使命　人的使命》，梁志学、沈真译，商务印书馆 2013 年版，第 42—43 页。

教代会的认识上呈现两种不同的倾向：学术人员代表一般经历从一开始的积极参与到备受打击受到挫折，再到最后事实上的不参与，而非学术人员代表认为参与教代会是自己的职责所在，对教代会的工作满足度也较高，参与周期长。① A 大学的博士教师们在"分房事件"、"职称事件"、"津贴事件"中尽管主要出于维护自身直接经济利益的目的，但他们普遍强调学校在制定政策时要考虑学科差异、尊重学术研究规律等学术科研利益，几乎没有人提及如何促进学校发展。在"分房事件"中，由于 2010年 6 月 25 日后引进人才分房规则排序主要依据是国家级科研项目，对此人文社科类博士向人事副校长反映国家社科基金的立项率远低于国家自然科学基金的立项率，如果从立项率分析，人文社科类教师成功申报省部级项目的难度甚至大于国家自然科学基金青年项目的难度，因此分房规则对人文社科类教师明显不公平。在"职称事件"和"津贴事件"中，博士们也强调人文社科与自然科学之间的科研项目申报差异和论文发表周期差异等学科因素，要求无论是职称申报条件还是科研业绩考核都要重视学科差异、尊重学术研究规律。

由于学术人员与党政系统人员参与决策的逻辑差异，两个群体之间存在比较严重的信任危机。学术人员发现自己对学校决策影响力不大，所谓的征求意见只不过是使政策顺利出台的形式和程序而已，自身成为使政策出台的合法化工具。教代会成为"新闻发布会"，代表缺席开幕式、分组讨论等环节现象严重，出席闭幕式环节也仅仅是因为要参与投票，学术人员参与教代会介于荣誉感和应付感之间。② 在 A 大学的"分房事件"中，人事副校长主持的座谈会，名义上是征求引进人才的意见，实质上就是向他们宣读、告知学校拟定的分房规则而已，若干个博士所提出的意见都没有被采纳。即使在"职称事件"和"津贴事件"中，人事处主持的征求意见和建议，也只是让教师知晓学校正在修订政策，以及对政策出台可能的风险进行预判。

2. 教师参与大学决策的专业知识和能力的缺陷

政策制定过程中的座谈会、公示、征求意见等是教师参与大学治理的

---

① 侯欣迪、郭建如：《高校教代会代表的参与路径和参与周期——基于某综合性大学的案例研究》，《北京大学教育评论》2013 年第 2 期。

② 于海棠：《高校教代会中教师代表参与的张力及其限度——以某地方综合性大学为例》，《高校教育管理》2013 年第 1 期。

具体方式，本质上是提高决策的民主性和科学性。西方学者通常认为科学代表的理性原则与民主所代表的少数服从多数的原则之间存在潜在冲突，政策制定的科学性与民主性经常处于一种紧张对立状态。在我国，科学与民主是舶来品，近代以来备受推崇，学者对二者的关系通常比较乐观。在公共政策实践中，自 1986 年时任国务院副总理万里发表《决策民主化和科学化是政治体制改革的一个重要课题》的讲话以来，民主决策与科学决策的共同追求成为我国决策体制改革的基本取向。① 在大数据时代，大学政策制定需要逐步树立"以证据为本"的理念，从传统的政策调研和观点式决策向以多元丰富政策证据为支撑、大数据为助力的政策决策模式转变，提高决策的科学性。② 提高决策的科学性并不等于必须牺牲决策的民主性。本节 A 大学的 4 个案例中，教师参与政策讨论、提交意见和建议的人数为什么那么少，所提意见和建议对完善政策的针对性也不强？我们认为这些问题与绝大部分教师不具备参与治理所需的专业知识而陷入能力困境有关。

　　大学内部政策制定的通常做法是职能部门负责人根据自己的判断或主管校级领导的授意，指派下属起草某项政策草案并经该负责人修改后，征求政策可能涉及部门的领导意见，向一定范围内的教职工征求意见，提交学术委员会审议，再向主管校级领导汇报并同意后就可以上校长办公会，如果比较重大的政策就再上党委会或常委会，甚至再经教代会审议（并非所有的政策都需要完整的决策环节）。在政策制定过程中，制定者通常会开展一定范围内的校内外调研活动，因此他们掌握着更多关于政策的信息，相当于是该政策的专家，具备该政策的专业知识。相对于政策制定者而言，绝大部分人文、社会、理、工、农、医等学科专业背景的教师（少数具备公共政策、高等教育管理专业的教师除外）则是政策的普通公众，缺乏经由系统学习、归纳抽象的与大学治理关联的专业性知识，限于一般的经验常识。他们对大学治理的认识也是基于个人的经验常识和价值观形成的一些感性认识，"参与者可能由于缺乏专业知识而不能理解政策

　　① 　王庆华、张海柱：《决策科学化与公众参与：冲突与调和——知识视角的公共决策观念反思与重构》，《吉林大学社会科学学报》2013 年第 3 期。
　　② 　陈霜叶、孟浏今、张海燕：《大数据时代的教育政策证据：以证据为本理念对中国教育治理现代化与决策科学化的启示》，《全球教育展望》2014 年第 2 期。

质量标准中包含的知识"①，致使教师参与大学治理陷入能力困境。由于参与大学治理所需专业知识和能力的缺陷，导致教师参与意愿不强。在一项研究中，10 所高校的 200 名教职工中有 34.5% 的人承认参与学校决策的最大阻力是自身"实践经验不足"，51.5% 的人认为是"没有参与决策的环境"（停留在浅层参与）。② 实际上，教师认为"没有参与决策的环境"在一定程度上也是因为教师群体"实践经验不足"所致，即使少数具备参与能力的教师也可能放弃参与治理的机会。另外，大学教师受过本学科专业训练，具备本学科专业的精深知识，在公众甚至其他学科专业的大学教师面前都容易表现出过度的自信，因此即使不少教师认为自己具备参与大学治理的专业知识也可能是一种虚构的自信。因为知识分子通常不是要塑造执政者的观点或引导执政者的行动来影响事件进程，而是通过影响执政者的行动的各种方式，来塑造公共舆论，最终影响事件进程。美国"国家人文科学奖章"获得者托马斯·索维尔通过历史和现实案例研究发现：知识分子为社会开出的"药方"经常被实践证明并非对症下药，反而会带来巨大的、灾难性的后果。③

3. 教师参与大学决策制度供给不足

一项针对全国 35 所普通高校 7300 名专任教师对学术自主权保障、教师聘任标准、教师晋升程序、教师评价制度、教学评价制度、培训和进修机会、科研管理方式、工资分配制度、参与校务决策的程度、教代会维护教师的权益 10 项制度满意度的调查显示，专任教师对于高校现行制度安排的总体满意度并不高，除"学术自主权保障"项的比例达到 60% 外，其他各项满意度从 30% 左右到 50% 左右不等，特别是涉及教师直接核心利益的政策满意度更低。④ 一项针对某高校 150 名专任教师和 150 名党政人员的问卷调查也显示，对于现行教师参与大学治理的制度设计，42.10% 的教师认为"基本上忽视了普通教师的作用"，45.70% 的教师和 41.8% 的党政人员认为"只是表面上允许参与，但话

---

① 贾西津：《中国公民参与：案例与模式》，社会科学文献出版社 2008 年版，第 35—36 页。

② 林炊利：《核心利益相关者参与公办高校内部决策的研究》，博士学位论文，华东师范大学，2013 年。

③ ［美］托马斯·索维尔：《知识分子与社会》，张亚月、梁兴国译，中信出版社 2013 年版。

④ 林杰：《普通高校教师对高校现行制度安排满意度的分析——基于全国高校的抽样调查》，《教育学报》2009 年第 3 期。

语权较小"。① 当前，教师参与大学治理制度设计缺陷主要表现在以下三个方面：

第一，学术性机构依附行政职能部门，行政人员主导学术性机构。教师参与大学治理在制度设计上一般表现为学术委员会、学位评定委员会、职称评审委员会等学术性机构，在现行治理结构中，这些学术性机构的秘书处一般设在相应的行政职能部门，具有明显的依附性，且学术性机构的成员主要是行政人员或兼有行政职务的学术人员，没有任何党政职务的学术人员的比例很小。学术性机构所依附的职能部门名义上是学术机构的执行机构，实质上都成为学术性机构的领导机构。在大学治理过程中，哪些事项需要征求教职工的意见和建议，征求意见的方式、途径、范围等都是由秘书处决定。学术人员的知识缺陷和能力困境致使行政人员对他们的参与治理不信任，行政人员主导教师参与大学治理的事项、范围、深度、广度、方式等，进一步加剧了学术教师与行政人员之间的互不信任。

第二，反馈机制和信息公开制度不健全，形成悲观的参与心态。在现行治理结构中，由于意见反馈机制和信息公开制度不健全，教师很难知晓自己所提意见和建议是否被采纳，以及如果没有被采纳是什么原因。这不仅打击教师参与治理的热情和积极性，也容易形成悲观的参与心态，认为参与和不参与都一个样，提了意见也没用，向教师征求意见不过是走形式而已，这从不少教代会代表不认真履职甚至辞去代表等事实可以得到佐证。反馈机制和信息公开制度不健全，导致学术人员质疑自己的参与有效性，也进一步加剧了学术人员对行政人员的不信任。

第三，教师参与治理权利的救济制度缺失。虽然《教育法》《高等教育法》以及大学章程都规定教师享有"对学校工作的知情权、参与权、监督权"②、"知悉学校改革、建设和发展及关涉切身利益的重大事项，参与民主管理，对学校工作提出意见和建议"③ 的权利，但教师的申诉范围一般只限于职务晋升、岗位聘任、福利待遇、评奖评优、纪律处分等事项，参与大学治理的权利如果得不到落实或被侵犯却没有相应的救济

① 杨薇：《制度设计视角下教师参与大学治理现状研究》，硕士学位论文，北京工业大学，2014年。
② 《北京大学章程》，中华人民共和国教育部高等学校章程核准书第24号。
③ 《浙江大学章程》，中华人民共和国教育部高等学校章程核准书第28号。

制度。

第二节　大学权力精英联盟行为

我国致力于建立民主化、科学化的大学内部政策模式已经 20 余年，近年来有关大学内部政策决策的政策法规规定得越来越详细、具体和规范，但大学内部政策决策模式改革究竟有多大的社会效益？是否实现了决策民主化和科学化？当前，这些问题还有很大的争议。有人认为我国大学内部决策模式发生了根本性的变化，由改革开放前的政治权力精英和行政权力精英垄断的决策模式进入了政治权力精英和行政权力精英主导、教职工广泛参与的民主决策模式。但是，教职工民主参与学校决策的实践与此相差很远，最明显的是学术委员会在学校决策中的缺席或虚化，学术权力精英参与决策范围和深度非常有限，更不用说低职称、低级别的教职工了。与此同时，有人希望通过建立学术权力精英参与政策决策的制度化渠道，解决大学学术权力不彰和泛行政化的问题，可是最近几年我国大学泛行政化趋势不但没有得到有效遏制，反而愈演愈烈，比如学术委员会被党政机构架空或虚置，或成为党政机构的附属机构，几十个副教授竞聘一个科级岗位，几十个教授竞聘一个副处级岗位，不少学术精英主动寻求政治权力精英和行政权力精英的庇护，甘心成为权力精英的附庸，等等。由此，引发我们的思考是：大学各权力精英群体为什么要结成同盟？权力精英参与政策决策究竟是为了什么？影响他们决策行为选择的关键因素是什么？对这些问题有多种解释：一是我国知识精英具有"学而优则仕"的传统，当代大学学术精英深受传统文化影响，不可能短期内摒弃；二是我国大学行政权力过于强势，学术精英为了个人发展不得不寻求他们的庇护；三是教授治校有天然的缺陷，不适用于当下我国大学；四是大学决策民主化、科学化是个不断完善的过程，现阶段处于探索时期；五是我国大学没有形成自己的逻辑，其政策决策模式内嵌于公共政策决策模式，如果公共政策决策模式没有发生根本性的改变，大学内部决策模式不可能发生实质性的变化。对这些解释作出判断之前，有必要对当下我国大学内部政策决策模式中政治权力精英、行政权力精英和学术权力精英的行为取向进行深入考察。

一 精英决策模式与大学有效治理

美国政治学者米尔斯认为，权力精英是指能够对重要决策产生影响的人，包括政治精英、经济精英和军事精英。之后，戴伊把权力精英扩充至新闻媒体从业者、知名律师、基金会负责人、智库负责人、一流大学董事等。改革开放以来，我国各类精英群体快速成长，包括政治精英（行政精英）、经济精英、知识精英（技术精英）。这三部分精英群体呈现明显的一体化趋势，其中"三个代表"重要思想的提出标志着政治精英、经济精英和知识精英的联盟走上制度化轨道。① 另外，部分精英还可能肩负多重精英角色，如国有企业高级管理人员，他们学历高、管理经验丰富、技术水平高成为知识精英，身兼各级人大代表或政协委员等职成为政治精英，拥有高收入而成为经济精英。精英决策模式是我国公共政策制定的基本模式，表现为权力精英群体间的互动折冲②。西方研究中国政治的学者也认为当代中国权威政治的一个重要特征是政治折冲和精英讨价还价③。精英群体对公共政策的制定和执行过程、对社会公共舆论和话语形成产生重要影响，形成了弱势群体对强势群体的依附型关系。④ 精英参与政策决策的本质是利益参与，包括基于公共利益的参与、基于个人私利的参与和非直接利益的参与，理性驱使他们促使政策实现维护自身利益，或减少自身利益受损，即使该政策初衷是实现维护公共利益。从精英视角考察我国公共政策决策，可以发现新中国成立到 20 世纪 80 年代，我国公共政策决策过程的基本特征是政治体制内的政治精英垄断着主要政策的决策资源和权力，是典型的政治权力精英主导的精英决策模式。自 1986 年时任国务院副总理万里发表《决策民主化和科学化是政治体制改革的一个重要课题》以来，民主决策与科学决策的共同追求成为我国决策体制改革的基本取向，开启了公共政策决策模式的转型。20 世纪 80 年代后期以来，各层级的"两会"代表机构中的经济精英和知识精英的比例有上升趋势，

---

① 康晓光：《未来三至五年大陆政治稳定性分析》，《战略与管理》2002 年第 3 期。

② 魏淑艳：《中国的精英决策模式及发展趋势》，《公共管理学报》2006 年第 3 期。

③ Lampton, D. M., A Plum for a Peach: Bargaining, Interests, and Bureaucratic Politics in China, in Kenneth G. Lieberthal and David M. Lampton (eds.), Bureaucracy, Politics, and Decision Making in Post – Mao China, Berkley: University of California Press, 1992, pp. 33 – 58.

④ 孙立平：《转型与断裂——改革以来中国社会结构的变迁》，清华大学出版社 2004 年版，第 280 页。

他们对公共政策决策的影响有所增强。我国公共政策决策模式从原来的政治精英垄断向政治精英主导、经济精英和知识精英参与的模式转型，可能出现分化，比如有两种潜在的极端情况：一是强势精英联盟控制下的政策决策模式；二是公民社会主导的政策决策模式。① 第一种情况的结果是精英联盟通过各种途径不仅垄断政策决策过程，还促使精英联盟的群体利益上升为公共利益或国家利益。第二种情况的结果是精英群体的行为受到社会的严密监督，不大可能制定明显倾向特定精英群体的政策。从政策制定实践来看，这两种极端情况出现的可能性都不大，但相对于第二种情况来说，第一种情况出现的概率比较大。

通常来说，知识精英参与公共政策决策可以提高决策的科学性。知识精英有两种潜在的行为取向：一是选择依附政治精英和经济精英，充当政治精英和经济精英的附庸。在精英联盟主导的公共政策决策模式中，精英群体的群体利益上升为公共利益，所谓的科学理性决策演变为使精英群体的利益最大化的决策过程。二是在保证自身利益的前提下追求公共利益，充当社会公共利益的代言人，监督政治精英和经济精英。知识精英的行为取向受制于政策目标、政策实施过程、政策实施后的可能结果等外部因素，也受制于知识精英自身的学识、信仰、价值偏好、对政策的了解程度等内部因素，同时还跟他们与政治精英和经济精英的地缘、姻缘、血缘等有关联。因此，从精英视角考察公共政策决策模式，选取决策参与者的行为是比较适宜的。

中国特色现代大学制度建设涉及两个层面：一是宏观方面，主要是进一步规范和理顺大学与政府的关系、大学与社会的关系，使大学在国家宏观调控指导下，面向社会依法自主办学；二是微观方面，主要是进一步完善大学内部治理结构，建立"党委领导、校长负责、教授治学、民主管理"的治理体系。本书着重讨论大学内部政策决策，主要涉及微观层面的现代大学制度。由于我国没有名副其实的、自主性强的大学场域，现有大学场域受制于外部政治经济场域，没有形成独立的大学逻辑，因此大学决策模式内嵌于公共政策决策模式。我国公立大学实行党委领导下的校长负责制，学校党委是领导核心，把握学校发展方向，决定学校重大问题，监督重大决议执行，支持校长依法独立负责地行使职权，保证以人才培养

① 朱旭峰：《政策决策转型与精英优势》，《社会学研究》2008 年第 2 期。

为中心的各项任务的完成。校长是学校的法定代表人，接受学校党委领导，组织实施学校党委有关决议，行使高等教育法等规定的各项职权，全面负责教学、科研、行政管理工作。大学同时设立学术委员会作为校内最高学术机构，统筹行使学术事务的决策、审议、评定和咨询等职权。其中，党委会主要对事关学校改革发展稳定和师生员工切身利益及党的建设等全局性重大问题作出决策，听取和审议常委会工作报告、纪委工作报告。常委会主要对学校改革发展稳定和教学、科研、行政管理及党的建设等方面的重要事项作出决定，按照干部管理权限和有关程序推荐、提名、决定任免干部。校长办公会议是学校行政议事决策机构，主要研究提出拟由党委讨论决定的重要事项方案，具体部署落实党委决议的有关措施，研究处理教学、科研、行政管理工作。根据《关于坚持和完善普通高等学校党委领导下的校长负责制的实施意见》（中办发〔2014〕55号），党委领导下的校长负责制是一个不可分割的有机整体，大学内部要建立健全党委统一领导、党政分工合作、协调运行的工作机制。党委会议有关教学、科研、行政管理工作等议题，应在会前听取校长意见；校长办公会议的重要议题，应在会前听取党委书记意见。意见不一致的议题暂缓上会，待进一步交换意见、取得共识后再提交会议讨论。根据《高等学校学术委员会规程》（教育部令第35号）的规定，以下学校事务决策前应当提交学术委员会审议，或者交由学术委员会审议并直接做出决定：①学科、专业及教师队伍建设规划，以及科学研究、对外学术交流合作等重大学术规划；②自主设置或者申请设置学科专业；③学术机构设置方案，交叉学科、跨学科协同创新机制的建设方案、学科资源的配置方案；④教学科研成果、人才培养质量的评价标准及考核办法；⑤学位授予标准及细则，学历教育的培养标准、教学计划方案、招生的标准与办法；⑥校教师职务聘任的学术标准与办法等。以下事项涉及对学术水平做出评价的，应当由学术委员会或者其授权的学术组织进行评定：①学校教学、科学研究成果和奖励，对外推荐教学、科学研究成果奖；②高层次人才引进岗位人选、名誉（客座）教授聘任人选，推荐国内外重要学术组织的任职人选、人才选拔培养计划人选；③自主设立各类学术、科研基金、科研项目以及教学、科研奖项等。学校做出以下决策前，应当通报学术委员会，由学术委员会提出咨询意见：①制定与学术事务相关的全局性、重大发展规划和发展战略；②学校预算决算中教学、科研经费的安排和分配及使用；③教学、科研重大项目的申报及资金的分配使用等。因此，可以认为大学内部有三类权力精英，即政治权力精英、行政权力精英和学术权力精英。大学的三类权力精英在角色功能上往往相互重叠，比如校长通常是学校党委副书记、学术委员会主任，教务处处长、科技处处长、文科处处长、人事处处长、学科建设处处长、研究生院院长等重要职能部门负责人通常是学术委员会委员，学院院长也通常是学院党总支副书记和学术委员会委员。我国大学各级党政领导干部的选拔标准一直套用《党政领导干部选拔任用工作条例》，坚持又"专"又"红"标准，强调任人唯贤、德才兼备、以德为先、注重实绩、群众公认等原则。大学校级领导、基层学术组织的行政领导、学术管理机构成员和专业性较强的职能部门负责人通常要求具有正高级专业技术职称，因此大学中层以上领导干部、学术委员会和学位评定委员会等学术管理机构成员可以认定为学校政治权力精英、行政权力精英或学术权力精英。学术委员会委员遴选标准一般遵循又"专"又"红"标准，强调学风端正、治学严谨、学术造诣高，在本学科或专业领域具有良好的学术声誉和公认的学术成果，有参与学术议事的意愿和能力。因此，我国大学内部政策决策是典型的党政权力精英主导、学术权力精英参与的决策模式。那么，大学三类权力精英在政策决策过程中具体表现为追求精英群体利益最大化还是公共利益最大化？学术权力精英独立行使学术权力还是依附党政权力？影响权力精英行为选择的关键因素是什么？本节拟通过分析 B 大学编制 2013—2015 年中央财政专项资金建设项目规划案例中校级领导、职能部门处级干部、学院和教辅机构负责人等决策者的行为策略，对上述问题作一探索。

二 案例概况

1. B 大学上一轮中央财政和省级财政专项资金建设项目情况

在 2010—2012 年中央财政和 Z 省级财政支持地方高校发展专项资金建设项目中，B 大学共申报成功 14 个项目，获批经费 1300 万元，其中：中央财政专项资金建设 9 个项目，经费 900 万元；Z 省财政提升地方高校办学水平专项资金 5 个项目，经费 400 万元。理工科学院共获批 8 个项目，经费 730 万元；人文社科学院共获批 6 个项目，经费 570 万元。获批项目数居前 3 位的学院依次是电子工程学院（3 项）、建筑学院（2 项）和商学院（2 项），占项目总数的 50%；获批经费数居前 3 位的学院依次是电子工程学院（290 万元）、建筑学院（200 万元）和文学院（200 万元），占项目总经费的 53.08%；材料工程学院、环境工程学院、机械工程学院、美术学院、体育学院、教育学院分别获批 1 个项目，获批经费在50 万—100 万元之间，法学院、马克思主义学院、外语学院、音乐学院、数理学院、国际教育学院和继续教育学院没有获得专项资金。① 上一轮申报重点是重点学科、教学实验平台、科研平台和专业能力实践基地建设。

2013 年 5 月，B 大学根据 Z 省财政厅《关于报送中央支持地方高校发展有关情况的通知》（财教便函〔2013〕13 号）要求，全面总结了2010—2012 年专项资金使用管理情况，并提交了总结报告。报告显示，由于专项资金下达滞后，仪器设备招投标周期较长，地方财政实行国库集中支付，经费结余按一定比例收回政策，以及个别项目负责人变动和项目所在学院领导层变动等因素，截至 2013 年 5 月，9 个中央财政专项资金建设项目中只有 1 个项目 100% 执行了预算，3 个项目执行了 80%—95%的预算，1 个项目执行了 10% 的预算，还有 4 个项目没执行预算。② 与此同时，3 个省级教学实验平台的建设进度也不太理想，预算经费执行率仅为 28.53%。但 B 大学同时认为，"三年来，经过中央和省财政支持地方高校发展专项项目和学校'十二五'学科（专业）重点项目的联动建设，学校在人才培养、科学研究、社会服务、重点学科建设、科研平台建设和师资队伍建设等方面都取得了重要进展"。

2. 新一轮中央财政专项资金建设申报

在上一轮专项资金使用情况总结报告提交后一个星期，Z 省财政厅发布了《关于做好 2013—2015 年度中央财政支持地方高校发展专项资金建设规划编报工作的通知》（财教便函〔2013〕14 号，下称"14 号文件"）。该通知指出，新一轮中央财政专项资金申报重点为资金管理办法中明确的特色重点学科建设、省级重点学科建设、教学实验平台建设、科研平台和专业能力实践基地建设、公共服务体系建设以及人才培养和创新团队建设六大类，突出学科建设和人才培养与创新团队建设。该通知还要求各高校在编制 2013—2015 年建设规划时，要做到"明确目标，突出重

---

① 《B 大学中央财政支持地方高校发展专项资金项目汇总表（2010—2012 年）》；《B 大学省提升地方高校办学水平专项资金项目汇总表（2010—2012 年）》。

② 《B 大学中央财政支持地方高校发展专项实施情况报告（2010—2012 年）》。

点，体现特色，实事求是"①。同时要求，高校申报教学实验平台类项目应以原有建设基础较好、具备较好发展潜力的优势专业群和 Z 省战略性新兴产业发展、经济转型急需的特色专业为平台，注重科技成果转化。"14 号文件"同时对高校申报每类项目作出限定，对照 B 大学的实际情况，新一轮中央财政专项资金建设项目共可申报 33 个，其中省级重点学科建设类项目（代码 XK）6 个、教学实验平台建设类项目（代码 JX）6 个、科研平台和专业能力实践平台建设类项目（代码 KY）6 个、公共服务体系建设类项目（代码 GG）6 个、人才培养和创新团队建设类项目（代码 TD）9 个。

3. B 大学 2013—2015 年专项资金建设项目规划编制过程

B 大学在新一轮中央财政专项资金建设项目规划编制过程中，学校层面共召开了 4 次会议，前两次会议由人事副校长主持，后两次会议由校长主持。通过这 4 次会议，逐步明晰并最终确定了申报项目。

（1）第一次会议。2013 年 5 月 22 日上午，规划处组织召开了第一次申报动员会议，会议由人事副校长主持，与会人员包括规划处、财务处、科技处、文科处、教务处、学科建设处、设备处等职能部门的处长或副处长。这次会议主要是解读"14 号文件"精神、申报要求，以及通报上一轮中央财政和省财政专项资金项目建设进度和预算资金执行情况。会议成效主要有：第一，确定 B 大学 3 年共申报 30 个项目，其中明确了 6 个省级重点学科申报项目；第二，要求有关职能部门动员相关学院等单位积极申报；第三，派财务处副处长和规划处综合科长参加 Z 省财政厅和教育厅 5 月 23 日下午召开的申报布置会议。

（2）第二次会议。5 月 23 日下午，规划处组织召开了第二次会议，会议还是由人事副校长主持，与会人员除了第一次会议参加者外，还有各学院的院长或总支书记，以及图书馆馆长、现代教育技术中心主任、分析测试中心副主任等。会议内容是在第一次会议达成共识的基础上，主要向具体申报单位解读"14 号文件"精神、申报要求，以及通报上一轮中央财政和省财政专项资金项目建设进度和预算资金执行情况。这次会议基本

---

① 《关于做好 2013—2015 年度中央财政支持地方高校发展专项资金建设规划编报工作的通知》，2013 年 5 月 21 日。

确定了 31 个①申报项目，并要求各申报单位在规定时间内向相应主管职能部门提交申报材料，职能部门负责对申报材料进行把关，然后提交规划处汇总。本书对项目名称、申报人等进行编码处理，项目具体情况见表2－1。其中：5 位校级领导共申报了 6 个项目，占项目总数的 19.35%；17 位中层干部共申报了 18 个项目，占项目总数的 58.06%；1 位知名学者申报了 2 个项目；还有 5 个项目由普通教授申报。电子工程学院、材料工程学院和文学院各申报了 4 个项目，材料工程学院和机械工程学院各申报了 3 个项目，数理学院和商学院各申报了 2 个项目，建筑学院、美术学院、教育学院、法学院、马克思主义学院、省社科重点研究基地、图书馆、现代教育技术中心、分析测试中心各申报了 1 个项目。

（3）第三次会议。5 月 28 日下午，规划处组织召开了学术委员会②，会议由校长主持，31 个学术委员会成员实到 22 个，作为学术委员会委员的科技处处长、文科处处长由所在部门的副处长代为出席，另外，纪委副书记、财务处处长、设备处处长等相关人员列席了会议。会议内容是提请学术委员会对规划处汇总好的 31 个申报项目进行排序投票，选出 24 个拟申报项目。这次会议的形式意义大于实质意义，规划处并未对投票结果当场公布，原定的晚上公示投票结果也因种种原因不了了之。遗憾的是，参加省财政厅会议的同志没有清晰传达会议内容，造成校内信息不畅通，规划处处长理解为全校 3 年共可申请中央财政资金 1740 万元，学校须按1∶1给予配套资金。据此，规划处处长初定 3 年共建设项目 24 个，每个项目申报中央财政建设经费 72.5 万元，学校计划按 1∶1 配套建设经费，每个项目建设经费共 150 万元，24 个项目共计 3480 万元。校长对规划处的资金安排很不满意，导致紧急召开了第四次会议。

（4）第四次会议。5 月 29 日上午，校长要求规划处紧急召开专题校长办公会。与会人员在第一次会议的基础上，增加了教学副校长（由党委副书记甲兼任）和学科科研副校长。这次会议调整了第三次会议的投

---

① 按照"14 号文件"精神，B 大学可以申报 6 个教学实验平台建设类项目，但在教务处一副处长的努力下，提交了 7 份该类项目申报书，其他类别项目申报数不变，故总申报数由 30 项增加到 31 项。

② 《B 大学学术委员会工作条例》规定："学术委员会秘书处设在研究生部。研究生部、科学技术处、人文社会科学处负责人任正副秘书长，负责秘书处的日常工作。"本案例中规划处组织召开学术委员会，程序违法，不是本书讨论的重点。

票结果，最终确定申报 16 个项目。需要说明的是，规划处处长为了平衡关系，把校长在第四次会议上砍掉的由校党委书记申报的项目重新纳入建设规划。至此，B 大学 2013—2015 年中央财政专项资金建设项目规划核心内容确定下来，剩余的工作就是文字处理了。

表 2 - 1　　　　　　　　　　　　31 个拟申报项目概况

项目类别		项目名称	所在单位	申报人	职能部门的项目排序	第三次会议的项目排序	第三次会议拟建设项目	第四次会议建设项目
省级重点学科建设类（XK）		XK1：马克思主义中国化	M1：马克思主义学院	A1：中层干部	1	2	√	√
		XK2：生态学	H：环境工程学院	A2：普通教授	2	1	√	√
		XK3：应用经济学	S1：商学院	A3：中层干部	3	3	√	√
		XK4：应用数学	S2：数理学院	A4：知名学者	4	3	√	√
		XK5：民俗学	R：文学院	A5：普通教授	5	6	√	×
		XK6：电气工程设计	D：电子工程学院	A6：中层干部	6	4	√	×
教学实验平台建设类（JX）		JX1：信息与通信	D：电子工程学院	B1：中层干部	1	3	√	√
		JX2：废弃高分子材料	C：材料工程学院	B2：中层干部	2	5	√	√
		JX3：广告创意	R：文学院	B3：普通教授	3	7	√	√
		JX4：金融工程	S1：商学院	B4：普通教授	4	4	×	×
		JX5：工业废水处理	H：环境工程学院	B5：中层干部	5	1	√	×
		JX6：时尚创意	M2：美术学院	B6：中层干部	6	6	√	√
		JX7：数控机床	J1：机械工程学院	B7：中层干部	7	2	×	×
实践平台建设类（KY）	科研平台和专业能力	KY1：经济研究	J2：省社科重点研究基地	C1：校级领导	1	2	√	√
		KY2：区域法治建设	F1：法学院	C2：中层干部	2	6	√	√
		KY3：卓越教师	J3：教育学院	C3：中层干部	3	5	×	×
		KY4：智能电器	D：电子工程学院	C4：中层干部	4	1	√	√
		KY5：海洋生物	H：环境工程学院	C5：中层干部	5	4	×	×
		KY6：激光制造	J1：机械工程学院	C6：校级领导	6	3	√	√

续表

项目类别	项目名称	所在单位	申报人	职能部门的项目排序	第三次会议的项目排序	第三次会议拟建设项目	第四次会议建设项目
公共服务体系建设类（GG）	GG1：校园网络	X：现代教育技术中心	D1：中层干部	1	1	√	√
	GG2：数字海洋	T：图书馆	D2：中层干部	2	2	√	×
	GG3：分析测试	F2：分析测试中心	D3：普通教授	3	3	√	×
人才培养和创新团队建设类（TD）	TD1：滩涂围垦	J4：建筑学院	E1：校级领导	1	1	√	√
	TD2：经济人研究	R：文学院	E2：校级领导	2	2	√	√
	TD3：智能电网	D：电子工程学院	E3：中层干部	3	3	√	√
	TD4：制造系统	J1：机械工程学院	E4：校级领导	4	4	√	√
	TD5：微纳结构	C：材料工程学院	E5：中层干部	5	6	√	√
	TD6：水环境修复	H：环境工程学院	E6：校级领导	6	5	√	√
	TD7：区域文化	R：文学院	E7：中层干部	7	9	√	×
	TD8：数字化产品设计	S2：数理学院	E8：知名学者	8	8	√	×
	TD9：制革清洁生产	C：材料工程学院	E7：中层干部	9	7	√	×

注：1. 表 2 - 1 中所有"项目名称"均作了适当简化处理；2. JX3 与 JX6 最后合并为一个项目。

三　研究发现

1. 大学权力精英联盟的目的是维护本群体的利益或减少利益受损

本案例中，主要的政策决策者包括党委书记、校长、党委副书记（兼任教学副校长）、人事副校长、学科科研副校长、学科建设处处长（校党委委员）、规划处处长、财务处处长、科技处处长、文科处处长、设备处处长、教务处副处长。这些主要政策决策者中除党委书记、财务处处长、设备处处长和教务处副处长不是学术委员会成员外，其余均为学术委员会委员，党、政、学三个系统的人员身份高度重叠。同时，这些决策者中，除财务处处长外，要么自己是项目申报人，要么就是学科关系所在学院的代言人。因此，参与本次政策决策的主要决策者具有典型的精英联盟特征。大学治理制度的结构性特点决定了精英们一旦抓住政策制定机会就有可能使政策变得对自己有利，甚至极端地表现为利益垄断格局。大学权力精英促使群体利益上升为学校公共利益，主要有两种途径：政策理念的生产与传播和利益的表达与妥协。[①]

（1）政策理念的生产与传播。在第一、二次会议上，人事副校长基本是站在全校的立场通盘布置项目申报。针对项目负责人和学院领导在上一轮申报下来的项目建设中积极性不高、预算经费执行迟缓的问题，人事副校长提出两点意见：一是各职能部门要动员有关学院和部门积极申报新一轮中央财政专项资金建设项目。鉴于当前各学院在"十二五"专项建设经费中分配到很多经费，而专项资金在使用过程中有诸多限制，比如上一轮的经费要求70%以上用于购买仪器设备，担心各学院申报积极性不高，人事副校长提出要把这一轮的专项资金建设项目申报提高到学校荣誉的层次来看待。二是各职能部门要督促上一轮项目负责人和学院领导加快建设项目，尽快执行完预算经费，以免影响申报新一轮项目。如果预算经费执行不力，还有被国库收回去的可能，进而给学校带来经济和声誉上的损失。因此，人事副校长一直强调申报时间紧，要简化程序。规划处处长解读了"14号文件"，同时通报了上一轮建设项目的检查情况，特别指出"14号文件"没有明确各校的申报额度，即使动员了多方资源均未能打听到申报额度，因此本轮申报工作时间紧、难度大。财务处处长则通报了上一轮专项资金执行情况。两位处长认为，上一轮中央财政专项资金建设项目执行进度与申报书中承诺的建设进度有比较大的差距，学院院长和项目负责人建设动力不足，原因是这类资金主要用于硬件建设，他们不能从中满足个人的一些愿望（如果是软性经费和人员经费，估计早就用完了），个别项目执行进度迟缓是因为项目负责人和项目所在学院的领导层发生了人事变动。人事副校长、规划处处长和财务处处长的发言明确表达了三点：一是本轮项目申报时间紧需要简化程序；二是中央财政专项资金使用限制多申报要慎重；三是在建的中央财政专项项目要抓紧执行预算。

在第三次会议上，校长考虑到学校已经在学科建设和专业建设投入了大量资金，并根据财务信息提议这次项目申报应调整思路。建议先按申报

---

① 张国兵、陈学飞：《我国教育政策过程的内输入特征——基于对"211工程"的实证研究》，《黑龙江高教研究》2006年第8期。

成功的可能性把经费拿回来，学校内部再做统筹安排，项目申报成功者从下拨资金中给予项目20%作为奖励，剩余80%由学校统筹安排。在第四次会议上，校长着重强调了两点：第一，要求安全高效执行经费预算。校长在说了几句开场白后要求规划处处长通报前一天学术委员会的投票结果，规划处处长如实向与会领导通报了学术委员会的投票结果，并分别说明了每个项目在各类项目中的排名。紧接着，校长要求财务处处长简要汇报"十二五"专项建设资金预算执行情况，以及上一轮中央财政专项资金预算执行情况。校长根据财务处处长的预算资金执行情况，指出现在很多学院的经费太多，在正常情况下已经无法执行完预算，这会严重影响到市政府对学校的支持力度。校长一再强调，校内资源要打通学院、部门之间的壁垒，实现资源共享，提高资源使用效率。在这次会议上，尽管美术学院院长没来参加，但他成为校长批评的主要对象之一。校长说自己在当主管学科科研建设的副校长期间做的最后悔的一件事就是给了美术学院一些学科建设经费，结果买了一台50多万元的设备至今一次都没使用过。针对美术学院申报的"时尚创意实验室"项目，校长认为美术学院根本没必要再折腾这些东西，美术学院可以跟现代教育技术中心管理的演播大厅实现资源共享，并强调所有的资源都是 B 大学的，而不是某个学院、部门的。第二，要求经费充足的申报单位退出申报。校长要求那些经费充足的学院主动放弃一些项目申报资格，并说一些学院为了申报而申报，结果申报下来的经费买了些设备，可是设备的使用率极低，甚至还有买回6—7年的设备至今还没拆包装的现象存在。针对文学院申报了4个项目，规划处拟上报3个的情况，校长现场给文学院院长打电话，要求文学院院长从文艺学学科建设经费中划拨一块给民俗学学科。校长通过第三、四次会议，表达了他的政策理念：一是高效安全使用资金；二是加强校内资源共享，避免重复建设；三是学校已经投入较多资金的单位应主动放弃本轮申报机会。

（2）利益的表达与妥协。B 大学共有党委委员12 人，均享受校级领导待遇，包括两位非校级岗位的党委委员。本案例中与项目有直接关系的校级领导有5 个，分别是党委书记、校长、人事副校长、学科科研副校长和1 个享受副校级领导待遇的学科建设处处长。校长申报了1 个项目（TD1），在职能部门同类项目排序和学术委员会投票中均稳居第一的位置。实际上，只要校长牵头申报校内任何项目其纳入建设规划或获得审批都不是问题，这一点在其他大学也基本如此，本书不再赘述。人事副校长申报了两个项目（KY6 和 TD4），在学术委员会投票之前，这两个项目分别在各组项目中排名第 6 和第 4。根据"14 号文件"精神，如果 B 大学按项目数的上限申报的话，这两个项目都可以纳入建设规划。而且，人事副校长的学科关系所在的机械工程学院还有 1 个项目即 JX7（教学平台类项目最多只能从 7 个中选 6 个），也就是说机械工程学院共有 3 个项目，占项目总数的 3/31。人事副校长比较赏识规划处处长，规划处处长也需要人事副校长的庇护，按照通常做法，规划处处长会把人事副校长和机械工程学院申报的所有项目纳入建设规划。

根据《B 大学学术委员会工作条例》的规定，学科科研副校长是两个学术委员会副主任之一。本案例中，他申报了一个项目（TD6），学术委员会投票之前，这个项目在 TD 类项目中排名第 7。另外，他本人学科关系所在的环境工程学院还申报了 3 个项目，因此环境工程学院共有 4 个项目，如果按项目的上限申报的话，这 4 个项目都可以申报成功。由于学科科研副校长与人事副校长是潜在的校长候选人，二者在私底下互相较劲，大有不共戴天之势，学科科研副校长为此以提高建设项目规划编制的合法性之名，提议召开学术委员会，否决了人事副校长要求简化程序的建议。按照上一轮申报经验，B 大学平均每年可以获得 400 万元的中央财政和省财政专项资金，加上学校按要求 1:1 自筹经费，且每个项目资金预算不能低于 100 万元，因此这轮 B 大学最多可以申报 24 个项目，共计 2400万元资金预算。因此，在省财政厅信息不完全透明的情况下，为了争取更多的外来经费，必须通过合法途径从 31 个项目中遴选出 24 个项目。根据《B 大学学术委员会工作条例》规定的职责，学术委员会是最合适的遴选工具。在第四次会议上，规划处处长准备把申报的 9 个创新团队全部纳入建设规划，校长只同意这类项目申报 4 个。学科科研副校长认为全校可以申报 16 个项目，因为他牵头的创新团队在人事处排序中位列第 6，在学术委员会投票中位列第 5，校长采纳了这个建议，因此创新团队类项目增加到 6 个。这样，原先排在第 5 位的材料工程学院院长申报的项目又搭学科科研副校长的便车被纳入建设规划。

学科建设处处长刚刚取得哲学博士学位，在发表论著、获取科研经费等学术业绩方面比较突出，是 B 大学唯一一个具有人文社科背景且从事科学研究的在岗校级领导，曾先后两次获得"B 大学校长特别贡献奖"，目前享受副处级领导待遇。本轮中央财政专项资金项目申报中，他申报了1个人才团队建设类项目（TD2），申报的资金也不多，这个项目在职能部门同类项目排序中居9个项目的第2位，在学术委员会投票中也是排名第2。他参加了四次会议，但发言不多。他说他已经有了40万元经费，只需要70万元中央专项资金，这种情况下规划处处长没有理由不把这个项目纳入建设规划。

最近几年，B大学两个省级科技创新平台的业绩比较可观，无论是申报国家自然科学基金项目，还是科研经费、省部级奖项、授权专利以及创收都不错。如低压电器创新平台通过技术服务、产品开发、工艺改进、检测分析、信息服务等科技活动，2012年服务收入近1000万元，产生的经济效益高达4亿多元。① 皮革创新平台通过工艺改进、产品开发、成果推广等科技活动，2012年新增产值6.28亿元，新增利税1.04亿元。② 这两个科技创新平台提高了B大学在区域经济社会发展中的合法性，也增加了学校向举办主体、地方政府争取办学经费的筹码。因此，两个科技创新平台的负责人是学校发展的功臣。低压电器创新平台主任申报的两个项目（KY4和TD3）在职能部门的同类项目排序和学术委员会投票数都很靠前，因此顺利纳入建设规划。皮革创新平台主任申报的项目（TD9）在职能部门的9个项目排序中位居最后，在学术委员会投票中排第7，但该平台依托材料工程学院，如果按照规划处处长申报24个项目的设计，也可以纳入建设规划。在第四次会议上，由于校长只同意申报6个人才团队类项目，因此被淘汰出局，出乎规划处处长和皮革创新平台主任等人的意料。

现代教育技术中心、图书馆和分析测试中心三个教辅机构各申报了一个公共服务平台类项目即GG1、GG2和GG3，符合"14号文件"精神的申报上限，3个项目都纳入规划处处长提交的24个建设项目中。值得一提的是，B大学的"十二五"学科建设经费和专业建设经费都没有考虑公共服务体系建设，而3个教辅机构确需得到资金支持，因此在第二次会议上，3个教辅机构的负责人申报愿望相当强烈，甚至出现抢话筒的局面，希望自己拟报的项目引起人事副校长的重视。现代教育技术中心在

---

① 《B大学年鉴（2013）》，第137页。
② 同上书，第135—136页。

2012 年编制了一个校园信息化建设五年规划，并纳入 B 大学"十二五"发展规划体系。如果按照校园信息化规划执行，学校共需投入高达 6870 万元的建设经费①。遗憾的是，即使校园信息化规划经过了系列合法化程序，在建设过程中校长只同意给少量建设经费，估计不到预算的 10%。校长也自觉理亏，因此在第三、四次会议上，校长力挺现代教育技术中心的项目 GG1，同意在这次项目申报中给现代教育技术中心 300 万元，相当于公共服务平台类项目建设资金总额。图书馆馆长是曾任 B 大学的科研处处长，是学校元老级人物，现在还是文学院的硕士点负责人，但已退出重要岗位多年，已经没有太大能量，另外，他也不愿意为了公事去求那些他曾经提拔和帮助过的人，所以只是在会议上呼吁一下，会下没有进行过多的私人交流。分析测试中心副主任年纪较轻，学术业绩也不冒尖，在现有治理结构中可谓是人微言轻，尽管他游说了规划处处长，但很难得到实质性的支持。他们两人的项目在第四次会议上很快就被校长淘汰了。

2. 学术权力精英依附政治权力精英和行政权力精英

（1）学术委员会交易平台。根据《B 大学章程》及《B 大学学术委员会工作条例》的规定，学术委员会是在校长领导下的学校最高学术审议、评定与咨询机构，设立目的是切实发挥专家教授在办学中的积极作用。出席第三次会议的学术委员会委员共有 22 人，分别为校长、人事副校长、学科科研副校长、学科建设处处长、规划处处长、人事处处长（兼马克思主义学院院长）、创业学院院长、商学院党总支书记（兼商学院副院长）、法学院院长（兼法学院党总支副书记）、教育学院副院长、体育学院副院长、美术学院院长（兼美术学院党总支副书记）、电子工程学院院长（兼电子工程学院党总支副书记）、材料工程学院院长、环境工程学院院长（兼环境工程学院党总支副书记）、建筑学院院长（兼建筑学院党总支副书记）、机械工程学院常务副院长（兼机械工程学院党总支副书记）、独立学院院长（2 位）、图书馆馆长、省重点实验室主任，以及 1 位外语学院教授。另外，科技处副处长代表科技处处长（学术委员会委员）参会并参与投票，文科处副处长代表文科处处长（学术委员会委员）参会并参与投票，教务处副处长代表教务处处长（学术委员会委员）参会但未参与投票。24 位投票者中有 12 位是项目申报人，12 位非项目申报

---

① 《B 大学"十二五"校园信息化发展规划》。

人中又有 8 位是项目所在学院领导或学科关系挂靠明确学院的职能部门领导（"双肩挑"岗位），只有 4 位投票人员与本次申报项目无直接关系。

根据《B 大学学术委员会工作条例》的规定，校长是学术委员会主任，因此本案例中召开的学术委员会自然由校长主持。校长在这次学术委员会上并未行使主任的全部职责，比如对审查与会人员的合法性、说明投票方式、执行回避制度、投票结果公布形式等，只是要求与会人员在工作人员提供的项目汇总表中遴选出 24 个项目。参与投票的与会人员的投票顺序可能是：首选是自己申报的项目，其次是自己所在学院的项目或自己学科关系所在学院的项目，再次是校级领导申报的项目或校级领导学科关系所在学院的项目，复次是自己相对熟悉学科的项目，最后是自己不熟悉学科的项目。投票结果证实了学术委员会是个利益交易平台，从表 2 - 2 中可知，学术委员会委员投票出现"用脚投票"现象，投票结果与职能部门对项目的排序之间存在比较大的差异。

表 2 - 2　　学术委员会投票结果与职能部门项目排序之间的差异比较

序号	理工科学院			序号	人文社科学院		
	项目名称	职能部门排序	学术委员会投票结果的排序		项目名称	职能部门排序	学术委员会投票结果的排序
1	XK2	2	1	1	XK1	1	2
2	XK4	4	3	2	XK5	5	6
3	XK6	6	4	3	JX3	3	7
4	JX1	1	3	4	KY1	1	2
5	JX2	2	5	5	KY2	2	6
6	JX5	5	1	6	KY3	3	5
7	JX7	7	2	7	TD7	7	9
8	KY4	4	1	—			
9	KY6	6	3	—			
10	TD5	5	6	—			
11	TD6	6	5				
12	TD9	9	7	—			

第一，理工类项目与人文社科类项目的排序变化差异。第二次会议后，除图书馆申报的项目外，理工科学院/机构共申报了 19 个项目，人文社科学院/机构共申报了 11 个项目，学术委员会投票结果显示共有 19 个项目的排序与职能部门的项目排序发生变化，其中：理科类项目 12 个，占申报数的 63.2%；人文社科类项目 7 个，占申报数的 63.6%。值得注意的是，9 个理工类项目的排序在学术委员会投票结果中均有不同程度的提升，只有 JX1、JX2、TD5 3 个项目的排序有所下降，且这 3 个项目排序的变化不涉及人文社科类项目。与理工类项目排序变化截然不同的是，人文社科类项目排序的变化全部是下降，特别是 JX3、KY2 分别从同类项目的第 3 位和第 2 位下降至第 7 位和第 6 位。理工类项目与人文社科类项目之间的排序变化差异与参加学术委员会委员构成密切相关，本案例中 24 张投票中有 13 张来自具有理工科背景的投票人，11 张来自具有人文社科背景的投票人。另一个原因是参加这次会议的 5 个校级领导中有 4 个具有理工科背景，不排除 4 位与本轮申报项目无直接关系的委员投票倾向于理工类项目。

第二，与校级领导学科背景直接关联的项目排序。职能部门认为项目基础比较好又确需得到支持的项目，在学术委员会的投票结果中表现很不理想，如教学实验平台类的 JX2 和 JX3，科研平台类的 KY2 和 KY3，创新团队类的 TD7。而一些职能部门认为没必要再支持的项目（这些项目都已经有很多校内分配的学科专业建设经费），在学术委员会的投票结果中却脱颖而出，如教学实验平台类的 JX5 和 JX7，科研平台类的 KY4 和 KY6，这 4 个项目中有 3 个项目所在学院是副校级领导的学科关系挂靠单位，而且项目依托学院现有学科建设经费非常充足。特别是教学实验平台类 JX5 和 JX7 分别从职能部门的项目排序的第 5 位和第 7 位升至学术委员会投票结果的第 1 位和第 2 位；人事副校长牵头申报的科研平台类 KY6 从职能部门排序中的第 6 位上升至学术委员会投票结果的第 3 位。

（2）行政会议交易平台。第三次会议后，规划处处长根据投票结果以及学校学科专业建设经费投入情况，从 31 个项目中遴选出 24 个项目，并向校长作了汇报，据说校长对他的遴选结果很不满意，主要是因为他考虑了过多的人情因素，没有着眼于全局，校长决定再次召开专题校长办公会。而第四次会议依然是权力精英们的利益交易平台。党委书记是省人文社科重点研究基地负责人，申报了科研平台类项目 KY1，具体工作由文科处处长操作。一般来说，在学校各种决策中，党委书记的项目不会被刷掉，因此前三次会议上，他没有出席会议，文科处处长作为其代言人也没有为这个项目过多推销。这个项目在职能部门同类项目排序中居第一位，在学术委员会投票中居科研平台类项目的第 2 位。由于校长的学科背景是工科，对人文社科发展并无多大兴趣，因此，校长采纳了学术委员会的投票结果，但以人文社科申请一笔钱下来不好花为由，把党委书记牵头申报的项目 KY1 淘汰出局，只同意把排在第 1 位和第 3 位的两个科学技术类项目纳入建设规划。但是，校长不管是出于工作需要还是私人感情，都不得不照顾党委书记申报的项目，以适当平衡人文社科与科技类项目的名义，要求把 KY1 整合进学科建设处处长申报的 TD2 项目，提出从 TD2 项目经费中划拨 30 万元给省人文社科重点研究基地。会后，人文社科处处长马上向党委书记作了汇报，党委书记对校长的安排非常不满意，指出项目是否纳入建设规划不是经费的问题，而是面子和荣誉的问题。人文社科处处长把党委书记的意思转达给了规划处处长，规划处处长最后违背校长指示，在校长确定的 16 个项目基础上增加了 1 个项目，把 KY1 纳入建设规划，但申请的中央财政专项资金依然为 30 万元。校长既要通盘考虑全校的利益分配，也要权衡校级领导之间的关系以及校级领导的学科挂靠机构。如 XK1 和 XK2 两个省级重点学科建设类项目，在校级学科建设经费分配中分别获得了 900 万元和 1800 万元，因为这两个项目所属学院分别是学校党委书记和学科科研副校长的关系户，校长没有对这两个项目发表反对意见，自然顺利纳入建设计划。

按照"14 号文件"精神，B 大学可以申报 6 个教学实验平台建设类项目，但在教务处副处长的努力下共向规划处提交了 7 份项目申报书。在第四次会议上，校长直接否定了学术委员会对教学实验平台类项目的投票结果，而是采纳了教务处副处长的建议。根据学术委员会的投票结果，学科科研副校长和人事副校长学科关系所在的环境工程学院和机械工程学院申报的 JX5 和 JX7 两个项目需要纳入建设规划，但这两个项目在教务处同类项目排序中分别为 7 个项目中的第 5 位和第 7 位，而学术委员会的投票结果为该类项目中的第 1 位和第 2 位。鉴于上一轮的申报重点是省级重点学科、教学实验平台和科研平台三类项目，校长有意要减少这三类项目的申报数。在教务处副处长的坚持下，校长最后同意把人文学院申报的 JX3 和美术学院申报的 JX6 整合为一个项目，纳入建设规划。另外，校长采纳了教务处副处长的建议，同意把教学平台类项目中排在第一位和第二位的 JX1 和 JX2 纳入建设规划。

3. 学科背景是权力精英联盟的纽带

有研究认为，大学学术人员忠诚于学科，关注学科发展；行政人员忠诚于大学组织，关心大学绩效，学术人员与行政人员之间存在"天然的文化冲突"①。一项针对一所省属重点大学中纯粹的教师（无任何行政职务）和纯粹的行政人员（职能部门工作人员）的调查研究也证实了二者之间的文化差异。② 实践中，大学的大部分事务并不能明显区分为行政事务或学术事务，那些看起来是学术事务的背景都涉及经费、人力等资源的分配，大学真正的核心事务通常均兼有行政和学术两重性。因此，学术领导与行政领导在一个有序合理的协商平台上让学术逻辑与行政逻辑进行充分的互动是非常有必要的，进行符合大学组织特性的决策。③ 本案例中决策主体大部分兼有学术领导与党政领导身份，行使政治权力、行政权力和学术权力，他们进行了一次行政逻辑主导的学术决策，他们的学科背景对他们的决策行为选择具有决定性的影响，成为精英共谋的纽带。

（1）校级领导申报的项目。本案例中与项目有直接关系的校级领导有 5 个，分别是党委书记、校长、人事副校长、学科科研副校长和副校级党委委员（学科建设处处长）。从 B 大学校级领导分工来看，制度设计遵循了回避原则和相互牵制原则，比如：党委书记的学科背景是体育学和经济学，其申报的项目依托省人文社科重点研究基地，但他的管辖机构是电子工程学院，而省人文社科研究重点基地由学科科研副校长管辖；校长的学科背景是建筑学，他申报的项目依托建筑学院，但他管辖的机构是文学院，而建筑学院是学科科研副校长管辖；人事副校长的学科背景是机械工程，他申报的两个项目依托机械工程学院，但他的管辖机构是商学院，而机械工程学院由校党委副书记管辖；学科科研副校长的学科背景是生态学，其申报的项目依托环境工程学院，但他管辖的机构是数理学院、建筑

① 郭卉：《如何增进教师参与大学治理——基于协商民主理论的探索》，《高等教育研究》2012 年第 12 期。

② 刘小强、沈文明：《两种人：大学群体文化的分裂与跨越——大学行政人和学术人文化差异的实证研究》，《中国高教研究》2013 年第 11 期。

③ 陈霜叶：《中国大学的学术逻辑与行政逻辑的互动类型》，《高校教育管理》2013 年第 3 期。

学院、省人文社科重点研究基地以及其他科研平台，而环境工程学院由校纪委书记管辖；副校级党委委员的学科背景是哲学，其申报的项目依托文学院，但其管辖的机构是音乐学院，而文学院由校长管辖。这样分工的初衷是希望领导之间相互牵制，避免用权力为自己学科关系挂靠的学院谋利。尽管校级领导分工时考虑到了他们的学科背景，遵循学科关系挂靠学院与管辖机构分离原则，但制度设计初衷在本案例中并未实现。校级领导的学科背景是他们作出行为选择时考虑到的关键因素，校级领导首先要确保自己申报的项目能够列入建设规划，其次要确保自身学科依托的学院或机构申报的项目也能列入建设规划，而对自己所管辖机构的项目则不是特别积极地去争取，表现出基于学科背景的权力精英共谋特征。

本案例中，从职能部门的同类项目排序看，5 个校级领导的 6 个项目中只有人事副校长的 1 个项目排在同类项目的末端，其余 5 个项目都在同类项目中排名比较靠前，党委书记和校长申报的项目都排在同类项目的第 1 位。人事副校长排在末端的项目刚刚获得 1800 万元交叉学科建设经费。如果根据投入的重要程度依次从 31 个项目中遴选 24 个项目，那么可以保证每个校级领导至少有 1 个项目被纳入建设规划。学术委员会的投票结果显示，人事副校长排在末端的项目戏剧性地从第 6 位跃居第 3 位，其余 5 个项目的排序无明显变化。如果依据学术委员会投票结果决定建设项目规划，那么校级领导的 6 个项目都可以纳入建设规划，而规划处处长上报的拟建设项目确实是这样安排的。在第四次会议上，除了校长要求党委书记的项目与副校级党委委员的项目整合成 1 个项目外，其余 4 个项目均顺利纳入建设规划。在 B 大学上报省财政厅的项目建设规划书中，5 个校级领导的 6 个项目均在建设规划之中。通过系列合法化手段，校级领导的个人利益和以他们为首的小群体利益均得到了有效保证。

（2）校级领导学科关系挂靠学院的项目。本案例中，5 个申报了项目的校级领导中除党委书记外，其他 4 个领导的学科关系挂靠学院分别是：校长——建筑学院、人事副校长——机械工程学院、学科科研副校长——环境工程学院、副校级党委委员——文学院。这 4 个有校级领导学科关系挂靠的学院的党政领导或普通教授共申报了 7 个项目，其中机械工程学院 1 个（JX7）、环境工程学院 3 个（XK2、JX5、KY5）和文学院 3 个（XK5、JX3、TD7），建筑学院没有党政领导或普通教授申报的项目。需要说明的是，B 大学文学院除有副校级党委委员学科关系的历史学外，主要是文艺学、文学、语言学等学科，这些学科与副校级党委委员的学科关联度很小，很难得到他的支持。这4个学院在B大学"十二五"学科规划中均处于优势地位，获得了7150万元的学科建设经费，占全校学科建设总经费的38.6%以上，因此7个项目在职能部门的同类项目排序中有5个项目比较靠后。职能部门首先要考虑所有校级领导申报的项目纳入建设规划，另外也考虑到这4个学院已经拥有了非常充足的学科建设经费，如果这7个项目再纳入建设规划则是锦上添花，而一些没有校级领导学科关系挂靠的学院申报的项目如获支持则是雪中送炭。但学术委员会的投票结果显示，机械工程学院和环境工程学院的4个项目排名均有不同程度的提前，其中XK2从第2位上升为第1位、JX5从第5位上升为第1位、JX7从第7位上升为第2位、KY5从第5位上升为第4位。而文学院3个项目的排序则有不同程度的下降，如XK5从第5位下降至第6位、JX3从第3位下降至第7位、TD7从第7位下降至第9位。机械工程学院是人事副校长的学科根据地，主持学院工作的常务副院长是其代言人。依仗这层关系，机械工程学院常务副院长申报的项目JX7自然由人事副校长去游说。机械工程学院在获得1800万元"十二五"学科建设经费的基础上，于2013年又得到学校1800万元的交叉学科建设经费。教务处处长认为没有必要再投入经费，尽管他的项目在学术委员会投票中从第7位上升到第2位，征得人事副校长同意，规划处处长把JX7淘汰了，但人事副校长申报的两个项目均纳入了建设规划。环境工程学院院长曾游说规划处处长帮忙把该学院的项目JX5和KY6纳入建设规划。该学院已经获得了1800万元"十二五"学科建设经费，学院规模偏小，所申报的两个项目在职能部门的同类项目排序中均比较靠后，学术委员会的投票中两个项目的排名有所提前。规划处处长征得学科科研副校长同意，把该学院的两个项目都砍掉了，只保留学科科研副校长和一个普通教授主持申报的建设项目。可见，学术委员会委员投票时并非着眼于全校学科专业发展需要，而是依据项目背后的校级领导的权力来投票，也表现出权力精英共谋特征。

（3）无校级领导学科关系挂靠学院的项目。美术学院、法学院、教育学院共申报了3个项目即JX6、KY2和KY3，但这3个学院没有相应的校级领导的学科背景支持，对它们非常不利（3个学院的项目结果，从一个角度佐证了治理主体的学科背景是影响行为选择的关键因素）。这3个项目在职能部门的同类项目排序中均比较靠前，但在学术委员会的投票中处于垫底位置。其中，法学院的项目 KY2 从第 2 位下降至第 6 位，教育学院的项目 KY3 从第 3 位下降至第 5 位。美术学院的项目 JX6 在教务处的项目排序中是第 6 位，在学术委员会的投票中原地不动。尽管这 3 个学院的党政领导试图争取得到职能部门的支持，但规划处处长在上报的 24 个拟建设项目中还是排除了教育学院和法学院的项目，校长也认可了他的安排，只有美术学院的项目在教务处副处长的坚持下最后整合进了人文学院的一个相似项目中。商学院党总支书记是 B 大学第一个国家社科基金重点项目主持人，最近几年学术业绩有井喷之势，其学科背景与区域经济社会发展的契合度较高，深得党委书记赏识，因此他申报的项目 XK3 纳入建设规划也不是问题。

电子工程学院已经获得了 3500 万元"十二五"学科建设经费。最近，电子工程学院院长从一所"985"大学引进了一名学科带头人，他的到来危及了很多人的利益，也破坏了部分人的"院长梦想"，更为严重的是，他还没有适应 B 大学的环境，平时无论是开会还是其他公开场合处处以"985"大学的要求来看待 B 大学，行事较为张扬，自然得罪了不少人。其申报的项目 XK6 在学科建设处的同类项目排序中排名第六。这个项目与该学院上一轮中央财政专项资金申报的科研平台类建设类项目"电子与电气科研创新基地"名称相似，因此尽管学术委员会投票结果和规划处处长认为有必要继续投入建设经费，但在第四次会议上还是被校长否定了。电子工程学院副院长主持申报的教学实验平台类项目 JX1 在教务处的同类项目排序中位居第一，在学术委员会投票结果中排名第三，顺利纳入了建设规划。

（4）特殊学院的项目。马克思主义学院尽管由副书记甲管辖，但党委书记和副书记乙同时是这个学院的二级学科硕士点负责人或硕士生导师，该学院院长（兼人事处处长）是党委书记的利益同盟，因此校级领导申报的项目尽管没有覆盖到此学院，但职能部门和学术委员会委员投票时必须考虑这些关系。材料工程学院是副书记甲的学科关系挂靠学院，院长也是国家杰出青年获得者，是副校长的潜在人选，主抓此次项目申报工作的规划处处长曾任材料学院副院长，现在还是该学院的硕士生导师，因此尽管材料工程学院已经获得了 3500 万元"十二五"学科建设经费，但该学院申报项目与机械工程学院、建筑学院、环境工程学院一样能得到强劲的后盾支持。

经过权力精英们的折冲、博弈，B 大学最终定下来 17 个申报项目，见表 2-1。从学科/学院看，理工科学院/机构的项目有 12 个，占项目总数的 70.58%，项目申报成功率为 63.2%；人文社科学院/机构的项目只有 5 个，占项目总数的 29.41%，项目申报成功率为 45.5%；理工类学院的项目总经费达 2180 万元，而人文社科类学院的项目总经费只有 510 万元。中央财政专项经费和学校配套经费总计 2690 万元，其中中央财政专项经费分配给理工科学院 1490 万元，占 85.6%，人文社科学院 250 万元，占 14.4%；学校配套经费 950 万元，其中理工科学院分配到 690 万元，占 72.6%，人文社科学院分配到 260 万元，占 27.4%，见表 2-3。

表 2-3　理工科学院/机构与人文社科学院/机构之间的项目和经费差异比较

序号	理工科学院				序号	人文社科学院			
	学院名称	申报项目	拟建设项目	纳入建设规划项目	中央财政+学校配套（万元）		学院名称	申报项目	拟建设项目	纳入建设规划项目	中央财政+学校配套（万元）
1	D	4	4	3	360+160	1	S1	2	2	1	50+50
2	J4	1	1	1	100+100	2	R	4	3	1.5	95+65
3	C	3	2	2	200+70	3	M2	1	0	0.5	25+25
4	H	4	2	2	200+200	4	J3	1	0	0	0
5	J1	3	3	2	280+110	5	F1	1	0	0	0
6	S2	2	2	1	50+50	6	M1	1	1	1	50+50
7	F2	1	1	0	0	7	J2	1	1	1	30+70
8	X	1	1	1	300+0	—	—	—	—	—	—
合计		19	16	12	1490+690=2180			11	7	5	250+260=510

注：图书馆项目未计算在本表中，分析测试中心隶属于材料工程学院，故计算在内。

《中国研究生教育及学科专业评价报告（2012—2013）》显示，B 大学进入全国前 50% 的 6 个一级学科分别是音乐与舞蹈学、马克思主义理论、中国语言文学、中国史、数学、物理学，而化学、计算机科学与技术、化学工程与技术分别位居全国同类学科 75% 后，可见 B 大学的家底主要还是靠人文社科支撑。作为地方大学，B 大学无论是学科建设还是人才培养、科学研究都应积极发挥自己的优势，才能形成自己的办学特色，从学校长远利益来看，学校需要加大人文社科的经费投入，做到扬长避短。B大学的校级领导配置中校长、人事副校长、学科科研副校长、党委副书记甲都是理工科背景，本案例中其他关键权力精英如规划处处长也是理工科背景，结果导致大部分建设资金流向了理工科。结合B大学"十二五"学科建设经费分配结果（见表2-4），全校1.77亿元中有1.31亿元，占总数的74%分配给了理工科学院，人文社科学院只分配到4600万元，占总数的26%。

表2-4　　　　　　B大学"十二五"学科建设经费分配情况

序号	理工科学院		序号	人文社科学院	
	学院名称	项目经费（万元）		学院名称	项目经费（万元）
1	电子工程	3500	1	商学	350
2	建筑工程	1800	2	文学	1750
3	材料工程	3500	3	美术	350
4	环境工程	1800	4	教育	350
5	机械工程	1800	5	法学	900
6	数理	700	6	马克思主义	900

资料来源：《关于公布B大学"十二五"学科提升战略建设项目评审结果的通知》。

我国大学具有厚重的公共组织属性，大学内嵌于政府机构，大学决策模式也内嵌于公共政策决策模式，属于典型的精英决策模式。其实自1949年以来，精英决策一直是中国政治的显著特征，尽管改革开放给中国带来了巨变，但精英决策模式却被保存了下来。[①] 托马斯·戴伊对精英决策模式做出了理论概括，认为社会可划分为拥有权力的少数人，以及不拥有权力的多数人，少数人是社会的精英，多数人是非精英，精英享有分配社会价值的权力，公共政策反映的是精英普遍性的价值，而不是公众的需求。本案例中，B大学党委系统、行政系统和学术系统的权力精英通过直接或间接影响，参与遴选中央财政专项资金建设规划项目，从党委书记、校长、党委副书记、副校长、规划处处长、学科建设处处长、科研处处长以及学院党政领导等人的行为选择可以看出，他们为了使自己的项目、自己学科关系挂靠单位的项目纳入建设规划做出了不懈努力。其中，

---

① 李国强：《精英决策与中国政治体制改革》，载徐湘林《渐进政治改革中的政党、政府与社会》，中信出版社2004年版，第65页。

校级领导作为权力精英群体中"塔尖式"人物，他们对其他权力精英具有显著的影响力，这些揭示了大学次层级权力精英依附高一层级权力精英的事实。因此，一个学科或一个学院在获得经费等资源分配时，其背后有没有校级领导学科支持至关重要。因此，可以认为当下我国大学内部政治权力精英、行政权力精英和学术权力精英构筑了比较稳固的精英同盟，其中学术权力精英依附于政治权力精英和行政权力精英。他们以直接制定或影响制定政策的方式为本群体谋取利益，甚至把群体利益上升为学校利益，追求群体利益最大化。大学权力精英能否成为"自己人"，关键是他们是否具有相同或相似的学科背景，影响权力精英们政策决策的关键因素也是学科背景。

最终，得到校级领导支持的项目大多列入建设项目规划，而那些没有校级领导学科背景的学院的项目的淘汰率则高得多。不仅党委系统、行政系统、学术系统内部权力精英存在共谋行为，而且三个系统之间也存在相互共谋行为。虽然案例中也有少数权力精英是从学校发展的角度来统筹项目建设，但其力量非常有限，大部分参与本次决策的权力精英是为了本部门或群体利益而竞争或游说。权力精英之所以会采取共谋行为，最为关键的是他们的学科背景，当然他们的价值观念、学科偏见、私人感情等因素也会有所影响，但这些因素并不足以主导他们的行为策略。

第三节 大学成员依附发展

社会中的个体不是毫无主动性的原子，而是一直在积极地寻求和保障自身利益的能动者。因此，在权力结构中，低级别成员往往以忠诚、支持和服务等方式向高级别成员寻求庇护，而高级别成员也以自己所掌控的权力、资源和利益回报低级别成员，他们之间形成了一种利益、资源交换关系。国外学者认为这种庇护—回报型的依附关系是我国国有企业、基层农村、地方政府权力关系的特征，其中魏昂德（Walder）的研究显示国有企业工人一方面对企业有一种全面的制度性依赖，另一方面员工为了改善自己的福利待遇、确保自己的职位和获得升迁，采取种种策略争取与上级建立私人关系，形成组织内部的特殊性关系倾向。[①] 那么，大学组织中是

---

① 黄玉：《知识分子与国家：对立、依附与融合》，《开放时代》2006 年第 6 期。

否存在这种庇护—回报型的依附发展关系呢？如果存在，其表现如何？这种现象对大学治理改革有什么影响？产生的深层次原因是什么？教师聘任制改革对这种依附发展关系产生了什么影响？有研究表明，20 世纪 70 年代以后，教育学研究开始引入依附理论，并成为透视发展中国家教育问题的重要分析工具，代表性学者有卡诺伊和阿尔特巴赫。① 国内现有研究大多是借助依附理论反思我国高等教育的历史和现实，探讨高等教育外部发展环境，对大学组织内部的依附现象鲜有涉及。本节拟通过对 C 大学处级和科级干部聘任、特聘教授聘任案例的实证分析，对上述问题进行检验和回答。

一　聘任制与依附发展理论

依附发展理论是对古典依附理论的修正，而古典依附理论是建立在对现代化理论的批判基础上。现代化理论强调发达国家在发展中国家实现现代化进程中的积极作用，发展中国家不仅要仿效发达国家的现代化道路，还要全盘引进它们的政治制度、价值观念。古典依附理论是"二战"后在拉丁美洲出现的研究帝国主义扩张后果和扩张对象国内部社会经济结构形成与变化规律的理论。该理论形成了两个流派：一是马克思主义依附理论；二是结构主义依附理论。② 其中，马克思主义依附理论是在 20 世纪 60 年代初批判联合国拉美经委会的结构主义发展理论（也称"发展主义"）的基础上形成和发展起来的。它批判地吸收了结构主义理论关于依附现象的研究成果，力求以严谨的马克思主义方法重新确定分析范畴，解释资本主义生产方式的运动规律在拉美国家呈现的特殊性。该理论由特奥托尼奥·多斯桑托斯的新依附理论、鲁依·马里尼的超级剥削理论、阿尼瓦尔·基哈带的边缘化理论和费尔南多·卡多索、恩索·法莱托的依附性发展理论构成。结构主义依附理论的前身是 20 世纪 40 年代和 50 年代期间创立、经过更新和发展形成的重新认识依附问题的理论。它在吸收马克思主义依附理论的某些批评意见，并纠正自身的某些不足和失误的同时，保留了结构主义理论中传统的折中主义方法。该理论主要由劳尔·普雷维

---

① 陈兴德、王翠娥：《教育依附论的理论图景——以卡诺伊与阿尔特巴赫为中心》，《外国教育研究》2010 年第 3 期。

② 袁兴昌：《对依附理论的再认识——依附理论的起源》，《拉丁美洲研究》1990 年第 4 期。

什的中心—外围理论、塞尔索·蓄尔塔多的二元结构主义理论和奥斯瓦尔多·松克尔的支配—从属关系理论构成。古典依附理论不仅否认发达国家在发展中国家发展中的作用，而且认为发展中国家贫穷落后的根本原因是发达国家通过不公正的贸易条件对它们进行剥削，发达国家通过经济扩张和政治控制甚至通过军事手段，建立起了与不发达国家的不平等关系。不发达国家实现现代化的根本阻力，并不在于缺乏资金、缺少现代化价值观等内部因素，而在于既定的、以发达国家为主的、不合理的国际分工（即外部因素）。依附与发展处于一种对立状态，不发达国家实现现代化的出路在于突破中心—卫星的资本主义世界经济体系，摆脱卫星对中心的依附地位。① 古典依附理论忽视了不发达国家经济发展的内部因素，在研究方法上采取普遍归纳法，高度抽象地概括依附模式。

依附发展理论强调发展中国家的发展障碍主要来自内部因素，不仅是经济因素，特别是政治因素，认为依附与发展可以共存，是一种"与依附相联系的发展"。依附理论代表人物卡多佐采用历史—结构方法论，把依附作为一种方法论来分析发展中国家的具体情况，而不是作为一种归纳不发达的普遍模式的理论，强调依附的内在结构，并将依附作为一种开放的过程，认为依附与发展共存，形成一种依附性发展。② 他把"发展"界定为"一个通过与中心经济的新型联系而受益或正在受益的过程"③。皮特·埃文斯在卡多佐的基础上作了进一步发展，提出了"依附性发展"，认为"依附性发展"依附的一种特例，既包括资本的积累，同时也蕴含着边缘地区的一定程度的工业化，其特征是国际资本和国内当地资本的联合或结合，国家也积极参与其中，三者的联合是依附性发展的基本因素。④ 依附发展理论包含两个层面：一是依附促进发展，拉美国家是通过吸引外资以及随之而来的先进技术和现代生产组织形式的方式来促进发展。二是发展加剧依附，发展中国家现代化进程需要资金、技术、企业管

---

① 陈建兰：《浅析卡多佐的依附发展理论——读〈拉美的依附性及发展〉》，《理论界》2007 年第 1 期。

② 周长城：《新依附理论：卡多佐对传统依附理论的挑战》，《社会科学研究》1997 年第 4 期。

③ ［巴西］费尔南多·恩里克·卡多佐、［巴西］恩佐·法勒托：《拉美的依附性及发展》，单楚译，世界知识出版社 2002 年版。

④ 明星：《古典依附理论与依附发展理论比较研究——兼析经济全球化背景下依附发展理论的时代意义》，《广西教育学院学报》2004 年第 5 期。

理经验等先决条件，而这些条件需要向发达国家求助；拉美国家的发展是对外开放的发展，当这些国家从发达国家引进资金、技术等条件时，也同时引进了发达国家的市场法则，而市场的发达排斥国家自主权，因此发展中国家在依附中不得不放弃部分自主权。依附发展的负面后果也是明显的，卡多佐指出依附性发展是片面和不完全的，发展中国家因缺乏自主性技术必须承担使用外来技术带来的一切后果，还因缺乏充分发育的金融部门必须投身于国际资本主义的循环。依附还意味着这种由外资投入引起的发展是一种不思进取、不愿向更高水平发展的发展，而"这正是工业资本主义在依附情况下的局限性"。依附发展理论强调"与依附相联系的发展"本质上是在依附中求发展，依附是一种开放的过程，依附双方在发展过程中具有双向性，发达国家的发展离不开发展中国家，发展中国家的发展也离不开发达国家，二者形成了相互依附的主体，有可能实现双赢局面。作为一种分析"不发达"国家的具体情况的方法论，依附发展理论为发展中国家正确认识世界、正确认识自己、努力发展、奋起追赶发达国家提供了一种理论上的依据。

依附理论被引进教育研究领域后，成为研究第三世界教育问题的重要分析工具，其中斯坦福大学的卡洛伊（Martin Carnoy）教授于 1974 年出版的《作为文化帝国主义的教育》"标志着比较教育领域中依附论观点开始流行"[①]。1984 年，第五届世界比较教育大会以"教育的从属性和相互依赖性"为主题讨论了第三世界的殖民教育、教育中的国际交流、教育政策中的依附性和相互依赖等问题，这标志着依附论在教育理论体系中占有了一席之地。我国学者运用依附理论探讨高等教育现代化问题，也取得了一些成果，一是认为我国高等教育百年发展史的基本特征就是依附发展，虽然阻碍了高等教育发展的自主性和独立性，但客观上促进了高等教育的发展与现代化进程。[②] 二是以"中心"与"边缘"的视角确证当前我国高等教育依附发展状况，强调我国仍然在一定程度上不得不依附于处于高等教育中心的国家。三是认为我国高等教育在未来相当长的时期内仍

---

① 顾明远等：《比较教育导论——教育与国家发展》，人民教育出版社 1998 年版，第 167 页。

② 袁本涛：《论中国高等教育的依附发展》，《清华大学教育研究》2000 年第 1 期。

难以摆脱依附发展的局面。① 四是以大学学术人为研究对象，从文化心理和学术动机的分析视角，认为学术依附行为的实质是在学术活动中缺乏真理意识，偏离追求知识进步和创新的价值、原则，而将学术研究的目标攀附在经济、政治、技术等其他目标的实现上，导致学术成果虚假繁荣，其突出特征是功利性学术目标和社会偏向的成就动机。② 另外，我国学者也运用依附理论研究我国第三部门，认为其基本特征是"依附式发展"，包含"依附"和"特定的发展方式"两个核心特征，其中"依附"表现为第三部门的命运掌握在外部力量手中，特别是被政府力量控制；其依附程度与发育水平、功能发挥水平成正比；价值上的西化与行为上的中国特色反映了其结构与功能的失调。特定的发展方式即依附式发展，表现为第三部门确实得到了发展，但这种发展非独立发展或自主发展，而是依附发展；外部环境因子确实促进了其发展，但无论取得何种发展成绩，都没有获得与其本性相称的独立性或自主性；在依附与被依附关系中，第三部门事实上成了外部势力的"买办"；没有显现出摆脱依附性的趋势，反而越来越强。③

依附发展理论同样适合用来分析我国大学组织内部的权力结构和运行方式。在行政权力结构中，一方面处于权力顶端的党政领导干部掌控着低级别行政人员的职务升迁；另一方面低级别行政人员为了职务升迁，或主动或被动地对上级表达政治忠诚，依附于高级别领导干部。低级别行政人员依附高级领导干部得到的回报是实现了职务升迁或提高物质收入的目的，高级别领导干部也因为低级别行政人员的政治忠诚、工作卖力等凸显出自己的政绩，得到更高级别领导干部的赏识或职务升迁。在学术权力中，一方面，处于学术权力上部的院士、资深教授、知名学者决定低级别学术人员的职称晋升；另一方面，低级别学术人员为了学术发展，如申报课题、申报奖项、发表论文等，或主动或被动地寻求高级别学术人员的庇护，得到的回报则是在学术发展中受到关照和支持。高级别学术人员因为得到低级别学术人员的支持，或剥削低级别学术人员的学术劳动成果，也使自己的学术得到更进一步的发展，成为更高级别的人才工程人选，或获得重大

---

①　陈兴德、潘懋元：《"依附发展"与"借鉴—超越"——高等教育两种发展道路的比较研究》，《高等教育研究》2009 年第 7 期。

②　于海琴：《学术依附行为的社会文化心理研究》，广东高等教育出版社 2013 年版，第172 页。

③　康晓光等：《依附式发展的第三部门》，社会科学文献出版社 2011 年版，第 97—99 页。

重点科研项目等学术回报，部分高级别学术人员还在行政职务上得到了升迁。

二　案例概况

1. M 副校长与分管单位的处级、科级干部换届聘任

在 C 大学校级党政领导中，M 副校长无论在行政权力结构还是学术权力结构中都处于顶端位置。2010—2015 年，C 大学党政领导分工中，M 副校长协助校长分管研究生院、科技处、文科处、图书馆、期刊社。M 副校长曾任生命科学学院院长和研究生院院长。2010—2015 年，研究生院设正处级岗位 1 个，副处级岗位、科级岗位 3 个；2010 年，科技处和文科处各设正处级岗位 1 个，副处级岗位、科级岗位各 2 个；2015 年，科技处和文科处的副处级岗位调整为 1 个，但科技处的科级岗位调整为 3 个。

2009 年以来，C 大学每 3 年对全校处级和科级干部进行一次换届聘任。2012 年 4 月 6 日，C 大学党委发布了《C 大学处级领导干部任职期满考核实施办法》，对学校各学院、机关职能部门处级领导干部（不包括党委委员）的一届（包括届中任职满一年以上干部）任职期满考核。考核结果分优秀、称职、基本称职、不称职 4 个等次，考核情况存入干部工作档案，并作为加强处级领导班子建设和领导干部选拔任用、培养教育、管理监督、激励约束的重要依据。4 月 11 日，学校公布了《C 大学 2012 年中层干部换届工作实施方案》，规定校内设置的中层职位共 166 个，其中正职 76 个，副职（不含组织员、调研员等）90 个，需经选举产生和上级批准的职位，按有关规定或章程进行选举或报批，且 2011 年 7 月以后任职的中层职位，不列入本次换届范围。本轮中层干部聘任工作采取以考核结果选任与竞争上岗相结合的办法进行。第一，考核选任。对在本届任期内工作业绩突出、群众公认的干部，采取先行任用同级职位的方式。第二，竞争上岗。经考核选任后，所空缺的中层岗位采取竞争上岗的选拔方式。第三，"公推直选"学院院长、副院长。按照《C 大学学院院长公推直选工作暂行办法》，对商学院、教育学院、体育学院、生命科学学院、机电工程学院 5 个学院的院长、副院长采取"公推直选"的方式进行选拔。第四，"公推直选"基层党总支（分党委）负责人。学院党总支（分党委）书记、副书记选任到位后，按有关章程和《C 大学基层党组织直选工作方案》适时进行党内选举。5 月 2 日，公布了本次干部换届中层正

职考核选任的 61 人名单，研究生院院长、科技处处长、生命科学院院长顺利通过考核获得连任，文科处处长虽然也列入了考核选任名单但不再担任文科处处长，而是转任其他校领导分管学院院长。5 月 16 日，公布了文科处两位副处长为正处级干部差额考察对象，5 月 17 日公布的拟提任正处级干部 13 人名单中不含文科处两位副处长。5 月 17 日，公布了本次干部换届中层副职考核选任 62 人名单，研究生院两位副院长、科技处 1 位副处长以及文科处两位副处长顺利通过副处级干部考核获得连任，并公布了科技处副处长岗位空缺 1 个，需采取竞争上岗的选拔方式聘任，要求竞聘人员熟悉学校科研管理工作。5 月 25 日，公布了拟提任副处级干部差额考察对象，研究生院综合科科长为科技处副处长人选，5 月 31 日公布的拟提任副处级干部 22 人名单中含该科长。

6 月 1 日公布了《C 大学 2012 年科级干部换届聘任工作实施方案》，19 日公布了《C 大学关于科级干部任职的通知及批复文件》，生命科学院学生科副科长顺利晋升为研究生院综合科科长，国际教育学院学生科副科长晋升为科技处成果管理科科长，科技处综合科副科长晋升为科技处项目管理科科长，研究生院 1 位科员晋升为研究生院学科建设管理科副科长，研究生院招生培养科科长、文科处综合科科长和副科长岗位不做变动，他们也未获得职位晋升。

2015 年 4 月 8 日，C 大学召开了 2015 年中层干部换届工作动员大会并公布了《2015 年 C 大学中层干部换届聘任工作实施方案》，正式启动新一轮中层及以下领导干部和教职工全员聘任工作。与 2012 年换届聘任工作不同的是，这次换届聘任工作主要采取考核选任的方式进行，部分岗位根据实际情况采取竞争上岗和民主推荐方式。第一，考核选任。对在本届任期内认真履职、群众公认的综合管理类中层干部，以及任职不满两届的其他学院的院长、副院长，采取先行任用同级职位的方式。第二，竞争上岗。经考核选任后，所空缺的综合管理类中层岗位，采取竞争上岗的选拔方式。第三，民主推荐。学院（不含国际教育学院、继续教育学院、创业学院、独立学院）院长、副院长空缺岗位以党总支为单位召开教职工大会进行书面推荐和口头推荐，符合选任资格条件的教职工可以报名并在资格审查通过后进行个人陈述和民主推荐。4 月 22 日，公布了本次干部换届聘任正处级考核选任 54 人名单，科技处处长名列其中。根据《中层干部换届聘任工作实施方案》的规定，校党委委员所任职位不列入本次聘任范围，因此身为校党委委员的研究生院院长不需要考核任用。4月21日，学校公布了文科处处长等岗位采取竞争上岗和民主推荐的选拔方式进行聘任，要求文科处处长应具有正高级专业技术职称。5月6日，公布了文科处副处长、研究生院副院长、生命科学院副院长等23人为拟提任正处级干部的差额考察对象，5月6日公布的拟提任正处级干部任前公示18人名单中含文科处副处长、研究生院副院长。5月13日，学校公布了本次干部换届聘任副处级考核选任53人名单，科技处副处长（另一位副处长转任专任教师）和生命科学院1位副院长名列其中，同时公布了文科处副处长（另一位副处长转任专任教师）岗位和生命科学院两个副院长岗位（其中1人任满两届）采取竞争上岗和民主推荐的选拔方式进行聘任，规定文科处副处长应具有副教授以上专业技术职务。5月13日还公布了生命科学院院长任满两届院长续任院长职务的公告。5月22日，学校公布了副处级干部差额考察对象，声称在报名、资格审核、组织竞聘陈述及民主推荐的基础上，经学校研究决定，确定研究生院综合科科长、公共管理学院1位副教授、文科处综合科科长等39人为拟提任副处级干部的差额考察对象。5月26日公布的拟提任副处级干部任前公示33人名单中，研究生院综合科科长、公共管理学院副教授和文科处综合科科长名列其中。6月1日，学校公布了党务系统和行政系统的中层正职、副职和调研员名单，生命科学院1位副院长和建筑学院1位副院长转任研究生院副院长，科技处处长转任期刊社社长，发展规划处处长转任科技处处长，科技处1位副处长续任，文科处副处长晋升为处长，公共管理学院副教授晋升为文科处副处长，研究生院1位副院长晋升为生命科学院党总支书记兼副院长，另一位副院长转任建筑学院副院长，生命科学院1位副院长续任、1位副教授晋升为副院长，研究生院综合科科长晋升为学工系统副处级干部，文科处综合科科长晋升为材料工程学院党总支副书记。

6月12日，学校公布了研究生院学科建设管理科副科长等26人为拟提任正科级干部差额考察对象，文科处1位科员、科技处1位科员等52人为拟提任副科级干部差额考察对象。6月17日，学校公布了101人列入本次同级选任实职干部名单，含科技处综合科科长和副科长，同时公布了研究生院学科建设管理科副科长等21人列入拟提任正科级干部公示名单，文科处1位科员、科技处1位科员等43人列入拟提任副科级干部公示名单。6 月 24 日，公布了《关于公布科级干部任职文件的通知》。至此，C 大学 2015 年中层及以下领导干部换届、聘任工作结束。2012—2015 年，M 副校长分管单位处级和科级干部变动情况见表 2 – 5。

表 2 – 5　　M 副校长分管单位处级和科级干部变动情况（2012—2015 年）

	人物	2012 年前	2012 年	2015 年
研究生院	1	院长	院长	院长
	2	其他校领导分管学院副教授	研究生院副院长	回原学院任副院长
	3	科长	副院长	生命科学院党总支书记
	4	其他校领导分管学院副教授	其他校领导分管学院副院长	研究生院副院长
	5	生命科学院副科长	研究生院科长	学工系统副处级干部
	6	科员	副科长	科长
	7	科长	科长	正科级调研员
	8	科员	其他校领导分管部门副科长	科技处科长
科技处	9	处长	处长	期刊社社长
	10	副处长	副处长	转任专任教师
	11	研究生院科长	副处长	副处长
	12	副科长	科长	科长
	13	其他校领导分管学院副科长	科技处科长	调离学校
	14	科员	副科长	副科长
	15	科员	科员	生命科学院副科长
	16	其他校领导分管部门处长	其他校领导分管部门处长	科技处处长
文科处	17	处长	转任其他校领导分管学院院长	其他校领导分管学院院长
	18	副处长	副处长	处长
	19	副处长	副处长	转任专任教师
	20	公共管理学院讲师	公共管理学院讲师、副教授	副处长
	21	科长	科长	其他校领导分管学院党总支副书记
	22	副科长	副科长	其他校领导分管学院副科长
	23	科员	科员	副科长

续表

人物	2012 年前	2012 年	2015 年
24	院长	院长	院长
25	副院长	副院长	研究生院副院长
26	副院长	副院长	副院长
27	副教授	副教授	副院长
28	生命科学学院科员	校办副科长	研究生院科长

（生命科学学院 列于第 24～28 行左侧）

2. Y 校长与 C 大学特聘教授遴选聘任

C 大学"十二五"期间实施了人才工程建设计划，争取到 2015 年，引进和培养 20 名相当于省级特聘教授及以上层次的高水平学科、专业带头人并组建相应的教学科研创新团队；培养 100 名能承担国家级项目、省部级重大重点项目或获得省部级教学和科研成果奖的中青年学术带头人、学术骨干。为落实这个计划，C 大学决定设立校级特聘教授岗位，希望通过选聘特聘教授，并配套相应的激励政策，力争使部分教师的学术水平进入国内外学术前沿，实现学校人才队伍建设新的突破。2011 年 1 月公布实施的《C 大学特聘教授岗位聘任管理条例》规定，特聘教授分为 A、B、C 三类，并规定了每类特聘教授的遴选标准和程序及岗位待遇，面向校内所有在编在岗的具有正高级职称的教师公开竞聘。A 类特聘教授的聘期可到法定退休年龄，享受校内年基础津贴 20 万元，受聘期间不再进行聘期考核；B 类特聘教授的聘期为 9 年，享受校内年基础津贴 12 万元；C 类特聘教授的聘期为 6 年，享受校内年基础津贴 8 万元。B、C 类特聘教授在聘期内取得高一层次特聘教授条件的，可在一年一度的聘任中申请聘任高一层次的岗位，在聘期内继续取得其相应成果，可以续聘。根据特聘教授岗位管理条例，2012 年初学校遴选出首批 8 位特聘教授，其中校长为 A 类、其余 7 人为 C 类。2013 年初，学校遴选出第二批 3 位特聘教授，其中 M 副校长为 B 类，其他两人为 C 类。2013 年 9 月，学校又聘任了一个有意调离学校的国家社科基金重点项目主持人为 C 类特聘教授。

2013 年底，学校启动特聘教授岗位管理条例的修订工作，并于 2014 年 1 月公布了修订后的管理条例。新条例规定，特聘教授面向校内所有在编在岗的教师（不限职称）公开竞聘，并分为 A、B、C、D 四类。A 类特聘教授的聘期为 8 年，校内年基础津贴为 30 万元；B 类特聘教授的聘期为 6 年，校内年基础津贴为 20 万元；C 类特聘教授的聘期为 5 年，校内年基础津贴为 12 万元；D 类特聘教授的聘期为 5 年，校内年基础津贴为 8 万元。新条例不仅增设了 D 类特聘教授岗位，且明显降低了遴选标准，因此 2014 年初全校共有 17 人申报并最后遴选出 12 位特聘教授，其中 C 类 1 人、D 类 11 人，9 月又遴选出 C 类 1 人、D 类 1 人，2015 年初遴选出 C 类 1 人、D 类 2 人。至此，C 大学全校共有 29 人次特聘教授。

三　研究发现：聘任制使大学成员从依附大学组织变为依附大学领导

2000 年，中共中央组织部、人事部、教育部联合下发了《关于深化高等学校人事制度改革的实施意见》（人发〔2000〕59 号），提出改革高校固定用人制度，破除职务终身制和人才单位所有制，按照"按需设岗、公开招聘、平等竞争、择优聘用、严格考核、合同管理"的原则，在高校教师、其他专业技术人员和教育职员中全面推行聘用（聘任）制度。高校人事制度改革的内容之一是破除高校教师和其他工作人员与大学之间的人身依附关系，建立劳动契约关系。[①] 教师聘任制改革前，大学的人事管理制度是一种典型的身份管理模式。这种身份管理模式"重管理，轻开发；重稳定，轻流动；重公平，轻竞争；重身份，轻岗位"，具有严格的编制管理制度、封闭僵化的用人制度、统一的刚性工资制度等特征。[②] "教师的全员终身制实际上只给了教师不从事学术的自由，但并没有给与真正的学术自由。这种铁饭碗限制了教师在学校之间、在单位之间的流动，使得教师对学校具有高度的人身依附性，失去了真正的学术自由，包括选择任教大学的自由。"[③] 大学教师聘任制改革的本质就是建立大学岗位聘任制，聘任制制度设计遵循公开、平等、竞争、择优的原则，按照政府核定的教师职务结构比例，通过按需设岗、择优聘用、竞争上岗、考核评估、契约管理等程序，建立优胜劣汰、能上能下的用人机制，促进了教师管理制度由"身份管理"向"岗位管理"转变，破除了大学成员与领导之间的依附关系。有学者通过对美国、英国、法国、德国和日本大学教

---

① 祁占勇：《中国高校教师聘任制：过去、现在与未来》，载劳凯声《中国教育法制评论》（第 7 辑），教育科学出版社 2009 年版，第 160—179 页。

② 郭丽君：《大学教师聘任制》，经济管理出版社 2007 年版，第 115 页。

③ 周黎安、柯荣住：《从大学理念与治理看北大改革》，《学术界》2003 年第 5 期。

师聘任制的利弊得失的评价，认为大学教师聘任制是把双刃剑，虽说取得了不少成功经验，但也有必须引以为戒的教训，比如大学如果忽视大学教师的特殊性而像企业一样追求所谓的效率、利润则可能是一种自杀行为，欲速则不达，物极必反，影响学术发展，短期性业绩主义的弊害，可能使大学失去活力，难以兼顾研究、教学和社会服务三者关系。① 有学者用理性选择制度主义分析框架对我国大学教师聘任制改革进行考察后发现，由于教师聘任制自身内在不完善性、与高校及其教师工作特性不适切，以及缺乏相关配套制度的保障，教师聘任制改革在吸引优秀人才从教、提高高校人才流动性和提高大学办学效益等方面均表现出无效性。② 甚至有人以北京大学 2003 年教师聘任制改革方案为例，认为教师聘任制将彻底摧毁我国教师残存的一丝学术自由的最后一道保护屏障。③ 实践中，教师聘任制改革是否达成制度设计初衷？大学成员与大学组织间的依附关系是否发生变化？教师聘任制改革前，大学成员依附大学组织，"生是单位人，死是单位鬼"，大学成员在"单位人"身份下表现出对大学组织的高度信任，教师聘任制改革的目标之一就是要破除二者间的依附关系，从理论上真正实现大学成员从"单位人"到"社会人"的转变。本研究通过 C 大学的两个案例发现，教师聘任制改革并未实现制度设计的初衷，虽然破除了大学成员对大学组织的依附，但却落入依附主管领导干部个人的窠臼。

　　1. 依附人员的利益增加

　　（1）行政权力依附发展方面。

　　《C 大学中层干部换届聘任工作实施方案》（2012、2015）强调干部聘任工作要遵循党管干部，任人唯贤、德才兼备、以德为先，注重实绩、群众公认等 7 条基本原则。所有拟选任或提任干部要：①具有较高的马克思主义理论水平以及较强的政治意识、政权意识和阵地意识，善于运用法治思维和法治方式开展工作，能运用马克思主义的立场、观点和方法分析、解决实际问题。②理想信念坚定，忠诚于党的教育事业，自觉践行社会主义核心价值观，敢于担当，有良好的职业道德和奉献精神。③熟悉并

---

① 陈永明：《大学教师聘任制是把双刃剑》，《集美大学学报》2003 年第 3 期。

② 胡海青：《中国大学教师聘任制改革的回顾与展望——基于理性选择制度主义分析》，《现代大学教育》2010 年第 3 期。

③ 朱玉苗：《学术自由权利的性质及其保障——兼评"2003 年北京大学教师聘任制改革"的危害性》，《嘉兴学院学报》2013 年第 1 期。

掌握高等教育工作规律，有强烈的事业心和责任感，有胜任领导工作的组织管理能力、文化水平和专业知识。④坚持解放思想、实事求是、与时俱进、开拓创新，认真调查研究，能够把党的路线、方针、政策同本单位的实际相结合，卓有成效地开展工作，工作业绩突出。⑤正确行使党和人民赋予的权力，依法办事，勤政廉洁。坚持党的群众路线，坚持和维护党的民主集中制，有民主作风和全局观念，善于团结同志。⑥群众公认。《C 大学特聘教授岗位聘任管理条例》也规定，申报人需：①具备良好的政治素质和业务素质。自觉拥护党的各项方针政策，遵纪守法；热爱高等教育事业，教书育人，为人师表；严谨治学，开拓创新，具有良好的职业道德和学术道德。②对本学科建设具有创新性构想和战略性思维，具有相应的组织、管理、领导能力，善于培养青年人才，注重学术梯队建设，具有带领本学科在其前沿领域赶超或保持国内外先进水平的能力。可见，无论是行政人员还是学术人员的职务晋升、岗位聘任首先强调的标准是"红"，其次才是"专"。政治忠诚是第一位的，而一个人是否忠诚主要是直接领导的个人感知，换句话说就是直接领导认为你忠诚你就忠诚，即使你不忠诚也可以被接受，如果直接领导认为你不够忠诚，即使你自己认为你是忠诚的也没用。

在研究生院、科技处、文科处和生命科学学院等单位的处级、科级干部聘任中，2012—2015 年 4 个单位中共有 28 人实现了职务升迁或变动，只有 4 人是从其他校领导分管单位中进入 M 副校长分管的单位。在 M 副校长分管单位中依附程度弱的干部在 2015 年聘任中也被清理出去。有 17 人是在 M 副校长分管单位内升迁或变动，晋升为正处级干部的有：研究生院综合科科长先后于 2012 年和 2015 年晋升为研究生院副院长和生命科学学院党总支书记，文科处 1 位副处长晋升为处长；晋升为副处级干部的有：研究生院综合科副科长先后晋升为研究生院综合科科长和学工系统副处级干部，研究生院 1 位科长晋升为科技处副处长，公共管理学院 1 位副教授晋升为文科处副处长，生命科学学院 1 位副教授晋升为副院长；晋升为正科级干部的有：研究生院 1 位科员实现了从副科长到科长的升迁，还有 1 位科员到其他校领导分管部门任职 5 年副科长后转任科技处科长，科技处综合科副科长晋升为科长，生命科学学院教学科副科长在校办待了一个聘期后转任研究生院培养科科长；还有科技处 2 位科员、文科处 1 位科员等 3 人晋升为副科长；科技处处长转任期刊社社长一职，生命科学学院院长连任两届院长后再续任院长一职，1 位副院长连任两届副院长后再续任副院长一职，另一位副院长转任研究生院副院长，研究生院 1 位科长因年龄问题退出实职享受正科级待遇。上述 17 人且不论其工作能力如何，至少对 M 副校长表面上忠心耿耿、任劳任怨，获得了 M 副校长的赏识。另外，近年来 C 大学的硕士学位点建设、重大重点科研项目、省部级科研获奖以及科研经费都快速增长，这些实实在在的业绩跟研究生院、科技处和文科处的组织协调外联工作有一定的关联度，都可作为政绩写入各自的年度工作总结中。M 副校长分管单位的处级、科级干部以政治忠诚和工作业绩依附于 M 副校长。

依附的回报：上述 17 人在 M 副校长的庇护下，实现了职务晋升或续任，在一定程度上满足了权力的欲望和个人发展，还带来了实实在在的利益。根据《C 大学收入分配实施方案》中关于"双肩挑"岗位、校部机关和直属单位岗位、学院领导管理岗位的津贴标准，第一，机关和直属部门兼聘管理岗位和教学科研岗位的"双肩挑"人员，基础工作量为所聘管理岗位的职责和教学科研型相应等级基础工作量。如果只完成管理岗位职责的，则按管理岗位发放基础津贴；如果一并完成兼聘教学科研岗位规定教学科研的，则按教学科研岗位标准发放基础津贴见表 2－6，业绩津贴按管理岗位发放。公共管理学院那位副教授（七级）晋升为文科处副处长后享受"双肩挑"待遇，虽然基础津贴一年只增加 0.2 万元，但副处级岗位的职务消费和职务潜在利益是不可小视的。第二，校部机关和直属单位岗位基础津贴见表 2－7，绩效津贴标准根据校部机关和直属单位的人均岗位津贴原则上不低于各学院教职工人均岗位津贴（不包括科研奖励津贴以及承担成教学院、国际合作学院教学工作的津贴）的 90% 确定，各级岗位绩效津贴的级差按照基础津贴的级差确定。基础津贴按月 100% 发放，绩效津贴的 50% 按月预发，其余 50% 考核后发放。教学科研人员及"双肩挑"人员的收入增加渠道主要来自于职称晋升和教学科研业绩奖励，而行政人员的基本工资和岗位津贴（基础津贴、绩效津贴）的增加主要来自职务的升迁，仅基础津贴方面，从科员 2 级晋升到副科级干部每年可以增加 0.5 万元，副科级晋升到副处级可以增加 0.7 万元，科级晋升到正处级可以增加 1.1 万元。如果把基本工资和绩效工资一起计算，一个副科级干部晋升到副处级干部每年可以增加 3 万—4 万元收入，正科级干部晋升到正处级干部可以增加 5 万—6 万元收入。另外，随着行政职务的升迁，他们的职务消费标准和潜在利益都会水涨船高，以差旅费中的住宿费为例，《C 大学差旅费管理规定》中"正高职称参照厅级住宿标准（450—500 元，根据出差目的地省份定），副处级及以上人员可一人住单间或标准间（310—350 元，根据出差目的地省份定），其他人员应两人住一个标准间"，其他人员只有在"单人出差或男、女出差人员为单数"的情况下才可以一人住一个标准间。第三，学院院长（主持工作副院长）、兼职书记、副院长、兼职副书记，根据本人意愿，既可以按行政岗位计发津贴，教学工作量（不超过 96 学时/年）和奖励分另计，也可以按相应教学科研岗位计发津贴，每周工作日上课不得超过 6 课时，管理岗位补贴标准为正职 180 课时/年、副职 140 课时/年。按照 C 大学课时津贴发放标准（教授 90 元、副教授 70 元、讲师 50 元、助教 40 元），学院副教授晋升为副院长后每年可以增加 9800 元管理岗位津贴。实际上，学院岗位津贴分配政策明显倾向于"双肩挑"人员和管理岗人员。以 C 大学一学院 2015 年下半年"双肩挑"、行政岗和专业技术岗三类岗位人员津贴总和为例，院长为"双肩挑"人员，既享受了二级教授岗基础津贴，又享受了正处级岗基础津贴，同时还享受了超额本科生和研究生的教学工作绩效津贴，加上研究生导师津贴和其他津贴，各种津贴合计 6.4398 万元，是学校规定的 3.04 倍。而一个二级岗教授，津贴总和只有 4.1192 万元，比正处级岗学院党总支书记的津贴总和低 0.2 万元。"双肩挑"的副院长（副教授）的津贴总额为 5.177 万元，是学校规定的 3.99 倍，比四级岗教授的津贴总和高出近 1.7 万元。副处级岗的党总支副书记的津贴总额为 3.535 万元，比五级岗副教授高出 1.028 万元，比三级岗教授高出近 0.5 万元。不仅处级、副处级岗的津贴比教授、副教授高，科级干部的岗位津贴也比副教授高。

表 2-6　　　　　　　　　教学科研岗位的基础津贴标准　　　　　　　单位：万元

岗位级别	正高级				副高级		
	一级	二级	三级	四级	五级	六级	七级
基础津贴	5.0	4.0	3.3	2.9	2.6	2.3	2.1

表2-7 管理岗位的基础津贴标准 单位：万元

职务	正校级	副校级	党委委员	正处级	副处级	正科级	副科级	科员1级	科员2级	见习岗位
岗位级别	一级	二级	三级	四级	五级	六级	七级	八级	九级	十级
基础津贴	4.8	4.0	3.3	2.9	2.3	1.8	1.6	1.2	1.1	1.0

（2）学术权力依附发展方面。

国家科学技术进步奖是国务院设立的五大国家科学技术奖奖项之一，授予在技术研究、技术开发、技术创新、推广应用先进科学技术成果、促进高新技术产业化，以及完成重大科学技术工程、计划等过程中做出创造性贡献的中国公民和组织。Y校长以第一完成人的身份获得2013年度国家科学技术进步奖二等奖，其中C大学某学院1位副院长为第三完成人。该副院长是Y校长的得意弟子，也是Y校长科研团队重要成员。国家级教学成果奖是国家实施科教兴国战略的重要举措，体现了国家对高等学校教学工作的高度重视，获奖成果充分展现了重视教学建设、重视教学改革、重视人才培养工作所取得的成绩，代表了目前我国教育教学工作的最高水平。C大学于2014年获得国家级教学成果一等奖，Y校长为第一完成人，第二至第八完成人分别为某学院常务副院长、教务处1位副处长、某学院院长、某学院1位副院长、机械工程学院1位普通老师、校办1位副主任和教务处1位科长。这7个人的学科关系虽然与Y校长的学科关联度低，他们的岗位所属二级单位也不是Y校长分管，但从行政权力运行实践看，他们的工作都是围绕落实校长的办学理念转，属于比较听话的管理人员，颇受Y校长的赏识。对照特聘教授名单，可以发现，4人均为《C大学特聘教授岗位聘任管理条例（修订）》2014年1月施行后所聘任，其中受聘C类特聘教授的某学院副院长的业绩条件是国家科学技术进步奖第三完成人，某学院常务副院长的业绩条件是国家教学成果奖一等奖第二完成人。某学院1位教授也是Y校长科研团队的核心成员，2009—2015年任研究生院主管学科建设的副院长，2015年干部聘任中转任原学院副院长，他受聘特聘教授的业绩条件是获省级科研成果二等奖1项并主持国家自然科学基金面上项目1项。教务处副处长受聘特聘教授的业绩条件虽然与Y校长的两大奖关联度低，是以国家精品资源共享课负责人的条件，但能在国家教学成果一等奖证书中排名第三也是一件非常荣幸且具有巨大潜在利益的事情，2015 年该副处长顺利晋升为正处级干部。根据 C 类特聘教授 5 年聘期和每年 8 万元的校内年基础津贴标准，受聘 C 类特聘教授至少可以带来 40 万元的直接利益，至于在科研项目、人才工程项目、学科带头人、专业建设负责人等方面的申报评审中的潜在利益则大得多。这个国家级教学成果奖一等奖同样给其他几位成员带来了不少利益，在 2015 年处级干部聘任中一学院副院长在连任两届副院长后再续任副院长，校办副主任转任组织部副部长，教务处科长晋升为副处长。从权力和管理岗位津贴看，教务处科长受益颇丰，在与几个博士、副教授竞争副处长岗位中，身份为硕士且无教学经验，能够受聘副处长，与校领导的关照密不可分。

　　依附回报方式：大学高级别成员对低级别成员的政治忠诚和学术业绩是心知肚明的，回报他们的方式之一是制定带有倾向性的政策。C 大学 2014 年修订的特聘教授遴选聘任标准可以证明这种推断，见表 2 - 8。

表 2 - 8　　　　　　　　　C 大学特聘教授遴选条件对比

	2011 年	2014 年
A 类	必须具备下列条件之一：长江学者特聘教授；国家千人计划获得者；国家杰出青年基金获得者；国家级教学名师；国家四大奖（自然科学奖、国家发明奖、科技进步奖、教学成果一等奖）主持人；人文社科类国家社科基金项目优秀成果奖主持人；教育部人文社科优秀成果一等奖主持人；"973 项目"首席科学家	必须具备下列条件之一：长江学者特聘教授；国家特支计划入选者；国家千人计划（创新类）获得者；国家杰出青年基金获得者；"973 项目"首席科学家；主持获国家自然科学奖，技术发明奖，科技进步奖一、二等奖 1 项；主持获国家教学成果奖特等奖 1 项；主持获国家哲学社会科学基金项目优秀成果一等奖 1 项；教育部创新团队、国家自然科学基金创新群体负责人
B 类	必须具备下列条件之一：国家级突出贡献专家；国家"四个一批"人才；国家教学成果二等奖；教育部人文社科优秀成果二等奖主持人；国家文化艺术领域最高成就奖获得者；高校科学研究优秀成果（科技类）一等奖主持人；国家重大科研项目负责人	必须具备下列条件之一：在 *Science*、*Nature* 正刊上发表论文 1 篇；主持获国家教学成果一、二等奖 1 项；主持获教育部高等学校科学研究优秀成果（人文社科、科学技术）一等奖 1 项；主持获国家哲学社会科学基金项目优秀成果二等奖 1 项；主持一类项目 1 项

续表

	2011 年	2014 年
C 类	必须具备下列条件之一：入选国家百千万人才工程者；教育部新世纪优秀人才（考核合格）；省千人计划获得者；省"新世纪151人才工程"重点资助人员（考核合格）；省突出贡献科技人才；教育部人文社科优秀成果三等奖主持人；高校科学研究优秀成果（科技类）二等奖主持人；省部级教学科研成果一等奖主持人；国家重点科研项目负责人；国家级精品课程负责人；国家重点专业负责人、省科技创新平台负责人、省人文社科基地负责人、省重中之重学科负责人等并同时获得省部级科研成果二等奖一项	必须具备下列条件之一：在 *Cell* 正刊上发表论文1篇；主持获教育部高等学校科学研究优秀成果（人文社科、科学技术）二等奖1项；主持获国家哲学社会科学基金项目优秀成果三等奖1项；主持获省级科研成果一等奖1项；国家重点学科、国家级科技或人文社科平台（重点实验室、工程中心、研究基地）负责人；国家重点专业、国家级实验室示范中心、省级科研创新团队、省级科技或人文社科平台（重点实验室、工程中心、研究基地等）、省重中之重学科负责人并主持获省级科研成果二等奖或主持获省高等教育教学成果一等奖；主持二类项目1项
D 类	2011 年不设口类	必须具备下列条件之一：国家重点专业、国家级实验室示范中心、省级科研创新团队、省级科技或人文社科平台（重点实验室、工程中心、研究基地等）、省重中之重学科负责人并主持四类项目1项或主持获省级科研成果三等奖；国家精品开放课程负责人；主持获教育部高等学校研究优秀成果（人文社科）三等奖1项；主持获省高等教育教学成果一等奖1项；国家自然科学奖、技术发明奖、科技进步奖的第二、三完成人；国家哲学社会科学基金项目优秀成果一等奖的第二、三完成人或二等奖的第二完成人；国家教学成果奖特等奖的第二、三完成人或一、二等奖的第二完成人；教育部高等学校科学研究优秀成果（人文社科、科学技术）一等奖的第二完成人；主持三类项目1项；主持获省级科研成果二等奖1项并主持四类项目1项

2. 被依附者的利益增加

C 大学在"十二五"建设实施了"学科提升"战略和"科研创新"工程，学科水平和科研能力较快提升。在学位点建设方面取得历史性进展，新增两个专业学位授权点。学科建设方面，美国 ESI 数据（2014年11月）显示，化学学科进入 ESI 全球1%。根据《中国研究生教育及学科专业评价报告 2014—2015》的统计，在有硕士点的学科中，马克思主义理论等 4 个一级学科进入全国前 50%。科研项目方面，C 大学在国家重大科技专项、国家自然科学基金重点项目、国家社科基金重点项目和国家社科重大招标项目上都取得了零的突破。2011—2014 年，全校共新增自然科学国家级重大、重点项目 3 项，国家级一般项目新增 165 项，省部级科研项目新增 229 项；人文社科新增国家级重大重点项目 6 项，国家级一般项目 56 项，省部级项目 164 项。科研获奖方面，全校新增国家科技奖 1 项（第三完成单位），省部级科学技术奖一、二等奖新增 5 项，实现了教育部人文社科研究优秀成果奖零的突破，新增三等奖 3 项，新增省级哲学社会科学优秀成果奖一等奖 4 项。M 副校长在生命科学学院领导和教师的支持下，科研业绩取得了长足进展，2010 年以来先后主持了国家科技重大专项项目、国家重点基础研究计划（"973 计划"）前期研究专项、国家自然科学基金项目和省自然科学基金重点项目，科研经费达 3500 多万元，并以第一完成人身份获得了教育部高校科研优秀成果奖自然科学二等奖、省科学技术奖一等奖等 10 多项奖励，先后被评为国家有突出贡献中青年专家、国务院政府特殊津贴专家等。由于 M 副校长个人科研业绩、分管工作均表现突出，他一度成为 C 大学校长职务最有潜力的候选人。

　　Y 校长主政 C 大学以来，学校人才培养、科学研究、社会服务和文化传承创新等方面取得骄人的业绩，学校综合实力稳步提升。其中，M 副校长分管的学位与研究生教育、学科建设、科学研究等工作业绩也都可以归入 Y 校长的政绩。另外，在师资队伍建设方面，C 大学的"人才强校"战略也取得了不错的业绩，新增国家"万人计划"、教育部"长江学者"、国家"百千万人才工程"人选、国家"有突出贡献中青年专家"等高端人才若干名，专任教师博士比例提高了近 10 个百分点。在专业建设和人才培养方面，学校"特色本科"战略也进展得比较顺利，创业教育与专业教育深度融合取得新进展。还获得省级高等教育教学成果一等奖 3 项、二等奖 4 项，实现了国家级教学成果一等奖零的突破。学校在国家精品课程、国家专业综合改革试点项目、国家级规划教材等方面也取得了新的突破，5 个本科专业入选教育部第二、三批卓越工程师教育培养计划。学校的本科生源质量和毕业生就业质量也稳步提高。Y 校长依靠下属干部的卖力工作和个人的学术发展业绩，不仅获得了良好的口碑，也深受上级主管部门领导赏识。2012 年，Y 校长入选首批特聘教授，且是该校至今唯一一位 A 类特聘教授。在特聘教授管理条例修订前，A 类特聘教授的聘期可到法定退休年龄，享受校内年基础津贴 20 万元，受聘期间不再进行聘期考核，2014 年修订后，A 类特聘教授的聘期改为 8 年，校内年基础津贴增至 30 万元，仅此一项给 Y 校长带来了 240 多万元的直接经济利益。2015 年，Y 校长还顺利转任了另一所心仪大学的校长。

四　结果解释

大学低级别行政人员和学术人员为什么会选择依附高级别人员？大学高级别成员为什么需要低级别人员依附？本书认为，大学成员间的依附关系是宏观权力结构与微观个体行为相互建构的结果。首先是高级别成员有控制并带给低级别成员利益的能力，其次是低级别成员和高级别成员都有追求个人发展的动机。

1. 单位制与体制性知识分子

从大学成员与大学组织的层面看，大学成员对大学组织的依附异化为对大学领导及其代理人的依附。"单位制"是我国行政机关和事业单位组织制度的简称，作为一种社会现象是指"大多数社会成员被组织到一个个具体的单位组织中，由这种单位组织给予他们社会行为的权利、身份和合法性，满足他们的各种需求，代表和维护他们的利益，控制他们的行为。单位组织依赖于国家（政府），个人依赖于单位组织。同时国家有赖于这些单位组织控制和整合社会"①。单位制度将大学行政人员、学术人员、教辅人员等成员的个人发展、职务升迁、职称评聘、生老病死等问题统统纳入大学组织，在人才流动机制不健全的情况下，大学成员与大学组织之间形成了一种难以摆脱的依附关系。而我国大学内部治理结构不完善，尚未形成依法治校的新型治理方式，基本停留在"人治"阶段，因此大学成员与大学组织之间的依附关系就异化为大学成员与大学领导及其代理人之间的依附关系。这种依附关系的本质是大学成员与权力之间的一种利益交换关系，大学行政权力结构或学术权力中的下层人员向更高级别的人员寻求庇护，并向高级别人员回报政治忠诚、支持和服务，高级别人员利用自己所控制的权力和资源保护低级别人员，或给予他们一定的利益，最终促进依附双方共同发展，实现"双赢"局面。

---

① 李路路、李汉林等：《中国的单位现象与体制改革》，《中国社会科学季刊》1994 年第 2 期。

从知识分子与政党和国家的层面看，我国知识分子大多属于体制性知识分子，他们与政党、国家之间是一种依附关系。新中国成立初期，毛泽东多次指出，绝大多数的知识分子是爱国的，他们的工作是为人民服务，部分知识分子"已经成为共产主义者"。同时，他又认为知识分子的政治立场和世界观基本上是资产阶级的，难以适应新政权建设的需要，因此这一时期知识分子政策的主要内容是"团结、教育、改造"，并侧重于教育和改造。总体来看，新中国成立至"文革"结束前，知识分子的阶级属性被定为资产阶级，只是1956年和1962年有过短暂的调整（这两次调整并没有得到毛泽东的认可），知识分子政策在"以阶级斗争为纲"的思想指导下，绝大部分时间都是"全面专政"的极左政策。毛泽东强调培养无产阶级知识分子。1957年10月，毛泽东在《关于农业问题》中提出，无产阶级要有自己的技术队伍和理论队伍，有自己的庞大的技术队伍和理论队伍，否则社会主义是不能建成的。1958年1月，毛泽东在《工作方法六十条》中再次指出：无产阶级一定要有自己的"秀才"，中央各部，省、专区、县三级，都要培养"秀才"。1956年，在中共中央拟定的培养高级知识分子的规划中，提出在12年内要至少培养出100多万高级知识分子，独立地解决我国现代化建设所需的各领域技术专家，同时培养出一定数量的理论科学家，以便培养新专家，起到传帮带的作用，并发挥技术特长。"文革"结束后，1977年8—9月的《关于科学和教育工作的几点意见》和《教育战线的拨乱反正》率先否定了1971年《全国教育工作会议纪要》提出的"两个估计"，即"一、从1949年到'文革'开始的1966年，这17年'毛主席的无产阶级教育路线基本上没有得到贯彻执行'，'资产阶级专了无产阶级的政'；二、大多数教师和1949年后培养的大批学生'世界观基本上是资产阶级的'"[①]。否定了"两个估计"也就间接否定了"两个凡是"。邓小平重申从旧社会过来的知识分子经过社会主义改造，绝大多数已经是工人阶级的知识分子，而新中国成立后培养的知识分子理所当然应归入工人阶级。1978年3月，邓小平在全国科学大会开幕式上重申"科学技术是生产力"和"知识分子是工人阶级一部分"。1978年10月，时任中央组织部长的胡耀邦代表中央宣布，对知识

---

① 叶永烈：《邓小平改变中国——从华国锋到邓小平》，四川人民出版社、华夏出版社2014年版，第174页。

分子不再提"团结、教育、改造"的方针，并确立了"尊重知识，尊重人才"① 的基本政策。从此，知识分子不再被视为共产党的"异己力量"，并提出干部的"四化"标准，重点从知识分子中选拔和培养社会主义接班人。1981 年，《关于建国以来党的若干历史问题的决议》对知识分子的地位作出结论：明确肯定知识分子同工人、农民一样是社会主义事业的依靠力量，这一结论于 1982 年写进了《宪法》。

韦伯认为中国传统知识分子缺少超越世俗的形而上旨趣，因此只能顺应现实，而无现代精神。在过去政教合一、以官为师的传统社会中，知识分子以"学成文武艺，货与帝王家"为旨趣，形成了依附于权力的心理特质，他们常常成为皇权附庸者、共谋者、执行者和宣传者，他们的价值也常常要通过皇权政治体系发挥出来。② 古德曼是从依附理论的观点分析我国知识分子与国家权威体制之间关系的权威人士，她认为新中国成立后至 20 世纪 60 年代知识分子与党和国家领导人的主要关系模式是依附关系，之后，知识分子分化为自由知识分子和激进知识分子两个群体③。古德曼关于知识分子的两种分类遭到了一些学者的反对，因为实际上自由知识分子在体制内只是发挥着非常微小的作用④。奇克和韩姆银认为，新中国成立后不久，随着各种机构和体制的设立，国家实现了对社会的完全控制，不同类型的知识分子都直接依附于体制，依赖国家和政党才能谋求生存，成为事实上的"体制知识分子"，形成了一种纵向的、自上而下的、从党的核心到体制边缘的、党的高层领导与体制知识分子的互动模式。⑤体制知识分子刻画出中国知识分子与国家的关系特征，它的一个基本判断是认为知识分子没有实质的自主，而仅仅是政治领导者的代言人，只有在政治庇护之下才能实施他们的政治行动，这在解释全控型国家知识分子与政治权威的关系时比较能够自圆其说。改革开放后，尽管知识分子出现了一些新的变化，比如形成了国家意识形态的代言人、批判型知识分子和远

①　"尊重知识，尊重人才"是邓小平在 1977 年 5 月提出的，即"一定要在党内造成一种空气：尊重知识，尊重人才"。

②　徐冰：《权力依附困扰中国知识分子》，《北京科技报》2005 年 3 月 30 日。

③　Goldman, Merle, China's Intellectuals: Advise and Dissent, Cambridge: Harvard University, 1981.

④　Hamrin, Carlo Lee and Timothy Cheek, China's Establishment Intellectuals, Armonk: M. E. Sharpe, 1986.

⑤　黄玉：《知识分子与国家：对立、依附与融合》，《开放时代》2006 年第 6 期。

离政治生活的学术专业精英三种类别①，但知识分子与体制的依附关系这一基本模式并没有改变，知识分子和体制的关系实际上并未发展出新的模式，知识分子还未能充分表达自身意见，一些限制也未消除②。以至于有人感慨道，知识分子真正的悲哀不是你说理的时候当权者不听你的，而是当当权者不听你的时候，你放弃了说理，一遇到社会危机、经济危机，就立刻想到"强权拯救世界"，认为只有依附权力才能把问题解决。③

2. 资源依赖与权力控制

大学低级别成员要晋升行政职务或追求学术发展都得依靠一定的资源，包括有形资源和无形资源，有形资源指人力、物力和财力，无形资源指制度资源、学术资源、文化资源、社会资本、社会声誉、信息等。其中，行政人员的职务晋升主要依靠被主管领导认可的政绩和政治忠诚，学术人员的职务晋升主要依靠教学和科研两个方面的学术业绩。无论是发展政绩还是学术业绩的资源都掌握在行政权力结构和学术权力结构顶端的人员手中，低级别人员要想共享发展资源，获得高级别人员的认可是非常关键的。因此，大学低级别成员依附高级别成员的深层次原因是对资源的依赖，包括有形资源和无形资源，而位高权重的高级别人员掌握着资源配置权，因此资源配置权力是大学低级别成员依附高级别成员的本质。

20世纪60年代以来，组织与环境的关系问题日益成为组织理论的核心议题，并催生了开放系统理论的兴起，强调组织外部环境对于组织发展的重要性，认为组织外部环境对组织起着制约、塑造、渗透和革新的作用。资源依赖理论是该理论流派之一，资源依赖理论认为任何组织为了生存都必须与其环境进行交换，组织根植于相互联系以及有各种各样的联系的网络之中，所需要的各种资源都可以从环境中得到，因此组织不得不依赖这些资源外部提供者。组织生存的关键是获取和维持资源的能力，组织由于获取资源的需求而不得不依赖环境，积极有效的组织才能够生存下

---

① Goldman, Merle, Timothy Cheek and Carol L. Hamrin, China's Intellectuals and the State: In Search of New Relationship, Cambridge, MA: Council on East Asian Studies, Harvard University Press, 1987.

② Ma, Shu-Yun, "Clientelism: Foreign Attention, and Chinese Intellectual Autonomy", Modern China, No. 24, 1998.

③ 刘瑜：《知识分子真正的悲哀是依附权力放弃说理》，http://culture.ifeng.com/a/20150611/43954163_0.shtml, 2015-07-10。

去，而这种有效性的获得是对环境的需求进行管理的结果。[①] 资源依赖理论给我们的启示是：大学行政人员和学术人员的职务晋升需要个体之外的各种资源，而大学有形资源和无形资源的配置权大多被大学高级别成员掌握，低级别成员要获取或共享这些资源，进而实现职务晋升的理性选择是寻求依附控制外部资源的高级别成员，特别是主管大学人事、教学、学科科研的校级领导，因为他们可能既是行政权力结构顶端的成员，也是学术权力结构顶端的成员。正如有人认为的那样，大学行政化这种教育病的根源在于大学及其学术人员对行政部门的资源依赖，且大学对外部行政部门的依附关系会传导到大学内部。[②] 实证研究也显示，大学教师职称晋升是行政权力和学术权力共同影响的结果，行政权力和学术权力对不同类型院校教师职务晋升、不同层级教师职务晋升的影响内容和影响程度不同，其中教授职务更容易受到校级行政权力的影响，副教授和讲师职务则更多受学院行政权力影响。[③] 其实，行政人员的职务晋升中处级干部更多受校级行政权力影响，而科级干部则更多受处级行政权力影响。因此，大学内部治理改革内容之一就是要调整各利益主体在资源配置中的地位和作用，提高资源配置的有效性。

3. 资本积累与政治忠诚

布尔迪厄认为资本是一种"社会物理能量"，可以分为经济资本、社会资本、文化资本等不同类型，不同类型的资本在特定的条件下可以通过特定的兑换率相互转化。从依附发展角度审视大学成员，大学成员的职务晋升主要涉及文化资本和社会资本（经济资本也很重要，但与依附发展理论关联度低）。文化资本以身体化的、客观化的和制度化的三种形式存在，身体化的文化资本如学者的学问、技术人员的技术，客观化的文化资本如学者收藏的图书资料，制度化的文化资本包括学历文凭、学位、教学科研成果、职称等。社会资本，是指"某个个人或是群体，凭借拥有一个比较稳定又有一定程度上制度化的相互交往、彼此熟悉的关系网，从而

---

① ［美］杰弗里·菲佛、［美］杰勒尔德·R. 萨兰基克：《组织的外部控制：对组织资源依赖的分析》，闫蕊译，东方出版社 2006 年版。

② 马健生、孙珂：《高校行政化的资源依赖病理分析》，《北京师范大学学报》（社会科学版）2011 年第 3 期。

③ 李志峰、浦文轩、刘进：《权力与学术职业分层——学校权力对高校教师职务晋升影响的实证研究》，《高等教育研究》2013 年第 7 期。

积累起来的资源的总和"①。《2015 年 C 大学中层干部换届聘任工作实施方案》规定，提任处级正职领导职位的任职条件之一是"或具有正高级专业技术职务"，提任处级副职领导职务的任职条件之一是"或具有高级专业技术职务"，提任或担任学院院长和人事处、研究生院、教务处、科技处、文科处、图书馆、期刊社等部分专业性较强的学校管理部门行政正职的"应具有正高级专业技术职务"。《C 大学特聘教授岗位聘任管理条例》也规定，申报人须"具有正高职称"（2014 年修订为"申报人员专业技术职务任职资格不限"），并且每类特聘教授须具备相应的科研项目、学术论文、教学科研获奖等申报条件。可见，大学行政人员和学术人员的职务聘任与个人的文化资本密切相关。文化资本积累与社会资本紧密关联，在大学中通常是占有更多社会资本的成员可能获得更多的文化资本。因为"社会资本是实际的或潜在的资源的集合体，那些资源是同对某种持久性的网络的占有密不可分的，这一网络是大家共同熟悉的、得到公认的，而且是一种体制化关系的网络"②。在大学，低级别成员"跟对队伍"或"依附大牛级人物"是非常关键的，不仅可能增加文化资本，更为重要的是可以增加社会资本，进而增加经济资本。有研究显示，加入知名教授或学术带头人的科研团队有利于快速进入学科学术圈，而一旦成为"圈内人"，就可以源源不断获得各种学术资源和行政资源，在个人能力相当的情况下，谁获得的资源越多谁就越可能在职务聘任中胜出，甚至有人认为"可能你未来的发展 50% 是由你的导师或说是领导决定的，然后另外 50% 就是靠你自己了"③。有种形象的说法，在一所大学中，书记校长的学生是亲爹亲娘生的，本校毕业留校的是后娘生的，而来自外校毕业的教师则是没爹没娘的。C 大学特聘教授聘任中建筑学院的那位副院长以国家级获奖排名第三顺利受聘，最为关键的因素就是他是 Y 校长的学生。可见，社会资本为大学成员发展提供重要的、多样化的社会支持，对他们的发展起到了促进作用，但通过依附一些关键人物获得更多的资源破坏了教师公平公正的竞争环境，对大学治理改革实践产生消极影响。

---

① ［法］皮埃尔·布尔迪厄、［美］华康德：《实践与反思：反思社会学引论》，李猛、李康译，中央编译出版社 1998 年版，第 162 页。

② 包亚明：《文化资本与社会炼金术》，上海人民出版社 1997 年版，第 202 页。

③ 张俊超：《大学场域的游离部落——研究型大学青年教师发展现状及应对策略研究》，博士学位论文，华中科技大学，2008 年。

第四节　本章小结

本章从参与和效率两个维度，采用案例研究法分析了 A 大学教师在制定住房分配规则、制定学校章程、调整职称政策和校内津贴分配政策 4 个案例中的舆论和行动，发现教师参与决策的意愿不强，参与能力偏弱，参与动机是维护实现直接利益或减少利益受损。教师参与大学决策现状是教师的学科逻辑、知识和能力困境与治理制度设计缺陷共同型塑的结果。

通过分析 B 大学编制 2013—2015 年中央财政专项资金建设项目规划案例中校决策者的行为策略发现：大学内部政治权力精英、行政权力精英和学术权力精英构筑了比较稳固的精英联盟，其中学术权力精英依附政治权力精英和行政权力精英；他们以直接制定或影响制定政策的方式为本群体谋取利益，甚至把群体利益上升为学校利益，追求群体利益最大化；大学权力精英能否成为"自己人"，关键是他们是否具有相同或相似的学科背景，影响权力精英们政策决策行为的关键因素也是学科背景。

通过分析 C 大学 2012—2015 年全员聘任中 M 副校长与分管单位的处级和科级干部聘任、Y 校长与校特聘教授遴选聘任两个案例发现：教师聘任制改革使大学成员从依附大学组织转变为依附大学领导，促成了二者间的依附发展关系。这种依附发展关系是宏观权力结构与微观个体行为相互建构的结果。大学成员依附发展关系形成的深层次原因是大学的单位制和大学成员的体制性特征，大学低级别成员发展所需资源的依赖性和高级别成员控制资源配置权，低级别成员的政治忠诚有助于积累文化资本和社会资本。

整体分析概括，从参与维度看，当前我国大学治理中教师等核心利益主体参与决策的广度和深度非常有限，参与的效果也不明显，从另一个角度看，他们参与治理的知识、能力也不足。从效率维度看，当前我国大学治理的决策效率较高，但决策质量偏低，决策中存在较为明显的权力精英联盟行为，致使群体利益公共化，大学低级别成员与高级别成员之间也存在较为明显的依附发展关系。

第三章 大学有效治理的历史经验

20 世纪 50 年代中期至 60 年代中期，欧洲大学校长常设会议的代表在交流经验和想法的讨论过程中，深深体会到"二战"后的 10 余年中，改革大学各种努力的失败很大程度上是因为缺乏对大学发展和悠久传统的深刻认识，导致无法获得解决大学问题的真正有效的方法。[①] 部分大学治理改革中，出台的政策文件越来越多，管理日趋精细化、复杂化，但行政权力与学术权力冲突越来越多，教师和管理人员压力也越来越大，致使无论行政人员还是学术人员都怨声载道，大学运行民主参与度不高，效率低下。导致这种大学治理"内卷化"现象的根本原因在于，政府、大学治理主体对大学治理逻辑认识的片面性和局限性。《国家中长期教育改革和发展规划纲要（2010—2020 年）》提出要完善中国特色现代大学制度，国务院办公厅《关于开展国家教育体制改革试点的通知》（国办发〔2010〕48 号）确定了国家教育体制改革试点的主要任务之一是着力推进落实大学办学自主权。当下进行的新一轮大学治理改革要充分总结《高等学校暂行规程》至《高等教育法》近 50 年的经验教训，同时分析 20 世纪末期至 21 世纪初前 10 年大学治理改革的经验教训。另外，我国新一轮大学治理改革还要积极借鉴发达国家大学治理改革的有效经验，吸取这些国家大学治理改革的教训。本章通过分析以法国、德国为代表的罗马传统高等教育体系和以英国、美国为代表的盎格鲁－撒克逊传统高等教育体系中大学有效治理的经验，以及我国《高等学校暂行规程》至《高等教育法》期间大学治理的积极经验，为提高当下我国大学治理的有效性提供理论和实践依据。

---

① ［比利时］希尔德·德·里德－西蒙斯：《欧洲大学史》（第一卷 中世纪大学），张斌贤、程玉红等译，河北大学出版社 2008 年版，前言。

第一节　西方大学有效治理经验

第二次世界大战后，西方国家相继进入高等教育大众化阶段，全球范围兴起校园民主化运动，大学从管理时代进入治理时代。那么，大学进入治理时代后的半个世纪以来其治理范式发生了什么变化，又是如何呈现的？本章将基于对西方大学史的考察，探寻第二次世界大战后西方大学治理范式的发展演变，并分析其大学有效治理经验。

一　转变大学治理范式：从回应民主诉求到提高治理绩效

大学治理范式则是指大学利益相关者在参与学校重大事项的决策结构和决策过程中所体现出来的一种普遍的、稳定的做法。哲学家托马斯·库恩认为，科学界在一定时期内存在一个流行的"范式"（paradigm）并被这个范式所控制，直到另一个范式将其取代。20 世纪 60 年代以来，西方大学经历了一场治理结构再造运动，先后出现两种治理范式：回应民主诉求范式和提高治理绩效范式。

1. 回应民主诉求范式

根据美国高等教育史学家马丁·特罗关于高等教育发展阶段的划分标准，美国在 20 世纪 40 年代末最先进入高等教育大众化阶段，并于 70 年代迈进普及化阶段，大学生人数从 1960 年的 358 万上升到 1970 年的 792 万①。法国、德国、日本等国家在 20 世纪 60 年代中后期进入高等教育大众化阶段，英国也于 20 世纪 70 年代进入高等教育大众化阶段。随着学校规模的日益扩大，全球范围内兴起了一股校园民主运动。同时，大学治理出现了一些新问题，治理变革提上议事日程。美国新左派组织——"学生争取民主社会组织"（SDS）成立并领导了这场民主运动②，学生采取激进的校园运动方式提高自身在大学中的地位，教师们通过成立教授会或修正教授会章程进一步巩固在决策中的权力③。德国成立了"德国社会主义学生联盟"（SDS）、"社会民主党高校联盟"（SHB）等组织，提出要

---

① 贺国庆等：《外国高等教育史》（第二版），人民教育出版社 2006 年版，第 429 页。
② 吕庆广：《60 年代美国学生运动》，江苏人民出版社 2005 年版，第 112—137 页。
③ 甘永涛：《美国大学共同治理制度的演进》，《清华大学教育研究》2009 年第 3 期。

把高校改革与社会民主化结合起来，法兰克福大学还成立了"未获教授资格者争取大学民主化联合会"，捍卫低职称教师在大学决策中的地位和影响①。在日本发生了"大学纷争"，在法国爆发了空前的"五月风暴"。在校园民主运动中，学生、非教授教学人员、教辅人员等的目标之一就是要求分享大学的决策权，这种背景下出现的大学治理范式是一种回应民主诉求范式。

为了满足大学内外利益相关者的民主权利诉求，大学治理的一个关键点就是寻找一种实现大学利益相关者利益的治理结构。根据这一目标，各国大学的决策结构一个突出的地方就是以参与原则为指导，一方面削减教授的权力，另一方面允许校外人员、校内低级别人员和学生参与决策机构，扩大决策主体的范围。

2. 提高治理绩效范式

经过两次世界大战的洗礼，各国政府愈加认识到大学对国家的重要性。即使在具有大学自治、学术自由传统的盎格鲁－撒克逊传统高等教育体系中，大学也开始被视为国家财产，政府通过法律、经费资助等手段干预大学，极力把大学纳入国家主义轨道。各国政府要求大学提高人才培养、科学研究和服务社会的质量。"高等教育质量保证"（quality assurance in higher education）一词在20世纪70年代后期开始广泛应用到高等教育领域，80年代后期成为人们关注的焦点。《世界高等教育大会宣言》明确指出："21世纪将是更加注重质量的世纪，由数量向质量的转移，标志着一个时代的结束和另一个时代的开始。重视质量是一个时代的命题。谁轻视质量将为此付出沉重的代价。"80年代以来，提高高等教育质量、培养高质量人才和提高科研水平成为各国高等教育改革的核心。质量成为大学与政府、社会之间对话的关键词。大学为了提高自身的教育质量，需要通过变革治理方式来提高治理绩效。

20世纪70年代初期的石油危机引爆了第二次世界大战后的最大经济危机。持续三年的石油危机对发达国家的经济造成了严重冲击。在这场危机中，美国的工业生产下降了14%，日本的工业生产下降了20%以上，所有工业化国家的经济增长都明显放慢。20世纪70年代末到21世纪初，受中东地区的局势影响，先后又爆发了几次石油危机。石油危机最直接的

---

① 曹卫东：《思想的他者》，北京大学出版社2006年版，第243—253页。

后果就是发达国家经济遭受全面衰退。而国家经济的发展迟缓，给大学的财政带来不可估量的影响，无论是公立大学还是私立大学均存在不同程度的财政困难。1974—1977 年，英国政府减少了对大学的基建费、设备费、办公用品费等一般性财政补助；同时还压缩了招生规模，大学拨款委员会五年制的拨款改成了年度拨款计划，一些大学的基建项目由于经费紧张被迫下马。进入 80 年代，政府采取压缩高等教育的政策，导致高等教育的经费锐减。法国政府也无法负担大学的大部分经费，教育成本分担在理论上逐步得到承认，在实践中逐步取得成功。大学一方面通过提高学费等手段来增加收入，同时又面临如何提高资金使用效益的问题。因此，政府具有对大学经费使用结果进行问责的冲动，而大学为了与政府和社会建立起信任关系，通过增加财政透明度来博取政府和社会的信任以获得持续的经费，也具有主动接受外界问责、提高资金使用效益的内在需求。大学为了应对内外的问责，迫切需要提高决策效率，以提高治理质量。

二　扩大大学决策机构成员构成范围

　　大学是一种典型的利益相关者组织，根据"与大学关系密切程度"这一利益相关者核心内涵，罗索夫斯基把大学利益相关者分为最重要群体、重要群体、部分拥有者和次要群体四个层次。第一个层次，即教师、行政主管和学生；第二个层次，即董事、校友和捐赠者；第三个层次，指在特定条件下，才成为大学的利益相关者，如提供科研经费的政府、向学生和大学贷款的银行家等；第四个层次是大学利益相关者中最边缘的一部分，即市民、社区、媒体等。[①] 在现代大学中，上述四个层次的利益相关者均有可能成为大学的决策主体。需要说明的是，大学决策机构在不同的国家由不同的机构来充当，判断某个机构是否属于大学决策机构，主要看该机构是否具有制定大学章程的权力，以及选举、任免校长的权力。由于制定大学章程和选举、任免校长，通常是由两个或两个以上的机构来完成，因此大学决策机构通常由两个或两个以上的机构充当。西方大学一般规定了大学各个层次利益相关者参与大学决策机构的方式，以及占有的席位数，以回应他们的民主诉求。

---

　　① 胡赤弟：《教育产权与现代大学制度构建》，广东高等教育出版社 2008 年版，第 160—161 页。

1. 罗马传统大学治理机构成员的变化

从 17 世纪中叶起，罗马传统高等教育体系中的大学开始由中世纪的"精神的手工业者行会"向"教授大学"转型。其标志为：讲座教授与非讲座教授开始分离，决策权从中世纪的全体大会缩小至由讲座教授占支配地位的大学评议会和学部委员会；其次是大学教授与学生也开始分离，教授认为自己才是大学的真正主体，学生则是其教学的对象，不再是大学的组成部分。① 直至 20 世纪 60 年代中期，罗马传统大学内部权力基本由教授掌握，大学成为教授俱乐部，初级教学人员和学生基本不能参与学校和学院的决策事务。

20 世纪 60 年代末以来，罗马传统大学治理结构的一个突出变化是决策机构引入校外人士、校内低级别人员和学生。在德国、法国、日本等国家的学生民主运动中，"参与大学管理"是主要的民主诉求之一。1968年，法国爆发了举世闻名的"五月风暴"，在学潮冲击下法国出台了《高等教育方向指导法》，规定了"参与"是大学办学的三大原则之一。根据参与原则，大学处在教育部长和大学校长的领导下，大学成员和社会人士均有权通过各种委员会的代表身份参与学校治理，结束了少数知名教授独揽大权的历史。大学校务委员会由学生、教师、科研人员、行政技术人员、服务人员及校外知名人士代表组成，是决策机构，并设常委会负责领导和管理学校。通常情况下，大学校务委员会的席位分配原则是：教学人员至少与学生的席位一样，校外人员占 1/6—1/3。比较典型的大学校务委员会的构成是：80 名成员中有 20 名高级教学人员，12 名初级教学人员，4 名研究人员，25 名学生，5 名行政和技术人员，14 名校外人员②。

在德国，19 世纪中叶后，由于学科的分化，讲座教授垄断性权力开始面临合法性危机，非讲座教授人员和学生开始争取参与大学管理的权力。20 世纪 60 年代的校园民主运动对德国大学治理结构产生了深刻的影响，学生组织及其同盟要求在更大程度上参与大学的决策，提出学生代表、初级教学人员和高级教学人员的"三三三制"原则。到 1973 年，所有州的大学中的各群体（包括非学术人员）均参与了大学的各级决策。

---

① 周丽华：《德国大学与国家的关系》，北京师范大学出版社 2008 年版，第 84—85 页。

② ［加拿大］约翰·范德格拉夫等：《学术权力——七国高等教育管理体制比较》（第 2版），王承绪等译，浙江教育出版社 2001 年版，第 62 页。

1976 年颁布的《高等教育总法》规定高校实行自治，所有的大学成员在各种机构里均有合理的参与权。1998 年修改《高等教育总法》后，大学设立了理事会（董事会）①，理事会成员首次引进校外人士，如巴伐利亚州的大学理事会类似于美国大学的董事会，成员中包括 3 名经济界的专业人员和 2 名中立的科研人员、校长。

日本 20 世纪五六十年代的学潮也指向要求参与大学管理，实行校园民主化。1969 年一些大学采取了让学生参与学校或学部重大事项的决定过程、参加校长与学部长的选举、参与学生宿舍管理、参与教师人事及教学管理等的措施。2004 年国立大学法人化改革后，实现了校外人士参与管理并向社会开放运作的机制。学校层面的审议和决策过程中，削减了讲座教授的权力，新设的董事会、经营协议会和校长选考会都有一定比例的校外人士，如根据《国立大学法人法》第 20 条的规定，经营协议会中必须有半数以上的是校外人士，理事和监事中分别至少有 1 位是校外人士。对德国、法国、日本以及我国台湾地区 20 部罗马传统大学章程文本的统计分析显示，80.0% 的文本规定了教授、非教授教学人员和非教学人员参与学校决策和管理的权利，50.05% 的文本规定了政府参与大学治理的方式和人员比例，60.0% 的文本规定了在校学生参与学校决策和管理的权利。

2. 盎格鲁－撒克逊传统大学治理机构成员的变化

与法、德、日等罗马传统大学相似，英、美等盎格鲁－撒克逊传统大学也采取治理策略回应大学利益相关者的民主权利诉求。盎格鲁－撒克逊传统的大学自近代以来就获得了法人资格，因此大学的一切权力在法理上属于大学法人所有。法人权力属于董事会（美国）或大学校务委员会（英国），董事会或校务委员会一般把大部分行政权力委托给校长行使，而评议会则负责学术权力。盎格鲁－撒克逊传统的大学章程规定大学最高权力机构一般都由利益相关者代表组成，包括来自政府、社会、大学等机构的成员，学校评议会和学院教授会则大多由教授控制。"二战"之前，英国大学校务委员会成员包括地方显贵、市政官员、各种协会和组织的代

---

① 各州的大学理事会功能不一，有的作为决策机构，有的仅作为监督机构，如巴登－符腾堡州的曼海姆大学理事会，但该校成立了由校长、副校长、校务长组成的校长委员会并履行类似美国大学董事会的职责，不过校长委员会除行使行政事务的决策权外还行使执行权。

表，以及校友、教师和学生的代表。评议会成员主要由全体教授、非教授系主任和部分当然成员、若干非教授教学人员的代表组成。"二战"后，非教授教学人员和学生的权力得到彰显，教授的权力有所削减，许多大学特许状取消了教授在评议会中的当然成员资格，非教授教学人员、学生代表被允许参加各种委员会，如评议会、理事会的各种常设委员会、建立师生联合团体。

在美国大学中，直到 20 世纪 60 年代教职员工中的绝大多数在决定大学的教学、科研政策方面仍拥有基本的、主要的权威。校园民主化运动中，美国新左派组织——"学生争取民主社会组织"（SDS）成立并领导了这场民主运动①，学生采取激进的校园运动方式提高自身在大学中的地位，教师们通过成立教授会或修正教授会章程进一步巩固在决策中的权力。为了进一步巩固校园民主运动的成果，AAUP（美国大学教授联合会）、ACE（美国教育联合会）、AGB（大学董事会协会）联合发表了《学院与大学治理的联合声明》，确立了共同治理的原则。"大学组织重大事情的决策既需要首创能力，也需要全体人员的参与；大学各组成群体在决策中的地位有所不同，谁对具体事务负有首要责任，谁就最有发言权。"② 1966 年，AGB、ACE 和 AAUP 联合发布了《大学治理宣言》，提出大学共同治理的理念。1967 年，AAUP 又发布了《大学和学院的治理声明》，再次提出共同治理原则，肯定和保障教师在大学决策中的地位，形式上体现为校长和教师共同分享大学的决策权，由此确立了美国大学内部董事会领导下以校长为首的行政权力系统和评议会为代表的学术权力系统。美国大学教师参与学校决策和管理的权力还体现在学院教授会，如耶鲁大学各学院设有教授会，由该院院长、各级别的教授、讲师及其他职员构成。60 年代，在学生运动的冲击下，许多私立大学和公立大学吸纳 1—2 名学生进入董事会，有时是作为有完全投票权的董事，但一般是有限的参与。进入 21 世纪，随着联邦政府对大学的影响日益加深，大学治理的政治色彩越来越浓，公立大学的董事会成员把自己视为"政府官员"而非"公共受托人"，董事会成为政治的牺牲品。政府提升参与大学治理的

---

① 吕庆广：《60 年代美国学生运动》，江苏人民出版社 2005 年版，第 112—137 页。

② AAUP，Statement on Government of Colleges and Universities 1966，http：//www. AAUP. org/AAUP/pubsres/policydocs/governancestatement. htm，2011 - 05 - 10.

深度与广度，同时鼓励非政府组织和私人团体参与大学治理。对美国、英国、澳大利亚、加拿大以及我国香港地区 29 部盎格鲁－撒克逊传统大学章程文本的统计分析显示，93.1% 的文本规定了教授、非教授教学人员和非教学人员参与学校决策和管理的权利，69.0% 的文本规定了政府参与大学治理的方式和人员比例，89.7% 的文本规定了在校学生参与学校决策和管理的权利。

3. 扩大大学决策机构成员构成范围有利于提高大学治理的形式有效性

西方大学以民主参与原则回应校内外利益相关者的民主诉求，被认为"政治性大于学术性，表面性大于实质性，实用性大于长远性"[①]。"参与"原则在实践中也确实很难得到较为彻底的贯彻，因为许多大学生更关心毕业后的就业机会，而不愿意参与学校的民主管理，学生也对自己的参与效果表示怀疑，教师也不想使决策过程因学生参与变得更加复杂；低级别教师由于受制于教授提拔任用，在管理上一般对教授唯命是从。在德国，法律规定大学实行自治，所有大学成员在法理上均有参与各种管理机构的权利，但高级教授在大学理事会、学术评议会中占半数以上的席位，而且允许教授以多数票对初次投票的研究和任命事务实施否决权，对第二次投票施加自己的决定。尽管低级别教学人员和教辅行政人员参与大学治理的权利受到一定的限制，比如在有关科研、教学、人事等学术事务中，他们只有在有说服力的条件下才具有表决权，否则只有咨询权，但法律赋予他们的参与权还是在一定程度上满足了他们的民主诉求。跟欧洲大陆情况相似，英美大学非教授教学人员、教辅行政人员参与大学治理的权利虽然也受到一些限制，受制于教授，但他们的参与权也在一定程度上满足了他们的民主诉求，具有重要的形式意义。大学董事会吸纳少量学生参加，即使学生的参与程度非常有限，甚至只能参与一些无关紧要的决策，还挫伤了学生的参与积极性并导致学生的不满情绪，[②] 但是学生参与大学治理是高等教育民主的需要，是实现学术民主与政治民主相互融合的路径，也

---

① 邢克超：《大学发展的一个新阶段——法国高等教育管理改革十年简析》，《比较教育研究》2001 年第 7 期。

② Maria E. Menon, "Students' Views Regarding Their Participation in University Governance: Implications for Distributed Leadership in Higher Education", Tertiary Education and Management, No. 2, 2005.

是培育学生民主价值观的重要途径。① 美国大学共同治理无论在理念上还是实践中均遭受到一些质疑，被认为忽略了利益冲突的本质，大部分利益相关者的利益并不能被真正地代表，共同治理是不切实际的。② 但不可否认的是，共同治理已成为现代美国大学治理制度的基础，共同治理结构与治理文化之间形成了一种互补的关系，在此关系模式中，学术权力和行政权力通过分权和制衡的方式实现了良好的互动。③ 正如曾两度出任哈佛大学校长的德里克·柯蒂斯·博克（Derek Curtis Bok）所言，美国现行大学治理体制运行正常，没有对其进行系统性变革的必要。④ 因此，西方大学允许校外人士、校内低级别人员和学生参与大学决策机构具有重大的形式意义，满足了他们的民主权利诉求，提高了治理的形式有效性。

三　构建强有力的行政中枢

20 世纪 60 年代以前，罗马传统大学的内部权力主要集中在基层学术组织，大学层面几乎没有什么权力，甚至成为一个"空架子"，没有专职校长，大学的决策效率和资源配置效率均不高。20 世纪 60 年代以来，为了提高大学的决策效率，大学开始削弱基层学术组织的权力，实行校长负责制，加强大学层面的权力，以提高治理效率。按照 1968 年法国《高等教育方向指导法》的规定，大学校长由校务委员会、科学委员会和学习与生活委员会全体成员组成的大会选举产生。由于教育部在实施《高等教育方向指导法》的法律意见中指出，"任何意图提出信任问题和申请检查的法令都是非法的，法令不得直接或间接地规定校长向理事会负任何责任"，因此，大多数大学实质上是实行校长负责制。另外，《高等教育方向指导法》颁布后，政府分解了学部，组成新的"教学和科研单位"，教学和科研单位的理事会的大部分决策必须报请大学校务委员会批准，所有教学和科研单位的经费和人员的分配也由校务委员会负责。这样一来，基层学术组织的权力明显被削减，而学校层面尤其是校长的权力得到加强。

---

① Josephine A. Boland, "Student Participation in Shared Governance: A Means of Advancing Democratic Values?", Tertiary Education and Management, No. 3, 2005.

② 于杨、张贵新：《美国大学"共治"的两难处境及发展趋势》，《高等教育研究》2007 年第 8 期。

③ 李奇：《美国大学治理的边界》，《高等教育研究》2011 年第 7 期。

④ ［美］德里克·博克：《大学的治理》，曲铭峰译，《高等教育研究》2012 年第 4 期。

2007 年，法国颁布的《大学自由与责任法》进一步缩减了决策机构的规模，校务委员会成员数量由 1984 年的 30—60 人压缩至 20—30 人，大学校长也不再是由原来的三个委员会全体成员组成的大会选举产生，而只是由校务委员会选举产生。[①] 该法还规定，在人事方面，除个别竞聘录用的人员外，校长可以否定任何其认为不当的职位，可以根据教师的业绩予以奖励[②]。按该法的设想，法国大学将在人事管理、房产、财政等方面获得更大的自主权，大学校长也成为真正的管理者。在德国，19 世纪设立讲座教授后，讲座教授成为大学的权力把持者，掌控了大部分经费，他们可以绕开大学直接与教育部对话并接受政府的教育经费分配。在这种情况下，讲座教授面比较广，学校层面缺乏足够的权力，因此决策效率和资源配置效率很低。1976 年《高等教育总法》颁布后，大学分解了学部，重新组建了系，系设系部委员会，作为系的决策机构，系在人员、资金和设备的分配方面享有更大的权力；讲座不再独立于系或大学当局接受政府的资源分配。同时，设立专职校长，任期 4 年以上。校长负责处理大学的学术、行政和经费等事务，同时设 1—2 名兼职副校长。另外，还有一些常设委员会负责处理计划、预算、研究、课程招生人数、教学研究机构的设置变更、学术梯队、考试条例、教授聘任等事务。如布兰登堡州的大学法规定大学校长的任务包括制定大学发展规划，建立与撤销专业领域、校级机构、工作小组及课程计划，协调学校与系的关系，提出和管理大学财政预算，依据评估标准分配经费和职位，校长委员会不能以多数票否决校长的提案等。特别是 1998 年后，系主任和校长的权力得到进一步的加强，系主任和校长成为教授的顶头上司。

在日本，国立大学法人化改革也强化了大学校长的权力，削弱了教授会的权力，"把教授的声音减少到最小程度，而把校长和行政官员的声音放大到了最大程度"[③]。依据《国立大学法人法》的规定，校长是大学的法人代表及董事会、运营协议会、教育研究评议会的负责人，拥有任命除文部科学大臣任命的监事外的所有董事会成员，以及教职员工的雇用、解聘等权力。法人化改革后，在学校层面由校长和理事组成的董事会成为法人的最高决策机构

---

① 王晓辉：《双重集权体制下的法国大学自治》，《比较教育研究》2009 年第 9 期。

② 同上。

③ Hirokuni, T., "The Incorporation and Economic Structural Reform of Japan's National University", Social Science Japan Journal, No. 1, 2005.

负责学校重大事项的决策，经营协议会负责审议有关学校管理的事项，教育研究评议会负责教育研究的相关事项。大学内部的管理体制从以前以学部为单位作出决定的模式，变为主要便于发挥校长统率力的模式。

"二战"后，特别是 20 世纪 60 年代以来，英美国家越来越认识到大学对社会经济发展的重要性，大学趋向于建立一支高效的管理团队，包括校长、副校长、代理副校长、注册主任、院系主任等。许多大学章程取消了教授在评议会中的当然成员资格，并缩减了评议会的规模；在系一级，集体决策的做法已经消失，取而代之的是一种等级制的系结构。1998 年，美国大学董事会协会（AGB）的治理声明指出，"一些董事会、教师和行政主管认为内部治理规则已妨碍了及时决策，小派系争论阻碍了决策进程"[1]，并建议由董事会重申他们的最终职责和权力，明确规定谁在各种具体决策中享有哪些权力，设立加速决策的最终期限。

四 规范决策机构的议事程序

通常来说，大学最高决策机构运行程序主要体现在重大事项的决策规划程序、协商程序、审议审批程序，章程制定和修改程序，以及校长选拔任用程序上。西方大学章程在规范大学权力运行过程中体现出"最低限度的程序公正"，一方面大学权力运行要遵循程序公正原则，另一方面不能过度强调程序公正而牺牲运行效率，大学权力运行要在正义与效率之间寻找适当的平衡点。罗马传统大学章程非常重视大学最高决策机构的运行程序。对 20 部罗马传统大学章程文本的统计分析显示，60% 的文本规定了大学最高决策机构的运行程序，60% 的文本规定了大学章程的制定和修改程序。《巴黎第一大学章程》第 15 条规定：校长由行政管理委员会成员从教师—研究员、研究员、教师、讲师（以上人员包括合作的和访问的）或者其他同类人员中以超过半数的选票选举产生；选举在即将卸任的校长任期结束前至少 30 天举行；在校长空缺或遇到障碍的情况下，在确认该事实的后一月由学区长和大学训导长组织进行；如果设置了临时主管人也可由临时主管人召集，召集必须在选举前至少 15 天进行；会议由召集人主持；开始选举前，委员会可以听取候选人资格宣告和投票说明；

---

① Robert Birnbaum, "The End of Shared Governance: Looking ahead or Looking back", New Directions for Higher Education, No. 127, 2004.

选举采用无记名投票方式，5 轮投票仍未获得确定结果则暂时休会，选举延期到一周以后进行。①

盎格鲁－撒克逊传统大学章程也非常重视大学最高决策机构的运行程序，用程序来保证权力的规范运行。在 29 部盎格鲁－撒克逊传统大学章程文本中，95% 的文本规定了大学最高决策机构运行程序，95% 的文本规定了章程的修改程序。② 如《耶鲁大学章程》第 1 条规定：非因特殊事由，校长及董事会需按规定至少每年召开 5 次正式会议；特殊情况下，可由校长召集董事会临时会议；如校长因故缺席，则由秘书按照章程所确定的相关规则召集；会议召开前 5 天，秘书须通过邮件、传真或其他电子形式向董事会的每一位成员发送正式的书面通知；特殊情况下的临时会议通知还需附载将要讨论的主要事项；董事会准许其任何成员在董事会会议上以各种方式发表言论，以确保每一位成员都能了解其他成员的意见或建议；任何应董事会或董事会的其他委员会要求或许可而采取的行为，都必须得到董事会或该委员会全体具有表决权的成员的同意，且这种同意须以书面形式载入董事会会议记录；如有请求，董事会会议应公开举行。第 2 条规定，任命终身教授及各学院院长的会议，须在召开前至少 10 天通知董事会各成员；如董事会全体成员均认为此会议不应举行，则可取消会期。

五 重构新型政校关系

大学和政府是两个性质不同的社会组织，二者既相互矛盾又相互依存：大学在获取政府支持时需要付出某种代价，而政府在介入大学事务时亦需要对大学做出更多的承诺。于是，大学与政府之间出现了一种奇特的现象：当大学最自由的时候却最缺乏资源，当它拥有最多资源时则最不自由。③ 这一点无论是在中国还是欧美概莫能外。以往的研究大多用契约理论④、委托—代理理论⑤、角色理论⑥、国家能力理论等研究大学与政府的

---

① 湛中乐：《大学章程精选》，中国法制出版社 2010 年版，第 681 页。

② 马国川：《大学名校长访谈录》，华夏出版社 2010 年版，第 173—174 页。

③ ［美］伯顿·克拉克：《高等教育新论——多学科的研究》，王承绪等译，浙江教育出版社 2001 年版，第 26 页。

④ 马开剑：《契约管理：公立大学与政府关系的新视角》，《教育发展研究》2009 年第 9 期。

⑤ 刘峻峰、钟云华：《委托代理理论视野下的政校关系》，《湖湘论坛》2008 年第 4 期。

⑥ 李文兵：《角色理论视野中大学与政府的关系探讨》，《辽宁教育研究》2007 年第 6 期。

关系。契约理论最大的缺陷是不能解释中世纪以及我国改革开放前的大学与政府之间的关系，角色理论最大的缺陷是不能解释大学与政府之间的角色变化的关联性，逻辑有松散之嫌；国家能力理论与角色理论相似，只是单边解释了政府对大学的影响力，不能解释大学与政府之间的关系是一个双向建构的过程。因此，寻找一种既能兼顾大学与政府，又能紧密观照大学与政府的理论是至关重要的，本书认为国家—社会关系理论能够比较好地解释大学与政府之间关系演变的过程。

国家与社会之间的关系经历了古典国家与社会、近代国家与社会、现代国家与社会三个时期，与此对应的是古典国家—社会关系理论、近代国家—社会关系理论和现代国家—社会关系理论。古典国家—社会关系理论思想起源于亚里士多德和西塞罗的公民社会理论，亚里士多德认为公民社会就是城邦国家或政治共同体，城邦在道德上高于家庭和村落，在城邦里公民享有参加各种活动的基本权利。随着基督教的日益强大，国家与社会逐渐分离，13 世纪后为了解决教会与国家的关系，教会理论家阿奎那在亚里士多德思想基础上提出了国家是由于人们天然的社会生活需求而产生，国家权威来自上帝，国家的目的是引导公民实现美好生活，主张君权神授。此时的国家理论家则认为国家与社会高度重叠，作为政治共同体的国家只不过是一种自给自足的社会而已，它在满足人们物质需求的同时又满足了人们的精神需求。进入中世纪后期，由于教会势力日渐壮大，出现了教权与皇权并列的二元结构，教会成为一种特殊的国家形式，教权一度左右皇权，在城邦里成长起由各种行会组成的共同体，强调行会自治，城邦则发展成为正式的国家制度。中世纪，大学作为一种享有特权的行会组织，游走在教权和皇权之间。近代国家—社会关系理论以国家和社会分离为基础，是一种关于国家决定社会①还是社会决定政治国家②的理论，黑格尔和马克思在这个问题上持相反的观点。近代国家—社会关系理论反对君权神授，主张主权在民，认为政府权力来自人民的授权，政府是根据多数人的意志组成。近代国家—社会关系理论认为个人是权利主体和道德意识主体，自治组织是个人与国家之间建立关系的纽带，联结个人利益与普遍利益，有助于超越个人主义，进而培育公共精神，国家是伦理精神发展

---

① 　［德］黑格尔：《法哲学原理》，范扬、张企泰译，商务印书馆 1995 年版，第 197 页。
② 　刘旺洪：《国家与市民社会：法哲学范式的批判与重建》，《法学研究》2002 年第 6 期。

的最高阶段，国家利益包括个人力量和局部利益。[①]　近代国家—社会关系理论认为大学相对于政府具有独立性，强调大学服务国家，国家教育权可以直接形式干预大学事务。现代国家—社会关系理论认为国家、经济、社会互相分离，社会是独立于国家和市场的自治领域，具有社会整合、文化传播与再生产功能，主张以社会为中心，保障个人的基本权利，社会与国家合作互补，社会权力制约国家权力。现代国家—社会关系理论认为大学相对独立于政府，享有办学自主权，接受政府宏观指导和必要的间接干预。

　　大学与政府之间关系的核心是大学自主与政府控制，可以分解为形式和内容两个方面：在形式上，表现为政府直接干预或宏观指导大学；在内容上，表现为大学办学自主权和国家教育权。基于上述分析，根据自主与控制的形式和内容，大学与政府之间的关系可以分为如图 3 - 1 所示的四种类型，其中：P1 象限表示政府尊重大学的办学自主权，同时采用间接手段干预大学事务；P2 象限表示政府强调国家教育权，但采用间接手段干预大学事务；P3 象限表示政府强调国家教育权，同时采用直接手段干预大学事务；P4 象限表示政府尽管强调大学的办学自主权，但采用直接手段干预大学事务。

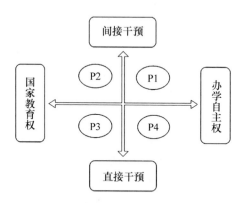

图 3 - 1　国家—社会关系理论中大学与政府的关系

1. 西方大学与政府的关系演进路径分析

　　大学与政府的关系是现代大学制度建设无法回避的重要命题，但大学

---

　　①　何增科：《市民社会概念的历史演变》，《中国社会科学》1994 年第 5 期。

与政府之间到底是什么关系是一个颇具争议的课题。从国家—社会关系理论的视角来看，大学与政府的关系随着国家与社会关系的变化而变化，处于一种动态的过程中，因此探讨大学与政府的关系，首先要弄清楚国家与社会之间的关系是什么。学界通常认为现代大学制度发端于西方，而西方国家与社会的关系并不是从一而终的，因此弄清楚不同历史阶段二者间的关系也是非常有必要的，只有这样才能解释清楚大学与政府关系的演进逻辑。本书基于国家—社会关系理论，对中西方大学与政府的关系演进路径作一梳理研究，目的在于消除我国理论界研究大学与政府关系的模糊，为我国现代大学制度建设奠定基础。

目前关于西方大学与政府之间关系阶段的划分，认可度较高的是从哈罗德·珀金的西方高等教育"四阶段论"①出发，结合西方国家政府职能结构"四阶段论"②，把西方大学与政府的关系分为四个阶段：中世纪大学与政府的关系，资产阶级革命时期的大学与政府关系，柏林大学时期的大学与政府关系，大众化阶段的大学与政府的关系。本书根据国家与社会之间的关系演变，认为西方大学与政府之间的关系应该分为三个阶段：古典国家—社会时期的大学与政府（18 世纪以前），近代国家—社会时期的大学与政府（18 世纪至 20 世纪初），现代国家—社会时期的大学与政府（20 世纪初以来）。

（1）古典国家—社会时期的大学与政府：政府承认大学办学自主权，但直接干预大学事务。中世纪时教权与皇权并存，行会组织与政治组织相对分离。大学是拥有特权的行会组织，游走在教权和皇权之间，但又与教权和皇权相对独立自治。中世纪大学至少有三种形态，即以博洛尼亚大学为标志的学生自治模式、以巴黎大学为标志的教师自治模式和国家控制模式。其中，创建于 1224 年的那不勒斯大学是一所国家大学，完全受皇室权力控制，学者的司法审判权不属于校长，而属于皇室的官员。③大学享有"法权自治——在教会的某些地区性限制范围内和有向教皇上诉的权

---

①　［美］伯顿·克拉克：《高等教育新论——多学科的研究》，王承绪等译，浙江教育出版社 2001 年版，第 25—26 页。

②　施雪华：《政府权能理论》，浙江人民出版社 1998 年版，第 217—220 页。

③　［比利时］希尔德·德-里德-西蒙斯：《欧洲大学史》（第一卷 中世纪大学），张斌贤、程玉红等译，河北大学出版社 2008 年版，第 136—137 页。

力；罢课和分离独立的权力；独揽大学学位授予的权力"① 等特权，但中世纪大学与政府（教会和国家）之间绝非绝缘，实际上二者之间的关系也非常紧密。中世纪大学绝不仅是学者"满足自己的好奇心和求知欲"② 的场所，还是职业培训基地。大学开设职业性课程满足社会需要，毕业生广泛任职于各级国家机构和教会机构。大学对国家如此重要，可以想象政府对大学不可能不闻不问。实际上，大学一方面从教会手中争取自治权，另一方面又同时与皇权保持若即若离的关系，大学也越来越需要大学之外有能力的官员来进行管理。政府则通过向大学派出代表，对大学实施管理，比如法国大学中的执礼仗者和信使、博洛尼亚大学中的速记员和鲁汶的口述者。政府还任命收缴学费和记账的官员，比如博洛尼亚大学的两个司库、巴黎大学和奥尔良大学的财务主管、牛津大学和剑桥大学的学监。在公众的印象中，执礼仗者的地位高于校长和其他高官，在完整的仪式中，执礼仗者必须带有象征他们职位的装饰豪华的权杖。③ 大学从建校之日起就处于荣誉校长的监管之下，而荣誉校长（16 世纪后由君主或省长接管）通常是教会的教长，或当地的主教，或领班神父。④ 荣誉校长与政府之间的关系非常紧密，主要是因为皇室授予教长法庭特权以及精神权力，荣誉校长成为政府在大学中的代言人。在英国，尽管大学享有豁免权，但还是处于王权控制之下，教长终身任职并任命副校长。14 世纪后，英国国王强化了教长控制大学成员的权力，授予教长针对所有大学成员完整的司法权，以及维持校园和平的权力。在哥本哈根大学，皇室的监护人甚至享有不受限制的针对学生的审判权，在法国、西班牙、葡萄牙皇权也同样介入大学。中世纪末期，政府通常向大学委派改革者，减少大学自治权限，限制大学特权，强化政府对大学的影响。

（2）近代国家—社会时期的大学与政府：政府强调国家教育权，并直接干预大学事务。16 世纪后，随着民族国家和市民阶层的兴起，以及私人领域逐渐独立，经济活动成为社会的中心，出现了社会组织与政治组

---

① ［法］雅克·勒戈夫：《中世纪的知识分子》，张弘译，商务印书馆 1996 年版，第 68 页。
② 蒋洪池：《欧美大学与政府权能关系的演变及其对中国的启示》，《清华大学教育研究》2004 年第 4 期。
③ ［比利时］希尔德·德·里德－西蒙斯：《欧洲大学史》（第一卷 中世纪大学），张斌贤、程玉红等译，河北大学出版社 2008 年版，第 139 页。
④ 同上书，第 193 页。

织的有限分离，并导致国家与社会逐步分离。从 16 世纪起，政府官员取代荣誉校长直接管理大学，对教师、教学、纪律等进行全面定期视察。这种视察行为成为皇家干涉大学事务的一种常态方式。18 世纪起，民族国家纷纷创建国家教育制度，认识到大学对巩固政权和促进经济社会发展具有重要作用，逐渐强化大学教育服务国家利益的功能。到 18 世纪末期，一些发达国家先后完成了资产阶级革命，教育被视为巩固政治统治的手段，政府具备全面控制大学的能力，高等教育成为国家的事情。随着国家大学的创建，各政府机构、行政长官、省长、地方议员以及次级的政府官员都在不同层次上管理大学事务。① 但各国政府的社会管理职能发展存在差异，大学与政府的关系开始呈多样化发展，主要有以法国、俄罗斯为代表的中央集权模式，大学的管理与决策权力在中央政府，中央政府通过资源分配、计划、命令、法律、拨款、监督等手段直接干预大学事务。以美国、德国为代表的联邦制国家，中央政府一般通过宏观手段介入大学，但地方政府也会直接干预大学内部事务。英国政府与大学之间设有大学拨款委员会作为缓冲的中介机构，国家教育权通过宏观方式介入大学，而大学自治权又得到最大程度的保护。

英国在工业革命后成为世界上最先进和最强大的国家，建立起现代教育制度。在高等教育领域，创办了伦敦大学和城市学院，改变了高等教育的传统结构，也为国家干预大学事务提供了契机。19 世纪中后期，英国政府进一步加强干预科技教育，包括建立科学艺术署推动科技教育，组织皇家委员会调查科技教育，以立法手段规范技术教育等。② 国会还制定了一些法令，取消了牛津大学和剑桥大学的种种特权。1919 年，英国成立了大学拨款委员会，对所有大学进行财政资助，建立了新型的大学与政府关系，这表明政府开始利用经济杠杆介入大学事务。美国殖民地学院基本上是复制其宗主国的大学模式，英国国王、殖民地政府和州立法机关通过立法、经费资助、董事会董事任命等形式介入大学。进入 19 世纪后，美国对政府职能有了新的理解，认为政府要采取积极有效的措施实现社会的有序发展，兴起了一股州立大学运动。1862 年《莫里尔法》颁布后，赠

---

① ［比利时］希尔德·德·里德－西蒙斯：《欧洲大学史》（第一卷 中世纪大学），张斌贤、程玉红等译，河北大学出版社 2008 年版，第 194—195 页。

② 贺国庆等：《外国高等教育史》（第二版），人民教育出版社 2006 年版，第 209 页。

地学院运动从实践上打破了美国联邦政府不过问高等教育的传统，大学与政府的合作更为紧密。

第二次普法战争后，德国为从精神上弥补物质上的损失，创办了后来被公认为开创了世界高等教育发展新纪元的柏林大学。国家权力全面介入大学事务，政府是"大学的创办者、经费提供者、教授和绝大多数毕业生的雇主"①。魏玛时期，政府制定了一系列与政体转变相适应的教育法规和教育政策，国家全面监管教育事业，中央政府行使全国的教育主权，制定面向全国的教育指导原则和法律，各邦政府根据中央政府的方针及本邦法律具体负责本邦的教育事务。法国大革命后，确立了沿用至今的中央集权教育管理制度，中央政府全面管理高等教育事务。在帝国大学中，教师属于公务员序列，由校长直接任命，而校长直接对拿破仑负责。帝国大学还对学生实施严格的考核，控制课程内容，分配经费等资源。在俄罗斯，彼得一世改革后，国家权力直接介入大学校园，彼得一世甚至亲自为数学及航海学院挑选教师。1755 年，莫斯科大学根据叶卡捷琳娜一世签署的法令创立，该校坚持世俗原则，接受政府管理，为国家培养高素质专业技术人才。1802 年，亚历山大一世仿效西欧成立国民教育部，统一领导俄国各级教育；1812 年后，政府对大学事务进行严格控制，缩减大学办学自主权范围，对大学生实行军事化管理。尼古拉一世掌权后，1828 年颁布了反动的《大学所属各级学校章程》，强调大学的任务是教育学生为"上帝和君主赋予他们上面的政权"效力，建立政府对大学教育教学活动的监视制度，加强政府对大学事务的行政干预，力求把大学变成兵营。② 1835 年颁布的新大学章程几乎剥夺了大学包括选举校长与举办教务会议、设立学校法庭、聘任教师的自主权，比 1828 年章程更加极端，严重扭曲了大学与政府的关系。19 世纪后半期，俄国沙皇政府继续强化对大学的控制和干预，十月革命后大学成为巩固无产阶级政权的工具。

（3）现代国家—社会时期的大学与政府：政府尊重大学办学自主权，采用宏观调控手段间接干预大学事务。两次世界大战期间，各国政

---

① ［美］伯顿·克拉克：《高等教育新论——多学科的研究》，王承绪等译，浙江教育出版社 2001 年版，第 39 页。

② 贺国庆等：《外国高等教育史》（第二版），人民教育出版社 2006 年版，第 261 页。

府与大学的关系大多沿袭了近代国家—社会时期的关系，强调大学为国家服务，国家权力直接介入大学内部。"二战"后，大学日益成为社会的"轴心机构"，大学的社会责任愈加明显，越来越受到来自政府的各种控制，因为大学"就像战争意义太重大，不能完全交给将军们决定一样，高等教育也相当重要，不能完全留给教授们决定"①。但与近代国家—社会时期不同的是，政府更尊重大学办学自主权，从而多采用宏观调控、指导等政策间接干预大学事务。在联邦制国家，中央政府与地方政府日益介入高等教育事务，在中央集权制国家，政府则赋予大学更多的自主权。

在英国，1964 年政府设立了全国学位授予委员会，作为高等教育机构的监督质量、颁发学位的机构。1988 年，撒切尔政府通过《1988年教育改革法》，加强了政府对大学的干预和控制，压缩了大学的自治空间。政府把多科技术学院的办学权从地方收归中央，设立多科技术学院基金委员会负责这部分高等教育机构的规划与拨款。英国还成立了大学基金委员会取代大学拨款委员会，加强了政府对大学的控制。财政部把高等教育经费拨付给教育和科学部，转而给大学基金委员会，政府通过建立问责机制加强资金使用去向和教育质量监管，既改善了大学与政府的关系，也保留了大学自治传统。美国政府先后制定系列法律法规，以及通过法院判例来规范政府与大学的关系，确立大学公法人资格，逐步建立利益相关者共同参与的治理机制。联邦政府通过立法、经费资助等方式加强对大学的宏观管理，避免大学过分依赖利益集团进而保障大学的自主权。

在联邦德国，废除了"二战"期间的中央集权制度，实行以州为核心的地方分权教育管理体制，但联邦政府也先后成立了各种教育协调和咨询机构，逐步强化了联邦政府的管理职能。联邦政府和州政府在人事任命、经费分配等方面具有最终决定权，特别是 1969 年《基本法》修改后，大学被赋予公法人资格，成为具有独立决策能力和自我调节的办学实体，大学与政府之间的关系不再是附属关系，而发展成为合作关系。联邦政府通过拨款、立法、设立教育行政机构等方式加强高等教育事务管理。在法国，19 世纪末以来开始了以争取大学自主权为核心的高等教育改革，

---

① 贺国庆等：《外国高等教育史》（第二版），人民教育出版社 2006 年版，第 32 页。

但直到 1968 年《高等教育指导法》出台，才使改革取得突破性进展。《高等教育指导法》确立了大学自治原则并赋予大学公法人资格，1984 年颁布的《高等教育法》再次重申大学自治原则，并赋予大学更多的自主权，还通过建立合同制度来重构政府与大学的关系。政府与大学之间建立了一种协调机制，各种教育咨询机构如高等教育理事会、大学咨询委员会充当了缓冲器、减压阀的角色。这一时期苏联政府也出台了系列法律法规，改革高等教育管理体制，在一定程度上扩大了大学办学自主权，但政府依然对高等教育进行细化管理。苏联解体后，俄罗斯政府沿袭苏联的改革方针，高等教育实行联邦、共和国、地区三级管理，赋予大学更多的自主权，大学实行校长负责制。

2. 以效率原则重构政校关系

进入 20 世纪 80 年代后，各国大学均面临政府财政拨款削减的危机，"绩效"与"评估"成为大学与政府之间的纽带，大学与政府之间关系出现了新的变化。各国均采取了建立高等教育质量保障体系来保证高等教育质量。在罗马高等教育体系中，教育权通常被视为国家主权的组成部分，大学一般不具有法人身份，而是以政府的附属机构存在。在法国，1981年密特朗执政后，为了推行"法国式的社会主义"政治纲领，在教育改革方面提出以"放权、现代化和适用"为目标的指导原则，改革过去过于集中的管理制度。1984 年颁布的《高等教育法》再次重申了 1968 年的大学三大办学原则，规定大学是"公立科学、文化和职业机构"，具有公务法人资格；还规定通过建立合同制度来规范政府与大学的关系，并基于对合同的执行情况的评估决定财政拨款。目前，法国建立了政府主导、社会参与、责任导向、多层次的高等教育质量保障体系，该体系以建构主义范式为理念，遵循公共治理逻辑，具有社会问责的特征。大学从政府的附属机构转型为公务法人，大学成为高等教育质量的责任主体。为此，法国设立国家大学评估委员会，对高校办学情况进行评估，评估结果公开发表，提高了国家对高等教育宏观管理的针对性和有效性。1984 年颁布的《高等教育法》还规定通过建立合同制度来规范政府与大学的关系，并基于对合同的执行情况的评估决定财政拨款。政府对合同进行中期检查，并以合同的最终评估结果作为签订第二份合同的前提条件，提高资金的使用效率和办学效益，有助于改进教育质量。进入 21 世纪后，为进一步完善高等教育评估机制，法国于 2006 年成立了高等教育与研究评估署。该机构整合了国家评估委员会（CNE），教学、科学与技术教育使命（MSTP），全国科学研究评估委员会（CNER）等评估机构及其各项职能，负责对全国的高等教育与研究机构及其附属机构所开展的教学、科研及其行政管理活动进行评估。

受文化国家理念的影响，德国于1794年颁布的《普鲁士邦法》明确了大学的双重法律地位：大学既是国家机构，也是享有特权的学术社团。大学自治只是国家管理之外的"剩余产品"，且范围主要是学术领域。1976年《高等教育总法》的核心是加强联邦政府对高等教育的宏观调控能力和扩大大学自主权，"使大学成为州政府的更有效的决策伙伴"[1]。1998年，《高等教育总法》修改后，德国建立了以大学绩效—评估为基础的政府拨款制度，大学定期接受政府组织的评估，且将大学的教学科研业绩、学生培养质量作为拨款的依据。国家对大学由原来的"圈养"变成"放养"，希望通过赋予大学更多的自主权来提高大学的核心竞争力，从而提高大学治理的有效性。国家由先前作为大学举办者所承担的无限责任变为有条件的责任。同时，扩大大学办学自主权，包括20%的自主招生权、财政自主权、自主规范和处理教学与研究事务，把大学内部自治组织及其机构的设置权交给大学章程。

在日本，1947年颁布的《文部省设置法》将文部省对大学的管理限制在学校设立、经费资助和计划制订三个宏观领域。1991年重新修订过的《大学设置基准》赋予各大学自主设置课程和制定学分标准的权力，提高大学教学活动的自由度，同时还放宽包括教师人事制度在内的教育条件，使得不同大学的组织结构和物质条件等出现差异。国立大学法人化改革的主要目标就是改革大学与政府之间的附属关系，减少政府的干预，赋予大学自我管理、自我负责的权力机制。国立大学法人化改革后，国立大学由政府的附属机构变为独立法人，大学与政府之间的关系发生了巨大变化。文部省依据政府与大学签订的为期6年的关于大学所要达成的教学、科研以及服务社会等各方面指标的"中期目标"（合同）管理大学，改变了改革前的直接干预和保护。1991年颁布的《大学设置基准》要求大学建立起自我评价制度。大学必须制定相应的评价项目并建立相应的评价机

---

① ［加拿大］约翰·范德格拉夫等：《学术权力——七国高等教育管理体制比较》（第2版），王承绪等译，浙江教育出版社2001年版，第35页。

制，就学校的教育、科研状况实行自我检查和自我评价，大学评价的项目主要包括教育理念和目标、教育活动、演技活动、教师组织、国际交流等。到 1998 年，几乎所有的大学都建立了自我评价机构并开展自我评价活动。大多数大学将评价结果向本校教职工公布，甚至有的大学还向其他大学和政府主管部门公布。针对大学自我评估制度的弊端，日本还于 2000 年在学位授予机构的基础上成立了大学评价与学位授予机构，作为大学外部评价制度，同时还建立了将评价结果与改革措施相联系的政策机制。目前，日本国立大学建立了内部和外部相结合的评估体系，大学必须就学校的教育、科研状况实行自我检查和自我评价，同时接受政府组织的外部评估。

益格鲁－撒克逊传统高等教育体系相对于罗马传统高等教育体系而言，大学一般自成立之日起就获得法人身份，外部治理结构受政府的干预较少，但大学内部行政系统的权力较大，大学内部的决策效率和资源配置效率比较高。"二战"后，特别是 20 世纪 60 年代以来，英美国家越来越认识到大学对社会经济发展的重要性，大学应该从属于国家利益成为人们对大学的新认识，国家加大对大学干预的力度，大学与政府之间的关系发生了根本性的改变。因此，各国政府都想方设法对大学施加影响，对大学教育质量进行评估。1963 年《罗宾斯报告》发表后，英国于 1964 年设立了全国学位授予委员会，作为大学以外高等教育机构的质量监督和颁发学位的机构。1988 年，英国政府成立了一个负责各级各类教育的教育和科学部，并把大学基金委员会置于该部之下，为政府直接通过经费干预大学事务提供了方便通道。政府责成基金委员会在处理经费拨款时要考虑大学的教育质量，并于 1992 年成立了高等教育质量委员会负责对全国大学进行"学术质量审计"，进而影响大学经费。经过两次世界大战后，在美国，无论官方还是民间已经达成了一种共识，即"大学研究是一种面向未来的长期投资"。联邦政府在宪法框架内，不断寻求通过以土地捐赠、教育信息服务、认证、学生财政资助、科研资助等形式介入高等教育，将国家利益渗透进高等教育之中。国家通过对大学教育质量的评估，改善了大学与政府的关系，政府对大学的影响力得到提高，同时大学也得到了更多来自政府的支持，提高了治理绩效。总之，"二战"后，西方主要发达国家普遍更加重视高等教育质量，赋予大学更多的自主权，使大学成为质量的责任主体，进而重构了大学与政府之间的关系。

第二节　我国大学有效治理经验

我国大学治理有效性到底怎样，如何对其进行评定，成为理论界和实务界关心的焦点和难题。本书拟从民主参与和效率两个维度来考察《高等学校暂行规程》至《高等教育法》期间我国大学治理的有效性。

一　扩大和落实办学自主权是大学治理改革的核心主题

我国大学与政府之间关系的相关研究，在阶段划分上大致有"四阶段论"[①] 和"五阶段论"[②]，从国家—社会关系理论来审视，本书认为我国大学与政府的关系划分为两个阶段比较合适，即 20 世纪初至 80 年代中期（政府全面控制）和 80 年代中期至今（政府赋予大学一定的办学自主权）。

1. 我国大学与政府关系发展

（1）改革开放前，政府全面控制大学，大学办学自主权非常有限。鸦片战争后，中国传统社会结构开始解体，逐步进入半封建半殖民地社会。晚清时期，我国部分地区出现了一些早期欧洲的社会经济特征，正如有学者指出的："或多或少不受政府控制的公共机构（如社仓、普济堂、育婴堂、敬节堂）和多功能的地方自育组织（如善堂等）的构建浪潮，首先兴起于晚明，并在整个 19 世纪晚期的中国各城市中更为密集地构建起来。"[③] 但常年战乱，经济社会迟滞不前，公共空间难以培育，无论是旧社会还是新中国成立后计划经济时代，我国大学都是被政府权力所控制。

清末设立的大学，在"中体西用"宗旨指导下，虽有某些"新学"特征，但清末学制认为教育的首要任务是培养学生效忠封建王朝，《各学堂管理通则》对师生还规定了旨在维护封建统治秩序的惩罚条款。[④] 清末，大学都隶属于政府，办学宗旨、人事安排、学科设置、课程、招生等

---

①　刘少雪：《我国近现代大学与政府关系的特点》，《高等教育研究》2006 年第 3 期。

②　肖敏：《大学与政府的关系研究》，《科技情报开发与经济》2009 年第 3 期。

③　邓正来、［美］杰弗里·亚历山大：《国家与市民社会》，上海人民出版社 2006 年版，第 394 页。

④　孙培青：《中国教育史》（修订版），华东师范大学出版社 2000 年版，第 344—346 页。

均由政府控制。民国初期，1912 年南京临时政府教育部电令各省：在高等以上学校规定尚未颁布时，各地高等以上学校"应暂照旧章办理"①，大学与政府之间依然是被控制与控制的关系。南京国民政府时期，政府加强教育的集权和统一，通过教育立法方式将教育纳入国民党一党专政轨道。

中国共产党领导下的革命根据地也创办了若干高等教育机构，在"干部教育第一，国民教育第二"的政策指导下，大学成为党的干部培训基地。新中国成立之初，在全面学习苏联模式的背景下，高等教育也遵循政治挂帅原则，大学被严格限定为无产阶级专政的工具，大学被视为政府的附庸，强调高等教育服务国家经济建设，政府直接管理大学事务，大到大学领导的任命，小至课程设置均由政府直接管理。

我国近代大学的诞生背景是"图存救亡"和"教育救国"，大学与政府的关系从一开始就拴在一起。民国时期曾"开始致力于建立一种具有自治权和学术自由精神的现代大学"②，但随着后来的军阀混战和国民党独裁统治，大学也不可避免地成为政府的统治工具。蔡元培主政北大期间，争取到了在一定程度上的自治权，但这只不过是当时政府忙于战乱而无暇顾及大学，以及出于安抚学生、平息学潮的结果，否则"思想自由，兼容并包"、"教授治校"也不至于昙花一现。新中国成立初期，在"以俄为师"和"阶级斗争为纲"背景下，大学办学自主权"既缺乏必要性，又没有可能性"③。

（2）改革开放后，政府赋予大学一定办学自主权，但仍采用直接手段干预大学事务。改革开放以来，随着社会主义市场经济逐步发展，在高度政治化的中国社会外部开始渐渐地生长出一个相对独立的非政治领域，出现一些非政府组织、社团等。1985 年《中共中央关于教育体制改革的决定》颁布后，"扩大和落实高等学校办学自主权"成为高等教育改革的关键，历次高等教育改革基本上是沿着加强和改进政府的宏观管理，扩大大学管理权限的思路进行的。国务院于 1986 年颁布的《高等教育管理职责暂行规定》规定，大学在招生、经费、人事、学校发展、对外交流等

---

① 孙培青：《中国教育史》（修订版），华东师范大学出版社 2000 年版，第 358 页。

② ［加拿大］许美德：《中国大学 1895—1995：一个文化冲突的世纪》，许洁英等译，教育科学出版社 2000 年版，第 66 页。

③ 许杰：《政府分权与大学自主》，广东高等教育出版社 2008 年版，第 47 页。

八个方面有一定的自主权。1993 年颁布的《中国教育改革和发展纲要》进一步指出，"在政府与学校的关系上，要按照政事分开的原则，通过立法，明确高等学校的权利和义务，使高等学校真正成为面向社会自主办学的法人实体"。《教育法》和《高等教育法》规定大学自批准设立或者登记注册之日起取得法人资格。目前，法律赋予大学私法人资格，大学的法律地位尚未完全解决，大学与政府的关系依然没有得到根本理顺，大学还是政府的附属机构，但不可否认的是大学办学自主权范围已经超过历史上任何时期。

2. 扩大与落实办学自主权始终是大学治理改革的关键词

扩大与落实办学自主权取决于大学的自主性及外部控制的程度，我国大学办学自主权始终没有跳出"一收就死，一放就乱"的循环，成为久拖不决的政策难题，主要源于宏观制度环境的制约、行动者认知方式的制约以及制度的历史累积效应的影响。[①] 1950 年颁布的《政务院关于高等学校领导关系问题的决定》规定，中央教育部统一领导全国高校（军事院校除外），各大行政区政府或军政委员会教育行政部门根据中央统一的方针政策，负有领导本区高校的责任；中央教育部负责全国高校的设置变更或停办，任免大学校长、专门学院院长及专科学校校长，决定师生待遇、经费开支标准等。1952 年全国大学院系调整后，政务院于 1953 年重新修订了 1950 年《政务院关于高等学校领导关系问题的决定》。《政务院关于修订高等学校领导关系的决定》[②] 规定，中央高等教育部负责全国高等教育的建设计划（高校的设立或停办、院系及专业设置、招生任务、基本建设）、财务计划、财务制度（预决算制度、经费开支标准、师生待遇等）、人事制度（人员任免、师资调配等）、教学计划、教学大纲、生产实习等。至此，我国高等教育集权领导体制初步形成，大学成为政府的附庸。1963 年，中共中央和国务院颁发了《关于加强高等学校统一领导、分级管理的决定》（简称《决定》），明确决定对高等学校实行中央统一领导，中央和省、市、自治区两级管理的制度，并对两级分工管理作了具体规定。这个决定总结了新中国领导和管理高校的经验，试行效果良好，促

---

① 周光礼：《中国大学办学自主权（1952—2012）：政策变迁的制度解释》，《中国地质大学学报》（社会科学版）2012 年第 3 期。

② 《政务院关于修订高等学校领导关系的决定》，http：//cherd. pku. edu. cn/text_ show. asp？ id = 200063，2013 – 11 – 06。

进了高等教育的有序发展，也在一定程度上满足了社会经济国家建设需要。遗憾的是，该决定在"文革"期间被废止，所有的高校都下放给省级政府管理。"文革"后，情况虽然有所好转，但对高校的领导管理还存在分工不清、职责不明的情况，高校招生规模、修业年限、专业设置等重大问题，教育部未能完全实现统一管理，造成工作中的困难和被动，甚至引发群众不满，发生一些上访、请愿、罢课等事件。① 为了尽快扭转这一局面，教育部先后于 1979 年 3 月和 8 月两次向党中央建议颁发在 1963 年《决定》基础上修订的《关于加强高等学校统一领导、分级管理的决定（试行草案）》②。中共中央于当年 9 月 18 日批转了教育部的建议报告。

1985 年颁布的《关于教育体制改革的决定》指出，在教育事业管理权限的划分上，政府有关部门对大学统得过死，使大学缺乏应有的活力，因此高等教育体制改革的关键是改变政府对大学统得过多的管理体制，要在加强宏观管理的同时，坚决实行简政放权，扩大高校的办学自主权，使大学具有主动适应经济和社会发展需要的积极性和能力。③ 管理体制改革的切入点是高校招生计划和毕业生分配制度，赋予高校在招生、专业设置、科研、人事、经费、国际交流合作等方面一定的自主权。从此，我国大学开启了以扩大和落实办学自主权为核心、长达 30 余年的治理改革，至今仍未结束。国务院于 1986 年 3 月颁布了《高等教育管理职责暂行规定》，从七个方面扩大大学管理权限，增强大学适应经济和社会发展需要的能力，七个方面的自主权包括招生、毕业生分配权，经费使用权，基建选择权，人事权，教学管理权，科研权，国际交流合作权。④

1993 年颁布的《中国教育改革和发展纲要》指出，"高等院校要在招生、专业设置、教材内容、教学方法以及毕业生就业等环节进一步改革"，《国务院关于〈中国教育改革和发展纲要〉的实施意见》还提出要

---

① 《教育部党组关于建议重新颁发〈关于加强高等学校统一领导、分级管理的决定〉的报告》（1979 年 8 月 30 日），http：//cherd. pku. edu. cn/text_ show. asp？ id = 200332，2013 - 11 - 06。

② 《中共中央、国务院关于加强高等学校统一领导、分级管理的决定（试行草案）》（1963 年 5 月 21 日颁发，1979 年 8 月 10 日修订），http：//cherd. pku. edu. cn/text_ show. asp？ id = 200332，2013 - 11 - 06。

③ 《中共中央关于教育体制改革的决定》，http：//cherd. pku. edu. cn/text_ show. asp？ id = 100030，2013 - 12 - 10。

④ 《高等教育管理职责暂行规定》（1986 年 3 月 12 日），http：//cherd. pku. edu. cn/text_ show. asp？ id = 100040，2013 - 12 - 03。

深化学校内部管理体制改革，通过学校内部机构、人事制度、分配制度和后勤管理改革，进一步调动教职工的积极性，促进高等学校建立和完善面向社会自主办学和自我约束的机制。1994年国家教委在上海召开了全国高等教育体制改革座谈会，1995年《国务院办公厅转发国家教委关于深化高等教育体制改革若干意见的通知》提出高等教育管理体制改革的目标是争取到2000年或稍长一点时间，基本形成举办者、管理者和办学者职责分明的体制框架。实际上，整个20世纪90年代，我国大学都在积极探索以扩大落实办学自主权为主的治理结构改革，其中有些地方的改革取得一些比较好的经验，如山西省出台了《山西省高等学校内部管理体制改革意见》①，把人事、分配制度和后勤管理作为改革的突破口，决定积极开展六个方面的内部管理改革：理顺领导管理体制、人事制度改革、分配制度改革、后勤体制改革、财务管理体制改革和校办产业体制改革。至1999年6月，山西省大学内部管理体制改革初见成效，进一步扩大了大学办学自主权，增强了办学活力，提高了办学效益和地方经济建设服务的能力。②

二　大学利益相关者的民主权利诉求没有得到应有重视

新中国成立时，全国共有各类大学205所③，政府通过接收和改造这些大学，奠定了高等教育发展基础。另外，新中国成立初期我国高等教育"以俄为师"，而苏联大学内部强调内行管理，自治程度比较高，教授、非教授教学人员在教学科研等事务中拥有广泛的参与权，校长负责制领导体制下校务委员会一般由校领导、各系主任、教研室主任、党团代表、教授代表和非教授教学人员代表等组成。为此，1950年6月中央教育部第一届全国高等教育会议通过的《高等学校暂行规程》④，以及政务院当年7月28日第43次政务会议通过的《政务院关于高等学校领导关系问题的

---

① 《中共山西省高等院校工作委员会　山西省教育委员会关于印发〈山西省高等学校内部管理体制改革意见〉的通知》（晋教人〔1998〕108号，1998年10月10日），http：//cherd. pku. edu. cn/text_ show. asp？id＝202109，2013－11－15。

② 《整体推进高校内部管理体制改革　促进山西高等教育事业全面发展——省教委在全国高校内部管理体制改革座谈会上的交流材料》（1999年5月13日），http：//cherd. pku. edu. cn/text_ show. asp？id＝202141，2013－12－03。

③ 余立：《中国高等教育史》（下册），华东师范大学出版社1994年版，第3页。

④ 《高等学校暂行规程》，《人民教育》1950年第5期。

决定》①，基本确立了新中国大学的内部治理结构和外部治理结构。其中，大学内部治理结构方面，《高等学校暂行规程》第 26 条规定，校（院）长领导下的校务委员会由校长、副校长、教务长、副教务长、总务长、图书馆长、各院系负责人，以及 4—6 名工会代表和 2 名学生代表组成。从校务委员会成员构成来看，当时的大学决策机构既有校级领导、中层干部、院系负责人，也有工会代表和学生代表，兼顾了校内各利益群体的参与权。如由教育部 1950 年 5 月 19 日颁发的《北京师范大学暂行规程》第 27 条规定："本校在校长领导下设校务委员会，由校长、副校长、教务长、副教务长、各系科主任、行政处处长、图书馆馆长、工会代表四人及学生代表二人组成之。校长为当然主席。"②

随着"一五"计划的发布和社会主义改造任务完成，1958 年全国教育工作会议后中共中央和国务院发布了《关于教育工作的指示》，全国启动了为期三年的"教育革命"探索。这场"教育革命"以政治挂帅、勤工俭学、教育与生产劳动相结合为指导方针。由于缺乏经验和急躁冒进，以及没有重视教育客观规律，"教育革命"没有实现预期的改革目标，反而造成许多严重的失误，打乱了正常的大学管理体制。在此背景下，根据中央指示，教育部经过深入调研后起草并经中央书记处讨论，于 1961 年发布了《教育部直属高等学校暂行工作条例（草案）》③（简称"《高教六十条》"）。根据《高教六十条》第九章"领导制度和行政组织"规定，大学实行党委领导下以校长为首的校务委员会负责制。在这种组织结构设计中校务委员会是学校行政工作的集体领导组织，负责学校重大事项决议，并交付校长组织执行；校务委员会由党委书记、校长、副校长、教务长、总务长、系主任、若干教授和其他必要人员组成。并且规定"校务委员会人数不宜过多，党外人士一般应该不少于 1/3"，"人选由校长商同学校党委会提出名单，报请教育部批准任命。正副校长担任校务委员会的正副主任"。《高教六十条》还规定，系务委员会是全系教学行政工作的

---

① 《政务院关于高等学校领导关系问题的决定》，http：//cherd. pku. edu. cn/text_ show. asp？id＝200023，2013－11－06。

② 《北京师范大学暂行规程》，http：//cherd. pku. edu. cn/text_ show. asp？id＝200001，2010－10－10。

③ 《中共中央关于讨论和试行教育部直属高等学校暂行工作条例（草案）的指示》（1961年9月15日），http：//cherd. pku. edu. cn/text_ show. asp？id＝200234，2013－11－06。

集体领导组织，负责系内重大工作问题决策，并交付系主任组织执行，且报告校长和校务委员会；系务委员会由正副系主任、系党总支书记、教研室主任及教师若干人组成，由系主任提名，报校务委员会通过，由校长任命；系主任是系的行政负责人，在校长的领导下主持系务委员会和系的日常工作。

1978 年，《高教六十条》经过部分修改后形成了《全国重点高等学校暂行工作条例（试行草案）》[1]（新《高教六十条》）。这次修改没有恢复《高教六十条》规定的集体领导组织校务委员会，新《高教六十条》规定大学实行党委领导下的校长分工负责制。教职工和学生参与治理的方式变为通过师生员工代表大会和学术委员会两种途径行使批评建议权，他们对决策的影响力减小了。尽管 1985 年《关于教育体制改革的决定》要求大学建立健全以教师为主体的教职工代表大会制度，加强民主管理和民主监督，但直到 20 世纪末师生员工在大学决策中的话语权也没有恢复到"文革"前的状态，1998 年《高等教育法》的颁布实施也没有赋予师生参与大学决策的实质性权利。《高等教育法》实施后，师生参与治理主要是通过教代会、学术委员会等方式行使部分决策建议权。

由此可知，新中国成立初期我国大学治理机构成员构成更具有多元性，党内外人士、学生在大学治理机构中拥有一定比例的席位，在一定程度上满足了他们参与大学治理的民主诉求，但改革开放后由于领导体制的变化，党外人士和学生对大学决策的影响力不如之前。究其原因，与我国民主法治建设密切相关。早在 1979 年 3 月，邓小平就认为我国人民所需要的民主只能是社会主义民主，而不是资产阶级的个人主义的民主，如果离开四项基本原则，抽象地空谈民主，那就必然造成极端民主化和无政府主义的严重泛滥，造成安定团结政治局面的彻底破坏，造成四个现代化的彻底失败。[2] 改革开放后，我国出现了一种被称为"资产阶级自由化"的思潮，鼓吹西方国家的"民主"、"自由"，否定社会主义，严重危及四个现代化建设和改革开放政策。邓小平认为在我国搞资产阶级自由化就是走资本主义道路，破坏安定的政治环境，中国的人权与西方国家的人权有本

---

[1]　《教育部关于讨论和试行全国重点高等学校暂行工作条例（试行草案）的通知》（1978 年 10 月 4 日），http://cherd.pku.edu.cn/text_show.asp? id = 200376，2013 - 11 - 06。

[2]　中共中央文献研究室：《邓小平论教育》（第三版），人民教育出版社 2004 年版，第 89—90 页。

质区别。① 特别是 1986 年 12 月，在资产阶级自由化思潮一度泛滥的背景下，合肥、北京、上海、南京等地一些大学的少数学生出于各种情绪和缘由上街游行，极少数别有用心的人从中进行反对共产党的领导、反对社会主义道路的煽动，有的地方出现了扰乱交通秩序和违反社会治安的情况。针对"学生闹事"事件，中央认为其根源在于"我们的思想战线上出了一些混乱，对青年学生引导不力。这是一个重大失误"。因此，"我们要改变这种引导不力的软弱状态，要用我们自己的历史来教育青年"②。为此，中央采取果断措施，旗帜鲜明地坚持四项基本原则。1987 年 1 月，中共安徽省委开除了时任中国科技大学副校长方励之的党籍，作家刘宾雁和王若望也因煽动学生闹事、否定或攻击社会主义制度和丑化共产党领导被清理出党。邓小平认为，在中国实行民主只能逐步地发展，不能搬用西方的民主，否则安定的政治环境将不复存在，而"没有安定的政治环境，什么事情都干不成"③。1989 年，邓小平指出改革开放 10 年来"最大的失误在教育方面，对青年的政治思想教育抓得不够，教育发展不够"④。正是在这种复杂的政治背景下，80 年代的教育体制改革进程在 1989 年被迫中断。从此，师生参与大学决策的诉求很难得到有效回应。

三　坚持效率取向，逐步加强党组织的领导地位，强化校级治理能力

随着照搬苏联模式弊端日益凸显，毛泽东于 1956 年在《论十大关系》一文中批评了这种"盲目学习、一切照抄、机械搬用"的错误做法，并提出"以苏为鉴"。高等教育也开启了试图突破苏联教育模式的改革，一是逐步强化党组织的领导地位，二是强化校级治理能力。

1. 逐步强化党组织的领导地位

1950 年的《高等学校暂行规程》规定，大学及专门学院实行校长（院长）负责制，校长代表学校领导全校一切工作，选聘院系、教研室负责人，校长还是校务委员会当然主席并负责批准校务委员会决议。1958 年的《关于教育工作的指示》指出："经济战线上的社会主义革命已经取

---

① 中共中央文献研究室：《邓小平论教育》（第三版），人民教育出版社 2004 年版，第 169—171 页。

② 同上书，第 186 页。

③ 同上书，第 198—199 页。

④ 同上书，第 203 页。

得了基本胜利，政治战线上和思想战线上的社会主义革命已经取得了决定性的胜利，社会主义建设在工农业生产方面已经出现了大跃进的形式。"①为了彻底完成社会主义革命和适应社会主义建设的需要，中共第八次代表大会第二次会议决议提出，"在继续进行经济战线、政治战线和思想战线上的社会主义革命的同时，积极地进行技术革命和文化革命"。在高等教育方面，尽管高校数量和在校生规模得到空前扩展，但"教育工作在一定的时期内曾经犯过教育脱离生产劳动、脱离实际，并且在一定程度上忽视政治、忽视党的领导的错误"，因此贯彻党的教育方针，落实"教育是改造旧社会和建设新社会的强有力的工具之一"的价值取向。中共中央和国务院决定"一切教育行政机关和一切学校，应该受党委的领导"，"在一切高等学校中，应该实行学校党委领导下的校务委员会负责制"，并批评"一长制容易脱离党委领导，所以是不妥当的"。② 开启了党委介入大学治理结构的先河。1961 年颁布的《高教六十条》规定，大学实行党委领导下以校长为首的校务委员会负责制，党委会是学校工作的领导核心，统一领导全校工作。党委会的主要职责是领导校务委员会，贯彻执行党的教育方针政策，向上级和校务委员会建议学校人事等。同时规定系设党总支，可以就本系工作问题，向系主任和系务委员会提出建议。1978年颁布的新《高教六十条》规定，大学实行党委领导下的校长分工负责制，系实行党总支领导下的系主任分工负责制。实践中，大学党委会包揽一切事务，以党代政，弱化了校长领导的行政系统功能，以至于 1985 年的《关于教育体制改革的决定》要求改革以党代政，要求党组织要从过去那种包揽一切的状态中解脱出来，集中精力加强党的建设和思想政治工作，团结广大师生，大力支持校长履行职权。

20 世纪 80 年代中后期的"学潮"过后，国家取消了大学校长负责制试点工作，强调任何类型的大学都要加强党委领导。1990 年 7 月中共中央颁布的《关于加强高等学校党的建设的通知》（中发〔1990〕12 号）指出，总结新中国成立以来高等教育的发展和改革，特别是近几年来反对和平演变斗争的经验教训，高等学校要坚持社会主义方向，必须加强和改

---

① 《中国共产党中央委员会　国务院关于教育工作的指示》(1958 年 9 月 19 日)，《中华人民共和国国务院公报》1958 年第 2 期。

② 同上。

善党的领导，加强党的建设，充分发挥党组织和党员的作用。该通知明确了大学实行党委领导下的校长负责制，规定了党委和系党总支的职责，以及校长执行党委的集体决定，保证大学领导权掌握在忠于马克思主义的人手中。其中，党委的 7 项主要职责是：贯彻执行党的路线、方针、政策；加强党的思想、组织、作风建设；研究决定学校建设和改革，以及教学、科研和行政管理工作的指导思想及其重大问题；领导学校的思想政治工作；按照干部管理权限负责干部的选拔、教育、培养、考核和监督工作；领导学校的工会、共青团、学生会等群众组织和教职工代表大会；领导校内的民主党派组织。1996 年 4 月，中共中央又颁发了《中国共产党普通高等学校基层组织工作条例》（中发〔1996〕5 号），再次重申大学实行党委领导下的校长负责制，并指出校党委统一领导学校工作，支持校长按照《中华人民共和国教育法》的规定积极主动、独立负责地开展工作，保证教学、科研、行政管理等各项任务的完成。该条例还规定了党组织的设置、职责，设常务委员会的党的委员会每学期至少召开一次委员会全体会议，如遇重大问题可随时召开，还规定大学设立党的基层纪律检查委员会。从此，大学校长负责制退出历史舞台，而党委领导下的校长负责制也在 1998 年颁布的《高等教育法》中加以明确规定。

2. 强化校级治理能力

改革开放以来，为了更好地培养人才和从事科学研究，服务"四化"建设，一些大学进行了治理改革探索。其中，加强学校层面的治理能力是多数大学治理改革的重要举措。如上海交通大学为了解决机构臃肿、人浮于事、效率低下等问题，以"敢为天下先"的精神，从人事制度改革切入，率先实行校内管理体制改革，得到邓小平的充分肯定。① 深圳大学也在领导体制上进行了有效的探索，实行"校长治校，党委治党，教授治学"，党委只设党办一个部门，处不设科，系不设教研室，"学生自律委员会"处理大多数学生事件。② 一些高校试行设立校务委员会作为参谋咨询机构。1985 年颁布的《关于教育体制改革的决定》在赋予高校一定的办学自主权的基础上，要求有条件的大学要设立由校长主持的、人数不多的、有威信的校务委员会，作为审议机构。1988 年国家教委还专门颁发

---

① 《交大概况》，http://www.sjtu.edu.cn/zdh/jdgk.htm，2013 - 11 - 26。

② 杨东平：《重温和借鉴：80 年代的高等教育改革》，《复旦教育论坛》2008 年第 5 期。

了《关于高等学校逐步实行校长负责制意见》，至 1989 年全国共有 100
多所大学进行了校长负责制改革试点，其中浙江大学、中国人民大学、同
济大学等的试点工作取得较好的效果。这些改革试点理顺了大学内部治理
关系，精简了机构，提高了工作效率，改善和加强了党的领导，校务委员
会和教代会的运行有利于校长决策的民主化和科学化。[①] 1990 年下发的
《关于加强高等学校党的建设的通知》规定了党委领导下的校长负责制中
校长的 3 项主要职责：执行党委的集体决定；提出学校的发展规划、重大
改革措施、师资队伍建设、重要机构设置和学年工作计划等重大问题，经
党委集体讨论决定后统一组织实施；按规定程序任免中层行政干部。校长
的职责范围在《高等教育法》中得到明确规定。

　　可见，改革开放以来，我国大学治理改革的主流方向是在坚持党委领
导下的校长负责制，不断强化党委领导地位，同时赋予以校长为首的行政
系统更多的自主权，提高学校层面的治理能力，提高决策的自主性和决策
效率。

四　社会效益是评判治理改革成败的主要标准

　　1950 年 6 月，中央教育部第一届全国高等教育会议根据《共同纲领》
中有关文教政策的规定，讨论并明确了高等教育"应以理论与实际一致
的方法，培养具有高度文化水平的、掌握现代科学和技术的成就的、全心
全意为人民服务的、高级的国家建设人才"和"培养工农出身的新型知
识分子"。[②] 为贯彻这一发展方针，高等教育的内容、制度等均须配合国
家经济、政治、国防和文化建设，适应国家需要。党的教育方针决定了教
育改革必须坚持社会效益标准。

　　1. 培养急需人才，提高全民族素质

　　1955 年 7 月 30 日，第一届全国人大二次会议通过了《中华人民共和
国发展国民经济的第一个五年计划 (1953—1957)》，提出用三年恢复期
加上 15 年左右的时间完成过渡时期的总任务，并谋划了"一五"时期的
基本任务。"一五"期间国民经济各部门和国家机关需补充各类大中专毕

---

　　① 杨东平：《重温和借鉴：80 年代的高等教育改革》，《复旦教育论坛》2008 年第 5 期。
　　② 《第一次全国高等教育会议的报告》(1950 年 7 月 17 日)，http://cherd.pku.edu.cn/
text_show.asp? id = 200302，2013 - 11 - 06。

业生 100 万左右，另外还需要补充约 100 万的工业、运输业、农业、林业等方面的熟练工人。① 为了适应社会主义建设的要求，配合国民经济的发展计划，高等教育要以发展工科大学和综合大学的理科为重点，适当发展农、林、师范等高校，在调整和扩大当时各类大学的同时新设置高校 60 所，力争到 1957 年全国高校数达 208 所，在校生数达 434600 人，与 1952 年相比增长 227.4%，五年招生总数为 543300 人，毕业生 283000 人。② 时任高等教育部部长杨秀峰在《当前高等教育工作的几个主要问题》报告中指出，国家社会主义经济建设、文化建设突飞猛进的发展和力求最急需的科学部门能够在 12 年内（"三五"末）接近世界先进水平的任务，对高等教育提出的总任务是：积极扩大培养干部的数量并保证一定的质量，积极创造条件发展国家急需但国家还"缺门"的专业或基础薄弱的专业，进一步提高教育质量，开展科研工作，加强学生的思想政治工作和增进学生健康的工作，等等。新中国成立初期，我国快速发展的高等教育培养了一大批毕业生，在一定程度上满足了国家建设的需要。其中，"一五"头三年全国大学就培养了 15.3 万余名毕业生，完成"一五"总计划任务的 54%，其中工科毕业生 5 万余人。③ 1955 年全国大学毕业生有 5.6 万余人，比 1954 年增加了 18%，在校生数 292400 人，比 1954 年增长了 13%。④

　　"文革"后，高等教育遭受严重干扰破坏，大学的培养能力和教育质量大幅度下降，大学领导体制也被搞乱，中央和地方的积极性得不到应有的发挥，造成许多高校办学困难，也造成教育事业与社会主义革命和建设严重不相适应的状况。鉴于此种情况，1978 年时任国家主席华国锋在十

---

　　① 《中华人民共和国发展国民经济的第一个五年计划（1953—1957）》，http://cherd.pku.edu.cn/text_show.asp? id =200225，2013 – 11 – 11。

　　② 时任高等教育部部长杨秀峰在第一届全国人大三次会议上所作的《当前高等教育工作的几个主要问题》（1956 年 6 月 20 日）报告显示，1955 年全国高校在校生为 292400 人，比 1954 年增长了 13%，而 1956 年计划招生 163000 人（不含业余高校招生数 53000 人，以及四年制研究生 600 人、二年制研究生 2200 人），在校生数将达 38 万，比 1955 年增长 32%。到 1957 年秋，全国高校在校生数将达 51 万，超额完成"一五"计划指标 19% 左右。

　　③ 《高等教育部杨秀峰部长在一届人大二次会议上的发言》（1955 年 7 月 29 日），http://cherd.pku.edu.cn/text_show.asp? id =200132，2013 – 11 – 11。

　　④ 《当前高等教育工作的几个主要问题——高等教育部长杨秀峰在第一届全国人民代表大会第三次会议上的发言》（1956 年 6 月 20 日），http://cherd.pku.edu.cn/text_show.asp? id =200384，2013 – 11 – 12。

一大政治报告中指出：要采取强有力的措施，扩大和加快各级各类教育事业发展的规模和速度，提高教育质量，以配合各项经济事业和科学技术事业的发展，适应社会主义革命和建设需要。① 邓小平在 1978 年 4 月的全国教育工作会议上指出：为更好地为社会主义建设服务，必须大力提高高等教育质量。高等教育质量标准就是毛泽东同志提出的使受教育者在德育、智育、体育几个方面得到发展，成为有社会主义觉悟的有文化的劳动者。1978 年 12 月，党的十一届三中全会从根本上冲破了长期"左"倾错误的严重束缚，把党和国家的工作中心转移到经济建设上来。党的十一届三中全会虽然没有专门提及高等教育管理体制改革，但全会公报对高等教育发展具有深远的影响。1982 年，中共十二大会议指出，20 世纪末的 20 年，我国经济建设总的奋斗目标是在不断提高经济效益的前提下，力争使全国工农业的年总产值翻两番。为实现经济发展目标，教育与科学是三大战略之一（另两个战略是农业、能源与交通），邓小平还指出"搞好教育和科学工作，我看这是关键"②。为此，我国明确提出要大力发展包括高等教育在内的各级各类教育，培养各种专业人才，提高全民族的科学文化水平。1984 年 10 月党的十二届三中全会通过了《中共中央关于经济体制改革的决定》，1985 年 3 月和 5 月中共中央又分别颁布了《关于科学技术体制改革的决定》和《关于教育体制改革的决定》，这三个"决定"奠定了改革开放路线的总体设计。邓小平要求各级领导要像抓经济工作那样抓好教育工作，并认为忽视教育的领导者是缺乏远见、不成熟的领导者。③ 强调教育体制改革的根本目的是提高民族素质，多出人才、出好人才，这一评价标准至今仍然适用。

2. 建立适应社会主义市场经济体制的教育体制

1992 年初，邓小平"南方谈话"科学地总结了十一届三中全会以来党的基本实践和基本经验，从根本上解除了把计划经济和市场经济看作属于社会基本制度范畴的思想束缚，在意识形态领域有关计划与市场关系问题上的认识有了新的重大突破。"南方谈话"指出，"经济发展得快一点，

---

① 《国务院转发〈教育部关于恢复和办好全国重点高等学校的报告〉》（1978 年 2 月 17 日），http://cherd.pku.edu.cn/text_show.asp? id = 200352, 2013 - 11 - 12。

② 中共中央文献研究室：《邓小平论教育》（第三版），人民教育出版社 2004 年版，第 143 页。

③ 同上书，第 167 页。

必须依靠科技和教育"[①]。1992 年 10 月，中共第十四次全国代表大会上，江泽民在大会报告中明确提出"必须把教育摆在优先发展的战略地位，努力提高全民族的思想道德和科学文化水平，这是实现我国现代化的根本大计"。1993 年 2 月，国务院发布了《中国教育改革和发展纲要》[②]。1993 年 11 月，中共十四届三中全会审议并通过了《中共中央关于建立社会主义市场经济体制若干问题的决定》，指出"社会主义市场经济体制的建立和现代化的实现，最终取决于国民素质的提高和人才的培养。各级党委和政府要把优先发展教育事业作为战略任务来抓，加强对教育工作的领导。切实落实《中国教育改革和发展纲要》，加快教育体制改革的步伐。确保教育投入，提高教学质量和办学效益"[③]。全会公报还指出要"以是否有利于发展社会主义社会的生产力，是否有利于增强社会主义国家的综合国力，是否有利于提高人民的生活水平，作为决定各项改革措施取舍和检验其得失的根本标准"[④]。在这种背景下，1994 年 7 月发布了《国务院关于〈中国教育改革和发展纲要〉的实施意见》（国发〔1994〕39 号）[⑤]，以及《国务院办公厅转发国家教委关于深化高等教育体制改革若干意见的通知》（国发〔1995〕43 号）[⑥]，这几个文件是 20 世纪 90 年代我国高等教育体制改革的纲领性指导方针，认为在新形势下教育工作的任务之一是建立适应社会主义市场经济体制和政治、科技体制改革需要的教育体制。《中国教育改革和发展纲要》还设立了教育体制改革成败判断标准：要有利于坚持教育的社会主义方向，培养德智体全面发展的建设者和接班人；有利于调动各级政府、全社会和广大师生员工的积极性，提高教育质量、科研水平和办学效益；有利于促进教育更好地为社会主义现代化

---

① 中共中央文献研究室：《邓小平论教育》（第三版），人民教育出版社 2004 年版，第 216 页。

② 《中国教育改革和发展纲要》（1993 年 2 月 13 日），http：//cherd. pku. edu. cn/text_ show. asp？id = 100032，2013 - 11 - 12。

③ 《中共中央关于建立社会主义市场经济体制若干问题的决定》，《新长征》1994 年第 1 期。

④ 《中国共产党第十四届中央委员会第三次全体会议公报》（1993 年 11 月 14 日），《党建》1993 年第 12 期。

⑤ 《国务院关于〈中国教育改革和发展纲要〉的实施意见》（1994 年 7 月 3 日），http：// cherd. pku. edu. cn/text_ show. asp？id = 100022，2013 - 11 - 12。

⑥ 《国务院办公厅转发国家教委关于深化高等教育体制改革若干意见的通知》（1995 年 7 月 19 日），http：//cherd. pku. edu. cn/text_ show. asp？id = 100044，2013 - 11 - 12。

建设服务。① 1995 年 7 月，《国务院办公厅转发国家教委关于深化高等教育体制改革若干意见的通知》指出，当时的高等教育体制改革的进程仍然滞后于经济体制改革和社会发展，与社会主义市场经济体制的建立不相适应。高等教育管理体制改革，要有利于高等教育的结构、布局更加合理，更加适应我国社会、经济、科技和文化发展的需要，更好地为社会主义现代化建设服务；有利于高等学校增强办学活力，不断提高教育质量和学术水平，提高办学效益。②

从形式有效性（民主参与）和实质有效性（效率或效益）两个维度考察新中国成立至 20 世纪 90 年代末的我国大学治理改革的有效性，可以发现：扩大和落实办学自主权始终是大学治理改革的核心主题，重构大学与政府之间关系的改革任务至今还在努力；大学利益相关者的民主权利诉求没有得到应有重视，治理的形式有效性有待提高；治理改革坚持效率取向，不断强化党组织的领导地位，强化校级管理权力，提高决策自主性和决策效率；大学积极回应社会经济发展的新要求，社会效益成为评判治理改革成败的主要标准。21 世纪前 10 年，由于我国高等教育规模迅速扩大，大学治理改革淹没在规模扩大后的教育质量问题中，现在讨论这 10 年治理改革有效性为时过早。另外，《高等教育法》颁布后大学治理结构相对稳定，故本书仅讨论扩招前的大学治理有效性。

第三节　本章小结

本章从参与和效率两个维度考察了以法国、德国为代表的罗马传统高等教育体系和以英国、美国为代表的盎格鲁－撒克逊传统高等教育体系中大学有效治理的经验，以及我国《高等学校暂行规程》至《高等教育法》期间大学治理的积极经验。总体来看，第二次世界大战后以来西方国家大学治理范式经历了从回应民主诉求向提高治理绩效转变。提高大学治理的有效性是各国政府和大学的追求，完善治理结构和优化治理过程是大学实现有效治理的必要条件。西方大学以民主参与原则回应校内外利益相关者

---

① 《中国教育改革和发展纲要》（1993 年 2 月 13 日），http://cherd.pku.edu.cn/text_show.asp? id =100032，2013 - 11 - 12。

② 《国务院办公厅转发国家教委关于深化高等教育体制改革若干意见的通知》（1995 年 7 月 19 日），http://cherd.pku.edu.cn/text_ show.asp? id =100044，2013 - 11 - 12。

的民主诉求，扩大大学决策主体的范围，从形式上保障大学有效治理；以提高决策效率和资源配置效率为目标，以效率原则重构大学与政府之间的关系，赋予大学法人身份和更多的自主权，规定大学决策机构的规模和决策程序，同时削减教授权力并在学校层面形成强有力的行政中枢，从实质上保障大学有效治理。

　　通过分析我国《高等学校暂行规程》至《高等教育法》期间大学治理的具体举措可以发现，扩大和落实办学自主权始终是我国大学治理改革的核心议题。大学治理改革坚持效率取向，不断强化党组织的领导地位，强化校级管理权力，提高决策自主性和决策效率。同时，大学积极回应社会经济发展的新要求。但这段时间的大学治理改革对大学利益主体的参与诉求观照不够，无论教师还是学生、社会等，在大学重大决策事务中基本处于缺席状态。

第四章　大学有效治理的法律基础

　　大学治理的本质是依法治校，大学有效治理的实质是依据大学权力运行规律，在分权制衡的基础上，实现权力对权力的制约以及权利对权力的制约。大学实现有效治理，需要明确界定政府行政管理权和大学自主权，以及行政权力和学术权力的范围，用大学权力（权利）和社会权力制约政府权力；用社会权力制约大学权力；行政权力和学术权力相互制衡；保障教师、学生、社会公众等利益相关主体权利，实现对学术权力和行政权力的制约。法治的核心是程序之治，因而大学治理必是程序之治，大学治理行为应体现程序公开、程序参与、程序理性、程序自治等程序正义的理念和原则。大学纠纷解决机制是大学自主权的重要组成部分，也是大学自治的重要保障，应当从大学自治的视角来构建大学纠纷解决机制。

第一节　大学有效治理的法理分析

一　大学有效治理法理基础问题的提出

　　《国家中长期教育改革和发展规划纲要（2010—2020 年）》提出，要完善中国特色现代大学制度和大学治理结构。据此，各界纷纷提出大学治理结构的建构，以实现大学的有效治理。提高大学有效治理是大学治理结构和大学管理的发展趋势和方向，也是我国教育界在目前和今后相当一段时间所关注的重点。有学者主张，大学有效治理是大学治理结构的有效性以及大学权力运行的有效性，现代大学法人治理制度的安排与设计应当以效率和公平为基础，对各相关利益方的责、权、利进行相互制衡。其治理结构为：在法人内部合理分配权力，使法人内部机构权责分明，形成相互协调、相互制衡的关系，同时要向各利益相关方负责，接受外来监督，以保证非营利性法人平稳、健康运行，使各方利益得到平衡和保护，最终实现法人的宗旨。大学应当遵循法定、职责明确、有效制衡、协调运转的原则配置权力（权利）。① 如此达到以下图景：政府通过竞争与市场手段，加强对大学的宏观调控，通过建立中介机构，参与处理大学、政府与市场的关系，维护大学自治与学术自由，并通过市场化的方式增强大学主动适应社会的能力，逐步加强教师和学生在大学治理中的权利，大学治理主体逐步多元化，形成各治理主体相互独立、相互联系，既相互分工合作又相互制衡的权力结构②。什么是提高大学治理有效性的法理基础，很少有人讨论。这是大学治理结构建构和完善，实现大学有效治理的元问题。从法理上，无论是大学治理结构的设置及有序运行，还是大学治理的形式有效性和实质有效性，其本质就是权力和权利的优化配置问题，即根据大学运行规律做到大学权力分立，以及权力处于制约、监督的状态。根据利益相关者理论，大学的利益主体包括政府、市场、社会、教师、学生、出资者等。从权利、权力的角度看，其构成元素包括宏观调控、法人权利、契约约束、多主体共治、社会参与，具体包括政府的教育行政管理权、大学自主权、大学行政权力、学术权力以及民主参与权及监督权等。大学治理是外部力量和内部力量共同作用的结果，是相关权力和权利相互博弈的过程，大学治理的关键是合理配置权力和有效制衡权力，形成符合现代大学治理要求的治理结构，从而实现有效治理。因此，大学有效治理实质是在各项权力分立的基础上多种权力（权利）博弈的过程，即权力处于制约、制衡和监督的状态和过程。分权是实现制衡的前提和基础，没有分权这个前提，就不能形成制衡的格局，制衡是分权的目的和结局，分权的目的就在于形成以权力（权利）制约权力的制衡格局。③ 即在分权的基础上对权力进行制约和监督，这是大学有效治理的基本思路和法理基础。高校法人治理结构需要形成所有权、决策权、办学权等方面权力的相互制衡，构建以权力（权利）制约权力的合理权力架构。这不仅需要合理分权，而且需要监督机构的制约。④

---

① 祁占勇：《现代大学制度的法律重构》，中国社会科学出版社 2009 年版，第 271 页。

② 钟云华、向林峰：《中外大学治理结构变迁方式比较》，《现代教育管理》2010 年第 2 期。

③ 赵宝云：《西方五国宪法通论》，中国人民公安大学出版社 1994 年版，第 62 页。

④ 祁占勇：《现代大学制度的法律重构》，中国社会科学出版社 2009 年版，第 297—298 页。

二　大学有效治理的法理解析

1. 大学有效治理的基本思路

大学权力的分立是一个权力配置的过程，由此做到大学利益主体的权力划分明确，各司其职，职责分明。大学权力的分立，就外部而言主要是政府权力和大学自主权的配置和界定明确；就内部而言主要是行政权力和学术权力的配置，在我国还包括政治权力，即党委权力配置明晰。在权力分立的基础上，要对权力进行有效的制约和监督。权力具有扩张的性质，不受制约的权力必然会被滥用，进而产生腐败，为此需要制度和法律来制约权力，其实质就是用权力制约权力以及权利制约权力。孟德斯鸠曾指出："一切有权力的人都容易滥用权力，这是万古不变的一条经验……从事物的性质来说，要防止权力就必须以权力约束权力。"[1] 权力的行使过程是一个博弈过程，也是一个受到监督和制约的过程。权力的配置是权力监督和制约的前提与基础，绝对的权力就会产生绝对的腐败，从这个意义上而言，权力的分立也有利于权力的制约。在此基础上，应当对权力进行监督和制约，以使权力在预定的轨道上行使，不至于异化、变质，乃至腐败。但是，实践证明，仅仅用权力制约权力仍然是不够的，因为每一种权力需要另外一种权力来进行制约，由此会造成权力制约的无限循环。同时，就权力制约而言，权力主体都不是对自己利益的保障，难免会产生权力制约的无效和失灵。因此，必须突破以权力制约权力以及在权力的内部进行制约的模式。托克维尔主张以社会权力制约国家权力，从而跳出权力内部制约的模式，从外部对权力进行制约。近代以来，思想家和政治家纷纷主张用权利制约权力，并将其制度化、法律化。这也符合权力的本源，符合人民主权的权力构造。从根本而言，权力来自人民的权利，人民让出权力（权利）之后，还保留着对权力的监督和制约。因此就权利制约权力而言，权利的保障本身就是对权力的制约，权力运行的边界就是对权利的保障。大学利益主体的权力也是如此，应当受到制约和监督，以免被滥用，产生腐败。其中，在大学治理的外部，需要用大学自主权、司法权、社会权力来制约行政权。同时，还需要通过社会权力（权利）来制约大学权力；在大学内部，需要学术权力来制约行政权力，用教师、学生的权

---

[1] ［法］孟德斯鸠：《论法的精神》（上册），张雁深译，商务印书馆1961年版，第154页。

利制约行政权力和学术权力。因此，大学权力制约不仅包括大学内部权力对内部权力的制约及内部权利对内部权力的制约，还包括外部权利和外部权力对大学权力的制约。

当然，大学权力的分立和制约要遵循大学运行的规律及有利于大学功能和作用的发挥。诚然，大学是一个利益相关者的组织，大学的分立和制约要维护和实现大学利益主体的各自利益。但是，大学毕竟不同于企业，企业是营利性组织，其以实现股东经济利益的最大化为目标，而大学是从事公益事业的非营利性组织，大学虽然要考虑成本，考虑相关主体的利益，特别是出资者和合作者的经济利益，但大学要以培养人才为核心，科学研究和社会服务也要服从和服务于人才培养这个核心目标。同时，科学研究和社会服务还要服从国家战略和科技创新等国家和社会利益的需要。因此，公益性是大学的本质属性，大学权力的分立和制约要符合公益性的特征。坚持以公共理性作为大学法人权利机制的出发点，在许多方面就需要考虑到利益相关者在权利机制中的地位。如何配置各权利主体在法人权利机制中的权利，如何确保大学在创新知识和公共服务中做得更好也因此而成为公立大学法人首先要回答的问题。①

2. 大学有效治理的具体解析

如上所述，大学权力的分立和制约不仅仅是大学内部权力分立和制约，而且也包括大学外部权力主体和权利主体对大学有关权力的分立和制约。具体而言，从大学内部而言，包括大学行政权力和学术权力的分立与相互制约以及教工、学生权利对大学行政权力和学术权力的制约；从大学外部而言，主要指的是政府行政管理权和大学自主权的分立以及相互制约，社会权利（权力）和司法权对大学行政权力和学术权力的制约。在外部，国家、社会和大学的权力划分边界是大学自治，从而实现学术自由。联合国教科文组织于 1995 年发布的《关于高等教育的变革与发展政策性文件》指出，"近代历史有力地证明了必须捍卫学术自由的原则，它是高等教育机构存在和正常运转的先决条件，因此，必须给予公立高校和认可的私立高校一定程度的法定自治权，允许它们针对实际情况在社会中发挥其创造、思考和批判的职能"。大学是研究、传播高深学问的场所，

---

① 覃壮才：《我国公立高等学校法人治理结构的基本模型探析》，《教育学报》2005 年第2 期。

应让专家单独解决知识领域中的问题；大学应是自治团体，最有资格决定应开设哪些科目及如何讲授、决定谁最有资格学习高深学问、决定谁掌握了知识并应获得学位、决定谁最有资格成为教授。① 何为大学自主权？英国高等教育专家阿什比认为，大学自治的要素和范围主要包括：①在学校管理中抵制非学术干预的自由；②学校自主分配经费的自由；③聘用教职员工并决定其工作条件的自由；④招生的自由；⑤课程设置的自由；⑥决定考试标准与方式的自由。② 其实，大学自主权不仅包括学术自主，还包括行政管理自主权，如财务自主权、国际和对外交流权、内部秩序维护及内部管理自主权等。

政府的权力主要表现为教育立法权、教育政策制定权、教育规划权、教育标准制定权、教育评估权等。其主要职能是组织协调各种评估机构，制定有关教育评估的法规和政策，建立各类教育质量评估标准，应用立法、拨款、规划、信息服务、政策指导和必要的行政手段对评估工作进行宏观管理和协调。③ 总之，政府是"掌舵者"而不是"划桨者"，是引导者而不是直接管理者，是宏观调控者而不是微观管理者。政府的行政管理权也要受到制约和监督。为此，落实大学的办学自主权，首先是要明确大学独立法人地位，很多国家确立了大学公务法人的地位；建立一系列有效的法律制度予以保障，当政府跨越边界，侵犯学术自由权时，将受到法院的司法审查。因此，政府的权力不仅要受到大学自主权的制约，还要受到司法权的制约。其次，大学自主权也要受到政府的监督和管理，以保障大学公益目标的实现。"高等教育越卷入社会的事务中就越有必要用政治观点来看待它。就像战争意义太重大，不能完全交给将军们决定一样，高等教育也相当重要，不能完全留给教授们决定。"④ 最后，大学自主权还要受到出资者的监督和管理。出资者是高校资本的投资人，是大学重要的产权主体。在大学治理结构中，他们往往以董事的身份参与大学的治理，以

---

① ［美］约翰·S. 布鲁贝克：《高等教育哲学》，郑继伟译，浙江教育出版社1987年版，第28页。

② Ashby E., Anderson M., Universities, British, Indian, African: A Study in the Ecology of Higher Education, Weidenfeld and Nicholson, 1966, p. 266.

③ 尹晓敏：《利益相关者参与逻辑下的大学治理研究》，浙江大学出版社2010年版，第135页。

④ ［美］约翰·S. 布鲁贝克：《高等教育哲学》，郑继伟译，浙江教育出版社1987年版，第29页。

代表和实现其利益。董事会存在的合理性在于其是校外利益相关者表达自己意愿的主要场所，是大学与社会关系的纽带。董事会的设置应当防止内部人控制，它保有部分权力，以约束大学的运行方向。[①]

在大学内部，要厘清大学内部各种权力的有效边界及其归属，避免职能交叉，权责不清；实现权利对权力、权力对权力的有效制约，形成良好的权力制衡与监督的运行机制。[②] 从权力分立而言，主要是行政权力和学术权力边界明确，学术权力是指和学术相关的一切权力，包括学术政策及学术规划的制定，学位的授予，课程的调整、设置，教授的晋升和聘任，考试，学术评价等。行政权力主要是大学行政机构和行政人员依据国家法律、法规和政策以及学校的规章制度对学校内部成员支配和命令的权力，包括入学与注册、成绩的考核与记载、转系与转学、休学、留级、毕业等学籍管理权力、对学生的惩戒权、校园秩序维护等。这些行政权力的行使要有明确的法律法规、国家政策和学校规章制度依据，要遵循"法无明文规定不能为"的原则。同时，行政权力应当为学术权力服务，受到学术权力的制约。大学行政权力与学术权力的矛盾表现为国家行政权与自治行政权的冲突，以及学术权力与学术权利的冲突。[③] 从权力制约的角度而言，在大学内部，行政权力和学术权力应相互监督和制约，同时还要受到教师、学生民主权利的监督和制约。此外，行政权力和学术权力还要受到司法权的监督，以保证教师、学生和公民的受教育权等基本人权。对学术权力而言，其行使权力的方式本身就是权力制约的体现，即只能以平等、民主的方式通过学术组织如学术委员会、学位委员会、教学委员会等各种委员会来行使。学术事务中的重要决策绝不是通过命令服从，而是通过学术讨论、平等协商的方式来进行，实行民主决策，以保证学术事务符合学术运行和发展规律。学术权力在性质上本是一种内生于学科与专业的学术共同体的集体权力。它是以教授为代表的学术集体权力，原则上应以民主方式来产生和形成，而不应被行政权力随意赠与，也不能被篡改成以任何形式出现的个别权贵的独裁权力，尤其是不能被篡改成那些借助行政势力而获

[①] 赵成、陈通：《现代大学治理结构解析》，《天津大学学报》（社会科学版）2005年第6期。

[②] 尹晓敏：《利益相关者参与逻辑下的大学治理研究》，浙江大学出版社2010年版，第81页。

[③] 杨伟娜：《大学内部治理结构的法理学透视》，《教书育人》2011年第4期。

得备受质疑的学术地位的人的权力。① 学术权力要受到学生、教师权利的监督和制约，当学术权力机构对教师、学生做出不利行为时，应当保障教师、学生的陈述、申辩的权利。教师、学生在启动大学内部的救济程序之后不服，可向行政机关及司法机关启动相应程序。

教师是学校利益相关者的核心主体之一，既是权利的享有者，也是权力的监督者和制约者。大学自主权也要通过教师得以实现。大学自治的根基是学术自由，学术自由的根基在于大学教师。在大学治理中，应当赋予教工民主参与权，以发挥他们在大学决策、管理中的作用，保障大学决策、管理的民主性和科学性。

大学治理需要重视学生在治理中的作用，学生的意志、愿望、要求是指导学校政策选择的重要因素，学生参与学校管理是高等教育公共服务的本质特征之一，也是保证学校实现教育目标的必然选择。同时，高校学生不同于中小学生，大多具备一定的判断和分析能力，完全具备参与学校决策的能力。② 学生不仅享有学校民主参与权，而且对行政及学术权力也具有监督和管理权。要设置有关的程序，保障学生在大学治理机构中的地位，倾听学生的意见。要保障学生建立和参加学生团体的权利，学生可以通过组织团体的方式，依靠集体的力量与学校进行博弈，以充分反映和维护自身的利益。

高等教育是准公共产品，其科学研究、人才培养和社会服务功能的实现需要以社会需求为导向。如今，大学分化为研究型大学、教学型大学、研究和教学并重型大学、应用型大学、高等职业院校等，其实就是大学满足社会需要的产物。社会发展所需的科技和智力成果大多为大学所发明和创造；而社会的发展为大学的发展提供资源和动力，进一步促进了大学的发展。社会参与大学的管理以及决策是必然的、正当的，社会的参与一方面防止大学的封闭，另一方面也是对大学的制约和监督。对上述权力主体的制约及对权利主体的保障要通过大学章程来实现。

三　我国大学分权与制衡的反思

就我国而言，大学的利益主体包括政府、高校、教师、学生、出资

---

① 龚怡祖：《大学治理结构：建立大学变化中的力量平衡——从理论思考到政策行动》，《高等教育研究》2010 年第 12 期。

② 马怀德：《学校法律制度研究》，北京大学出版社 2007 年版，第 243 页。

者、社会公众等。基于我国的政治架构及大学实行党委领导下的校长负责制，大学的利益主体还包括党委；基于我国的政治传统，我国还有教职工代表大会制度，它作为我国基层民主的重要组成部分而存在。因此，我国大学内部的结构表现为政治权力、行政权力、学术权力和民主参与权的博弈和整合，即它们之间既要分工明确，又要相互制衡，以实现大学的任务和所承担的使命。所以，我国大学治理的配置既要遵循学术发展的一般规律，也要考虑其特殊性，如此才能实现大学的有效治理。

改革开放以来，我国经济社会历经巨大变革，由计划经济发展到市场经济，大学由政府的附属物逐渐变为独立的民事主体，并被赋予自主权。但由于政治体制改革的相对滞后以及制度的惯性，政府传统的影响和作用方式仍然十分巨大，大学治理打上了深深的政府直接管理的烙印，大学治理和经济社会的发展表现出种种不协调和不适应，大学有效治理还有待加强，其治理结构还处在不断改革、调整和探索中。反思我国大学有效治理问题，其中关键的问题是没有实现权力的有效分立，权力没有得到有效的制约和监督，尤其是权利不能对权力进行有效的制约和监督。我国构建有效的大学治理结构，以实现大学的有效治理，基本的思路就是实现我国政府行政管理权、大学自主权以及大学内部政治权力、行政权力、学术权力的分立和制约，尤其要加强教工、学术以及社会对有关权力的监督和制约。

我国《教育法》第28条规定了学校及其他教育机构的基本权力（权利）①；《高等教育法》第30条规定了高校具有法人地位。据此，我国大学为事业单位法人，《高等教育法》第32条到第38条进一步规定了高校的教学自主权、科研自主权、招生自主权、对外交流权、财产权及人事自主权等。《高等教育法》第44条规定，高等学校的办学水平、教育质量，接受教育行政部门的监督和由其组织的评估，即政府应当对高校进行监督管理以及通过大学评估对高校进行宏观调控。由此，大致可以界定大学自主权的范围。《高等教育法》第39条规定，国家举办的高等学校实行中国共产党高等学校基层委员会领导下的校长负责制，并规定了党委的权力范围。由此可见，党委是学校的领导核心，代表上级党组织执行党的教育

---

① 　按照章程自主管理；组织实施教育教学活动；招收学生或者其他受教育者；对受教育者进行学籍管理，实施奖励或者处分；对受教育者颁发相应的学业证书；聘任教师及其他职工，实施奖励或者处分；管理、使用本单位的设施和经费；拒绝任何组织和个人对教育教学活动的非法干涉；法律、法规规定的其他权利。

方针和各项教育政策；党委还是学校的最高决策机构，决定大学改革、发展、稳定的重大事项。同时，《高等教育法》还规定，校长是高等学校的法人代表，全面负责本学校的教学、科学研究和其他行政管理工作。《高等教育法》第41条还规定了大学校长的职权①。从这些职权来看，校长行使的是具体的行政管理权。《高等教育法》第2条规定了学术委员会的学术权力，第43条规定了教职工的民主参与管理和监督权。《学校教职工代表大会规定》对教职工的民主监督权的内容和行使做出了具体规定。由此，我国大学内部治理结构的基本框架已基本形成：党委和校长行使大学的行政权力，学术委员会行使大学的学术权力，教工则通过职工代表大会行使民主监督权。但是，由于立法规定的原则性和实践运行的异化，我国大学治理机构存在种种问题，大学有效治理还有待加强。

就外部而言，由于立法对政府监督的方式没有明确的规定，由此造成政府监督管理往往会越过边界，对大学的自主权进行干预，造成政府的越位和错位。同时，立法没有对政府的服务做出具体规定，从而造成政府的缺位。就内部而言，由于权力边界的模糊性，党委的决策权和校长的权力有时难以区分，而校长是法人代表，独立开展行政工作，校长很多时候在不受党委集体制约下也能正常开展工作，决定有关事项，因此在实际工作中常常存在党委领导和校长负责之间的矛盾。同时，对学生、家长、出资者等社会主体对大学的民主参与及监督则没有立法规定。这种决策模式无法反映教师、学生和社会的要求，无法体现他们的利益，更无法对大学权力进行有效的监督。学校虽有校务委员会或校务会议等，其中也有教师代表列席，但教师代表多半不享有决策权，只有参与权和建议权，学校的决策趋于校长个人，缺乏民主决策机制。学校虽有教职工代表大会，但由于学校管理的行政化，其民主监督机制在实践中难以发挥真正的监督作用。

很多人认为学生不过是大学的"过路客"，也不具备实质参与大学治理的能力，因而学校、家长以及学生自身都不重视学生对学校事务的参与。在实践中，尽管不少大学章程规定了学生参与学校部分决策和管理的

① 制订发展规划，制定具体规章制度和年度工作计划并组织实施；组织教学活动、科学研究和思想品德教育；拟订内部组织机构的设置方案，推荐副校长人选，任免内部组织机构的负责人；聘任与解聘教师以及内部其他工作人员，对学生进行学籍管理并实施奖励或者处分；拟订和执行年度经费预算方案，保护和管理校产，维护学校的合法权益；章程规定的其他职权。高等学校和校长办公会议或者校务会议，处理前款规定的有关事项。

权利，如对与学生自身利益密切相关事务的建议权，但学生往往更关心他们毕业后的发展而不愿意在学校事务中投入更多的精力和时间，他们也对自己的参与实效表示怀疑，教师和管理人员也不愿意治理过程因为学生的参与而变得更复杂。但不可否认的是，学生参与大学治理是高等教育民主化的表征，是培育学生民主价值观的重要途径。目前，我国相关法律没有明确规定学生参与大学治理的程序性权利，如在大学处分学生等有关学生自身权利的事项中缺乏有效的程序保护，学生就很难通过申诉或诉讼渠道寻求权利救济，近年来学生和高校的诉讼案件屡有发生从一个侧面就反映了这种状况。教师和学生权利救济机制还非常不完善，很多案件还无法得到司法救济。教育申诉制度是教育法中保障教师和学生权利的特有机制，但是教师申诉制度由于没有具体的可操作性规定而处于闲置状态和半闲置状态。同时，学生申诉制度的适用范围在缩小，《教师法》第42条第4项规定学生申诉制度适用于对学校、教师侵犯其人身权、财产权等合法权益，但是有关规定却将申诉限制于学生处分案件。根据《民事诉讼法》第3条的规定，民事诉讼的受案范围主要限于侵犯平等主体之间人身关系和财产关系的案件。据此，对于侵犯学生受教育权的案件不在此受案范围，因为受教育权既不是人身权，也不是财产权，由此导致很多侵犯学生受教育权的案件无法进入诉讼程序，从而无法得到司法救济。齐玉苓案件则开启了受教育权司法救济新途径、新探索，有很多学者认为这是我国宪法司法化的开端①。遗憾的是，最高人民法院发布公告称，自2011年11月24日起，最高院就齐玉苓案所作的《关于以侵犯姓名权的手段侵犯宪法保护的公民受教育的基本权利是否应承担民事责任的批复》（法释〔2001〕25号）停止适用。齐玉苓案发生10年后的罗彩霞诉王佳俊等受教育权案本质上侵犯了受教育权，但只能通过侵犯姓名权途径得到救济，并最终只能通过调解解决，一样的案情，不一样的结果，不由得让人叹息。我国对教师有关权利的司法救济范围还很有限，如对教师考核、职称评定等涉及教师基本权利的案件还无法进入诉讼。对学生受教育权及对教师权利的司法救济，包括宪法诉讼制度的构建任重而道远。

---

① 但也有很多学者对此有不同的看法，我国著名的宪法学家许崇德教授认为，齐玉苓案的宪法适用，对于保护公民享有的宪法上的权利不受侵犯，无疑具有非常重大的意义。但是，它在形式上仍然是以民事方式处理的个案，因而严格地说，还算不上宪法诉讼案件。

权力缺乏有效的制约和监督,权利也就无法有效制约权力。当前,我国大学组织决策过程中一个突出的弊端,恰恰是权力的过分集中和滥用,少数人垄断了绝大部分资源和利益的分配权,个别人之间私相授受。① 再加上目前我国大学治理结构没有专门的监督机构,对大学决策和管理无法进行专门和有效的监督。因而造成目前大学行政权力突出、学术委员会权力虚化、学术权力行政化,尤其是出现大量校长权力膨胀而缺乏有效制约和监督的现象。由此,需要改变政府管理大学的方式,落实高校自主权。就内部而言,需要划分党委和校长的权力,明确学术权力和行政权力的范围,尤其要建立学术权力的有效实现机制。同时,要完善董事会、职工代表大会、学生会等团体机构,充分保障教师、学生、出资者等利益相关各方在决策和管理中的权利,充分反映教师、学生、社会等利益主体的要求,并实现对行政权力的制约。

第二节 大学有效治理与程序正义

一 程序正义适用大学治理的可行性及内涵

程序正义是近代法治发展的产物。一般认为,近代程序正义起源于英国的"自然正义",后来,美国《宪法修正案》确立了正当程序②,并通过一系列的判例确立了程序性正当程序和实质性正当程序。自然正义在英国本来只是一个程序法规则,但随着殖民主义带入美国,并通过 1856 年"怀尼哈默诉人民案"③,便由单一的程序性概念变为程序和实体兼备的综合性概念。程序性正当程序意指公平合理的司法手续、行政过程、立法程

---

① 龚怡祖:《大学治理结构:建立大学变化中的力量平衡——从理论思考到政策行动》,《高等教育研究》2010 年第 12 期。

② 美国《宪法修正案》第 5 条规定:"不得未经正当法律程序,而使人丧失生命、自由或财产。"第 14 条规定:"任何州,如未经法律程序均不得剥夺任何人的生命、自由和财产。"

③ 怀尼哈默诉人民案:1855 年,美国纽约州通过立法禁止拥有、出售非医用类烈性酒,如有违反以轻罪论处。被告怀尼哈默因为销售液体酒精违反了该法令而被指控并被罚款。纽约州法院认为,该法的实施消灭和破坏了这个州的公民拥有烈性酒的财产权,即使在形式上符合法律的正当程序,也违背了宪法所规定的正当程序条款的精神,当然超出了政府的权限范围,从而宣布1855 年纽约州有关禁酒的法令违宪无效。怀尼哈默诉人民案被称为美国"正当程序条款发展史上的新起点"。该案不但扩大了权利法案的范围,而且首次基于宪法的正当程序条款宣布立法机构的法令因违宪而无效,这不同于此前基于自然法意义上对法令的司法审查,正当程序由程序意义向实质意义延展,被此后美国联邦最高法院的大法官们所采用。

序等；实质性正当程序则指公平合理的司法裁判、行政决定、立法规定等。前者强调过程的正当性，后者侧重结果的正当性。①

程序正义虽历经不同思潮和理论的挑战，但其基本内涵为国际社会所普遍接受。程序正义不仅具有实现实体法的工具价值，而且还有公开、理性、程序自洽等不依赖实体内容，其自身特有的体现人的主体地位的独立价值，因而为现代法治国家所普遍接受，并成为现代法治的核心内容。公正的法治秩序是正义的基本要求，法治则取决于一定形式的正当过程，而正当过程又通过程序来实现。② 季卫东教授指出："缺乏完备的程序要件的法制是难以协调运作的，硬是推行之，则易于与古代法家的严刑峻法同构化，其结果，往往是'治法存'、法治亡。因此，程序应当成为中国法制建设乃至社会发展的一个真正的焦点。"③ 程序正义是法治社会的标志，已成为法治社会的核心，对法治中国、法治社会和法治政府建设都具有重要的意义。

大学治理是社会治理的重要一环，大学如何才能实现有效治理，既是学界一直在探讨的理论问题，也是一个必须直面解决的实践问题。党的十八届四中全会提出，要加快建设中国特色社会主义法治体系，建设社会主义法治国家。大学是法治社会的一个重要组成部分，大学治理必是依法治理，而法治的核心是程序之治，因而大学治理必是程序之治。在大学治理中，利益主体的权利保障和权力主体的有效制约是其中的一个关键问题，正当程序则是其中一种有效手段和基本途径。因此，必须高度重视大学治理中的程序正义。

大学治理应当符合法治的要求，或者应当遵循依法治校的基本要求，而程序正义优先，通过公正的程序追求公正的结果，是现代法治的基本理念。在程序中，法律的重点不是决定的内容、处理的结果，而是谁按照什么手续作出决定的问题。简单地说，程序的内容无非是决定的决定而已。④ 对于我国而言，这更具有必要性和迫切性，如前所述，我国立法和

---

① 汤维建：《关于程序正义的若干思考》，《法学家》2000 年第 6 期。

② ［美］约翰·罗尔斯：《正义论》，何怀宏译，中国社会科学出版社 1998 年版，第 225 页。

③ 季卫东：《法律程序的意义——对中国法制建设的另一种思考》，《中国社会科学》1993 年第 1 期。

④ 季卫东：《法治秩序的建构》，中国政法大学出版社 1999 年版，第 21 页。

实践中往往只注重实体正义，而忽视程序正义，没有程序正义，实体正义也无法实现，程序正义在大学治理中的地位和意义不可忽视。程序正义既是大学自治的应有内涵，也是大学自治的保障。

大学治理和行政行为及国家治理具有类似性，大学权力很多都来自于国家直接的授权或委托。比如学位授予属国家行政确认行为，后经《学位条例》的授权，大学和科研机构便获得了该项权利。大学治理源于大学管理，如今平权和协商的因素在不断增加，大学管理逐步向大学治理发展和转变。但大学权力主体和权利主体之间更多的是一个不平等的关系；基于教育的性质，学校采取的手段更多地具有单方强制性。因而传统上将教育法划入行政法的范畴，称为教育行政法；如今很多学者将教育法定性为社会法，但也有很多学者仍然将教育法归类于行政法。随着国家行政管理向公共管理转变，国家管理向社会治理转变，相应地，教育管理也向教育治理转变，因而行政程序对大学治理的程序构建具有最大的可参照性，很多大学治理的行为可以直接参照适用。

现代行政行为可分为行政立法、行政执法和行政司法，相应地，大学自治权也可分为三个层面：一是自治立法权，即大学规章制度的制定权；二是自治行政权，即大学根据规章制度对学术和内部行政事务所进行的管理活动以及大学的决策权；三是自治裁决权，即大学对有关学术纠纷以及行政管理纠纷行使判断和裁决的权力。据此，大学自治可以从以上三个层面体现平等、参与、公开、理性、自洽等体现程序正义的理念和原则，即自治立法权的具体程序、自治行政权所应遵循的程序以及大学纠纷解决机制的构建和运行均应体现程序正义的基本精神。有些学者认为，大学章程的制定及内容①、学生管理行为②、教师职称评定③、教师聘任④、教育申诉制度⑤等大学自治行为和相关具体制度的构建应当体现程序正义。有些学者认为，大学现代化包括规范化和法治化，意味着一种现代性的制度体

① 朱详海：《作为程序正义的大学章程》，《吉林教育学院学报》2014 年第 3 期。
② 郝丽芳、郑清春：《论程序正义思路下的高校学生管理》，《社会科学家》2013 年第 2 期。
③ 赵克高：《高职院校教师内外职称评定中的程序正义》，《学理论》2011 年第 24 期。
④ 尹晓敏：《教师聘任施行的程序规范论》，《现代教育论丛》2006 年第 6 期。
⑤ 谭九生：《论我国高校教师申诉制度的完善——以程序正义为视角》，《黑龙江高教研究》2012 年第 1 期。

系建设和精神文化塑造。① 大学治理的现代化既需要进行具体的制度构
建，更需要现代法治精神和理念的树立。因此，对于程序正义，既要从微
观层面进行相应的制度和程序构建，也要从宏观层面予以把握；既要从形
式上予以体现，更要从理念原则上予以融会贯通，以便把握程序正义的精
神实质，而不至于流于形式，只具程序正义的外壳。具体而言，程序正义
可以从形式和实质两个层面体现和构建。

就形式而言，以下几个环节是程序正义不可缺少的内容：（1）告知
程序，包括事前、事中和事后的告知，新生入学教育告知，在日常管理中
告知，特殊事件发生发展的告知等。（2）信息公开或公示机制，学校作
出的有关决定要予以公示，以接受师生的监督。（3）表达和抗辩机制，
包括重大决策和章程制定修改中的征求意见制度以及处分程序中的陈述和
申辩制度等。（4）解释说明机制，对重大决定、大学章程和规章制度制
定修改后应说明理由，或进行解释。（5）回避制度，如原作出处分决定
的成员在申诉程序中的回避等。（6）提供并畅通权利救济途径，事后给
相关当事人一个有效的救济渠道是程序正义的一个重要环节和体现，具体
包括大学申诉制度等有关教育纠纷解决机制的构建与完善。

除此之外，听证制度是正当法律程序的核心，是实现程序正义的一个
必不可少的机制。借助听证，当事人可以充分表达自己的意见，或提出有
力的证据，决定者由此能够充分听取双方的意见，做到兼听则明，从而保
证处分或决定的公正性和正确性。尤其要使决定的作出建立在双方提出的
意见和证据的基础上而不考虑其他的因素，这体现了程序自治和自洽的基
本要求。同时，听证的适用还可以推动公开、公正、民主、理性等其他程
序正义。正如学者所言，听证制度的实质和要义是听取当事人的意见，这
是程序正义的必然要求和内在体现。其所蕴含的公开、参与、民主等价值
构成程序法治的生命源，其对行政民主、法治、保障人权的作用越来越突
出，听证自身所具有的独立于实体结果的程序价值也日益受到人们的关
注。② 从实质而言，程序正义要体现权力运行的中立性、公开性、参与
性、协商性、救济性及监督性，最根本的是要通过这些环节和制度，充分

---

① 蒋达勇、王金红：《现代国家建构中的大学治理》，《高等教育研究》2014 年第 1 期。

② 尹晓敏：《高校学生管理引入听证制度的法律思考》，《高等工程教育研究》2005 年第
4 期。

反映和体现权利主体的意见和利益，真正发挥他们在学校管理和决策中的作用，即学校的决策和管理的依据来自这些程序和环节，从而充分体现程序的理性和程序的自洽及自治，体现对教工和学生主体地位及人格尊严的尊重，而不是仅仅从形式上建立这些机制。通常所说的"你说你的，我做我的"及"你辩你的，我判我的"，指的就是徒具程序正义的形式而不具备程序正义的实质，这也是为什么虽然大学实行了信息公开和程序参与等程序机制，但人们仍然感受不到程序正义的重要原因之一。

程序正义在大学治理不同层面具体的程序制度构建是不一样的。上述学者论述的在大学管理或自治行为中基于程序正义的要求而进行的具体制度构建值得我们借鉴和参考。借鉴行政行为的分类①，大学自治行为可分为抽象行为和具体行为，抽象行为是指不针对任何特定人的行为，包括大学章程和规章制度的制定与修改、大学决策和决定等，后者是指针对特定的人所作出的影响其权益的具体行政和学术行为，包括学位和职称的评定、大学惩戒和处分以及申诉等具体行为。大致而言，大学自治立法和重大决策行为应当根据参与、公开等原则，通过征求意见、立法听证等具体制度，并借助各种形式，充分吸收教工、学生、校友等大学利益主体的意见和要求，从而实现立法和决策的科学化和民主化；规章制度的制定等重大行为可以构建信息公开制度、征求意见制度等，而大学处分、学位评定、申诉等大学行政及学术行为，应当构建陈述和申辩制度、告知制度、回避制度、听证制度等。

二　程序正义在大学治理中的地位及意义

1. 程序正义是大学自治应有的内涵

根据内容的不同，大学自治可以分为程序意义上的自治和实体意义上的自治。前者是指那些必要的方法性的事务——学术如何进行、如何实现，即大学如何追求其实体目的的过程和方法，关注的是大学自治的过程及相应的规则；后者是指构成当前大学存在的真实目标、目的和功能，即学术是什么，关注的是结果和大学实体权利（权力）的配置。两者存在

---

① 行政行为可分为具体行政行为和抽象行政行为。具体行政行为是指行政主体针对特定的公民、法人或者其他组织，就特定的具体事项，作出的有关该公民、法人或者其他组织权利义务的单方行为，如行政处罚。抽象行政行为是指行政主体制定发布普遍性行为规则的行为。

分工和协调，但不是简单的手段和目的的关系。诚然，从一定的意义而言，程序意义上的大学自治是实现大学自治的手段。从实体意义上来说，国家和大学的目的应当保持一致；从程序意义上来说，大学有权选择实现目标的手段，通过适合的灵活机制与国家共享实体目标和计划，从而保证大学这一公共部门也能够很好地保护公共利益。① 现代程序越来越与法治、民主、自由、人权等价值目标紧密相连，不仅使可能脱羁的权力受到程序之缰的牵引，还为保卫公民神圣又脆弱的权利指引方向。② 可见，程序正义是实体正义得以实现的重要保障。同时，公正、合理的程序是现代法治的基石。程序不是实体的影子，而是可以使实体美化或丑化的独立力量。③ "公正的法治秩序是正义的基本要求，而法治取决于一定形式的正当过程，而正当过程又主要通过程序来体现。"④ 程序正义意味着对权力的制约和对权利的保障，体现了对人格尊严的尊重，最大限度地满足了人在大学治理中的主体地位，使大学治理具有了实质性和有效性，进而促使治理过程的"自我合法化"。总之，程序正义不仅具有实体价值，即实现大学自治和大学目标的工具价值，而且程序正义本身就是大学自治的目的，从此意义而言，程序正义本身就是大学自治的应有内涵。因此，应当高度重视程序正义在大学治理中的地位和作用。

从具体权利的类型而言，大学自治权既包括实体权利，又包括程序权利。立法者和大学管理者往往只注重从实体角度来阐述自治权，而忽视了从程序角度予以阐述和构建。《高等教育法》规定了学术自主权和行政管理自主权，前者包括大学招生自主权、考试自主权、教学自主权、专业和课程设置自主权、学位授予自主权、科研自主开发和社会服务自主权等，后者包括人事自主权、财务自主权、对外交流自主权、内部秩序维护和管理自主权等，但该法没有规定大学行使这些权力（权利）的程序，以留待大学根据国家法律、法规的规定以及自身的情况制定具体的操作规程和实施细则。这些规程和实施细则应体现程序正义的理念和原则，这恰恰是

① 姚金菊：《转型期的大学法治——兼论我国大学法的制定》，中国法制出版社2007年版，第189—190页。

② 应松年：《社会管理创新要求加强行政决策程序建设》，《中国法学》2012年第2期。

③ 袁红冰：《刑事程序的魅力》，《中外法学》1990年第6期。

④ ［美］约翰·罗尔斯：《正义论》，何怀宏译，中国社会科学出版社1998年版，第225页。

大学自主权的应有内涵，因为立法笼统的赋权给予了大学广泛的自治空间，比如招生自主权赋予了大学考试内容自主、招生对象自主、招生录取规则自主等权力。但目前我国大学的章程以及各项规章制度中却没有也不会规定这些程序，即使有些规则，更多也是站在管理者的角度而不是根据程序正义的原则予以制定的，其中的原因很简单：正当程序是对其权力的限制，会给他们行使权力带来很多的牵制和麻烦。正当程序的规定，既有助于保障大学抵制国家和社会对大学自治的不当干预，也有助于保障相关利益主体，尤其是大学教师和学生的合法权益，以防止大学权力的滥用和腐败，这既是大学自治的体现，也是大学自治的保障。正如有学者所言："大学应该享有更多的内部行政能力，同时也负有更好更多自治；大学对于国家具有自治权利，对于大学成员具有自治能力，与此相伴的是大学的义务和责任。大学责任的保障与弹性的限制应当通过提升大学内部的行政程序来进行。"①

2. 程序正义是划分大学和国家及社会权利（权力）的边界，因而是大学自治的保障

大学自治并不排除国家和社会的监督，尤其是司法监督，问题是它们监督大学自治的界限是什么。大学自治从根本上而言是为了保障学术自由，法官不可能以自己的判断来代替学术判断，因为大学研究的是高深学问，需要长期的学术积淀，大学人才的培养有其特殊的规律，需要长期的经验和学术积累，这些都不是法官所擅长或胜任的。比如在刘燕文诉北京大学一案中，一审法院以程序瑕疵为由判决北大败诉，有学者认为，程序瑕疵不应当成为其败诉的理由。"所谓程序瑕疵，并不是问题的主流，但在没有仲裁的学术委员会评定结果的情况下，以程序不当判定学校败诉无疑体现了对高校学术判断水平的不信任，不但超出了其司法职责权限，更会影响到公众的舆论导向，最终干扰到高校的学术自由。"② 笔者认为，法院以程序瑕疵为由判决北大败诉恰恰是法院尊重学术自由的体现，由此既尊重了大学对学术问题的判断，从而维护了大学自治，也保障了学生的基本权利，这体现了大学自治和司法监督的平衡。正如牛凤蕊所言："高

---

① 姚金菊：《转型期的大学法治——兼论我国大学法的制定》，中国法制出版社 2007 年版，第 190 页。

② 牛凤蕊：《高校学位纠纷的法理学分析》，《中国高教研究》2006 年第 7 期。

校是一个以知识为核心的学术组织，其职能的实现依赖于自由的学术氛围和相应的保障制度，同时高校也有其独特的运作方式和教育规律，因此，司法介入高等教育应该是有限度的，即必须坚持有限审查原则。"① 那么，这个限度是什么呢？从根本而言，就是程序正义和权利保障。如大学作出是否授予学位、是否颁发学位和学历证书的决定，作出开除学籍、勒令退学处分的决定等关系到学生受教育权的事项，法院审查的只能是大学作出这个决定是否符合程序正义的要求，如果程序有瑕疵，法院可以撤销学校的决定，让学校重新作出决定。法院当然不能审查学术问题，不能审查学位论文能否达到有关要求，法院只能审查大学学位委员会的组成是否合法，作出决定的程序是否合法；只能审查学校作出处分决定的主体、目的、程序是否合法，而不能审查合理性和适当性问题。可见，程序正义就是司法审查的限度和边界。程序非常巧妙地将法律问题同专业问题区分开来，使得法治的触角延伸到法律所不能的领域，且不伤及问题的专业性，既维护了大学的自治权，又保障了学生的合法权益。从某种意义上讲，学生权益的保护全部仰赖于此，大学法治化的意义就在于大学管理的正当程序化。② 大学自治对外是针对大学与政府和社会关系而言的；对内主要是针对学校与教师、学生等关系而言的。大学自治不是绝对的，因此，对于前者的重心是实现自治的保障；后者司法审查的重心是大学自律的监督。③ 司法审查对大学自治而言不仅是一种监督，而且是一种保障，判断政府和社会是否侵害大学自治权的标准是程序问题：大学对教师和学生行使管理权，作出关乎其基本权利的决定时，司法审查主要还是法律问题和程序问题，因为法院无法审查教学问题和学术问题，因而审查的边界仅限于是否侵害权利，程序是否符合正义规则。即便允许司法介入学校纠纷，大多数情况下也应停留在程序性审查层面而不是实质审查，否则必然引起司法的正当性危机。也正是从这个意义上讲，正当法律程序原则在处理大学纠纷时备受青睐，成为司法得以介入大学事务的"尚方宝剑"④，也就

① 牛凤蕊：《高校学位纠纷的法理学分析》，《中国高教研究》2006年第7期。
② 胡大伟、晋国群：《司法审查介入高等教育纠纷的合理限度：学校与学生关系之维度》，《江苏大学学报》（高教研究版）2005年第2期。
③ 程雁雷：《司法审查对大学自治的有限介入》，《行政法学研究》2000年第2期。
④ 胡肖华、倪洪涛：《从失衡到平衡：教育及其纠纷的宪法解决》，中国法制出版社2007年版，第34页。

成为司法审查的边界。

从大学自治立法权的层面来看，尽管司法不宜审查大学自治立法的结果，却可以审查大学自治立法程序的完整性[①]：是否有符合规定比例的教授或教师代表参与到自治规章的制定过程中；是否遵循民主程序给予学生充分发表意见，以表达其意志的机会；是否经过学校教职工代表大会的讨论和通过；是否有通过有效的途径向师生等相关利益主体公示；等等。

从大学自治行政权的行使过程来看，正当法律程序原则要求司法至少有权对下列事项进行审查：受到处分的师生是否得到及时的通知；是否说明了理由；是否给予相对方申辩的机会；对相对方有重大影响或影响其重大利益的决定或处分是否应相对方的要求举行了听证；决定或处分是否根据听证所得事实和理由作出，是否考虑了相对方的陈述和申辩；有关决定书和处分决定书是否送达当事人；是否告知当事人救济权利以及有关的期限。这些程序问题是司法审查的内容，也是审查的边界。

3. 程序正义是对大学权力进行制约以保障大学利益主体权利的有效手段

程序既是为保障权力正常运行所修筑的通道，又是为防止权力失控所设置的藩篱。[②] 从外部关系而言，程序正义是大学自治的保障；从内部关系而言，程序正义是对大学权力进行有效控制及保障相关权利主体特别是师生权益的必要手段。程序的对立物是恣意，或者说，程序是对恣意的限制。基于权力易于扩张从而容易滥用和腐败的本性，既需要通过权利的赋予和其他权力的设置从外部对其进行制约，也需要通过程序的设置在内部对其进行控制，这是制约权力的两种有效途径，正当程序就是其中一种有效的手段。正如学者所言，程序正当，一方面可增强大学管理的透明度，限制大学管理人员的恣意妄为，减少自治权侵犯个体合法权利的危险性；另一方面又可保留一定的空间，以保证自治权管理大学事务的活力。[③]

大学自治是必需的，因为大学自治是学术自由必要的条件和有力保障，但大学自治也不是绝对的，大学要接受国家、社会等相关利益主体的

---

① 胡肖华、倪洪涛：《从失衡到平衡：教育及其纠纷的宪法解决》，中国法制出版社 2007年版，第 34 页。

② 刘献君：《论大学内部权力的制约机制》，《高等教育研究》2012 年第 3 期。

③ 夏民、刘同君：《大学自治与司法审查——由学子告母校引发的思考》，《高等工程教育研究》2003 年第 3 期。

监督，以保障教育的公益性。大学提供的产品为公益或者准公益产品，事关公众的切身利益，甚至关系到国家的竞争力以及民族振兴。因此，国家在赋予大学自治权的同时也需要对大学进行监督和宏观调控，以使教育符合社会发展的方向，维护和保障大学的公益性。大学评估等是其中重要的手段；基于法治的要求，国家还须通过司法审查对大学进行监督。前者是用政府行政权力来制约大学权力，后者通过保障权利主体的诉权以启动司法权对大学权力进行制约。在法治国家，这两种制约权力的手段又主要通过程序法治来控制权力。

现代国家对行政权力的控制，主要是通过正当程序来进行的，包括通过实体性正当程序和程序性正当程序予以进行。对大学自治而言，前者主要是通过法律保留以及比例原则来进行控制，后者主要是通过程序来进行。由于宏观调控的需要，尤其是福利国家的发展，西方国家放弃了"管得最少的政府就是最好的政府"以及"政府最小程度的干预，公民最大程度的自由"等自由放任的理念，积极干预经济社会生活，行政权极度地膨胀：立法由于周期长、程序烦琐而无法适应社会经济的快速发展，立法机关不得不将其部分立法权授予政府，由此政府便获得部分立法权；传统诉讼也由于其成本高昂、周期长等弊端而不适合新型纠纷的解决，政府便设立专门的裁判机构①，以快速、低廉地解决这些纠纷，由此政府便获得了纠纷解决权，传统的三权分立制度受到挑战。可见，政府行使的不仅仅是传统的行政权，还包括部分的立法权和裁判权，行政无处不在、无时不在，国家的触角延伸到社会的每一个角落，公民从摇篮到坟墓都和国家相关。人们对行政权既爱之，又惧之，迫切需要对行政权进行有效的控制。由于实体控权无法有效进行，程序控权便受到青睐，原来主要通过严密规则控权的大陆法系国家也借鉴英美法系国家的做法，即通过程序来控制行政权，以防止其滥用，保障相关利益主体的权益不受侵犯，因而程序在现代行政控制中居于重要的地位。美国法官霍姆斯说："自由保障的历史就是奉行程序保障的历史。"如前所述，对于大学权力而言，行政权具有最大的可参照性，因此，用正当程序来控制大学权力便是最佳的选择，也是必然的选择。

---

① 在大陆法系国家如法国、德国等设立劳动法院、财税法院、社会保障法院等专门法院，而英国则设立行政裁判所。

4. 程序正义有助于推进大学治理的民主化、科学化，为大学的发展提供不竭的动力

程序正义意味着程序的公开性、参与性、抗辩性、交涉性，意味着对恣意的限制，对程序参与者人格及尊严的尊重，意味着大学治理行为的公开、公正、公平、理性，意味着大学利益主体的有效参与及意志和利益的反映。因此，正当程序的实现过程必然是一个民主化的过程，同时又能集思广益，减少大学决策的随意性和任意性，保障大学治理的有序、高效、民主，从而实现大学管理和决策的科学化。蔡守秋教授有一段话讲得非常好："法治的要义是人民当家做主，良法的标准是为民；法律的基本范畴是权利，人权观念最核心的内容是自主；人民只有亲身参与立法过程，才能真正认识、了解和衡量法律与自身利益的关系，才能认可法律的正当性。""判断立法程序正当性的实际标准，是看是否构建了法定化的、程序化的、理性的政治意见与意志形成过程，是看是否重视立法的民主程序和公众参与。""经过充分的民主商谈所达成的立法，其正当性容易为交往行为各方所认可。法律在制定的过程中让人公平地参与和商谈，即使该法律最终会限制参与人的利益，他也会因通过参与过程的了解和知情，而认可该法律的某种正当性。"① 不仅立法是这样，法的执行和制度的执行也是这样；不仅国家和政府的治理是这样，大学的治理也是这样。

三　我国大学治理中程序正义的反思

我国历来强调实体正义而忽视程序正义，这不仅表现在司法审判中，而且表现在国家和社会治理的实践中。季卫东教授 20 多年前就提出了我国的程序建设问题，并分析了我国立法和实践中程序的缺失及其所引起的后果，从另外一个角度说明了专制和腐败产生的原因："程序化作业的进展还不能令人满意。法律条文往往忽视程序要件的规定，因而缺乏操作性，给恣意留下了藏垢之所。在实践中，不按程序办事相当普遍，更是专制和腐败的一大病灶。"② 其分析在很大程度上也是适合我国教育治理领域的。在我国大学治理中，无论是教育立法、大学章程和规章制度的制定

---

① 蔡守秋：《论环境法的正当性的依据》，《政法论丛》2010 年第 6 期。
② 季卫东：《法律程序的意义》，中国法制出版社 2012 年版，第 90 页。

与修改，还是具体的大学行政和学术行为以及纠纷的解决都缺乏正当程序，或者程序建构不完善，由此产生诸多问题，影响了大学的有效治理，大学法治的任务还很艰巨。

1. 程序正义缺失或不完善的表现

（1）相关教育立法、大学章程、大学规章等抽象性规定往往只注重实体规则，而忽视程序规则。《教育法》《教师法》《高等教育法》等教育法律法规只注重学校、教师、学生等大学主体的实体权力（权利）①的规定，对程序权利的规定却缺失或者不完善，如在教师和学生的权利义务中，仅有教师和学生申诉这项程序性权利，其余都是实体性权利。并且，由于有关规定的原则性，教育行政部门需要通过制定规章及规范性文件予以具体化，但这些规定也不注重程序正义。

作为大学内部最高管理规范的章程，无论是制定过程还是内容都缺乏程序正义。大学章程的制定过程往往是由大学行政主导，其他利益主体无法有效参与，所谓公开征求意见制度大多只徒具形式。就其内容而言，程序方面的规定存在严重的缺失或者不完善：部分章程的条款均是围绕学校管理的实体规则展开，有关权力行使的程序则鲜有规范，至多也只是在章程结束部分或者附则条款中简略规定章程的修改程序；但即便是在这为数不多的程序性条款中亦不乏法治层面的瑕疵，虽不至于使得学校管理权无从行使，但至少未遵从"法定程序"行使。有学者基于国际比较的视角，认为我国大学章程中存在以下主要问题：大学章程制定和修改的主体以及程序不严谨，没有最高权力机构的成员构成，没有规定最高权力机构的运行程序，没有规定参与学校决策的权利，大学章程认可度低且流于形式，学术委员会形同虚设，没有规定大学与基层组织之间的关系等。对这些问题予以归类，不难发现，这些问题要么是程序问题（如前四个问题），要么是因为程序的缺失或不完善导致的结果，比如导致"大学章程认可度低且流于形式，学术委员会形同虚设"的一个重要原因就是缺乏程序正义，以致不能获得大学相关利益主体的认同，学术权力无法有效制约行政权力，从而产生学术权力的行政化等。

作为大学自治重要体现的大学规章制度在制定过程中没有注意保障相

---

① 权力和权利在教育法中有时具有相对性，如大学自主权相对于国家而言是大学的权利，但相对于教工、学生等利益主体而言却是权力。

关利益主体的有效参与权等程序性权利，由此所导致的结果是，虽然大学章程和规章制度意义重大，也至少会部分反映利益相关者的利益，但他们仍然觉得大学规章制度是学校管理层单方意志的产物，反映的只是管理层的利益；大学规章制度的内容也往往缺乏程序性条款，规定的大多是实体性权力（权利），尤其是管理层权力的行使缺乏程序性规定，给予其太多的自由裁量权，甚至不受权利和程序的制约，权力的滥用甚至腐败也就难以避免。比如，很多大学关于学生处分的规章规定了处罚的事实、情形、种类等实体内容，但对处罚的程序，如学生的陈述、申辩、听证、处罚决定的送达、期限、救济途径等却很少有规定，或不完整，或不符合程序正义。有学者指出："不少大学校规条款中往往或只有关于'处罚'的规定，而对受处分学生是否有权向学校相关部门申请复议、复核只字未提，更不用奢谈设置专门受理申诉的机关、配备相关工作人员以及合理安排具体申诉程序等；或者虽然规定学生不服处理决定有权向上级机关申诉，但却赋予上级机关以最终裁决权，学生对复议决定不服，不可起诉，从而阻却了司法救济的途径。"[1] 其批评一语中的，切实反映了我国大学目前的状况。

（2）包括大学处分等在内的大学具体行政和学术自治行为缺乏程序正义。大学处分、学位授予、职称评定等具体行政和学术自治行为在实践中由于缺乏程序正义而受到质疑，甚至被法院撤销。在法院历年受理的案件中，学校败诉的很大一部分原因就是程序问题，最为典型的是田永诉北京科技大学案以及刘燕文诉北京大学案。田永在考试中作弊，学校作出勒令退学这么一个重大的决定时竟然没有通知他本人，甚至没有书面的决定书。同样，北京大学作出不授予刘燕文博士学位这个关乎其人生走向的大事也没有通知他本人，他也找不到一个地方问问理由，学校竟然说没有告知他的义务；法院在审查学校作出不授予其学位决定的理由时，北京大学的代理人竟然主张学校学位委员会的委员要对论文进行实质审查，即一个非无线电的专家要对一篇无线电博士学位论文进行审查，而且在一个上午要审查几十篇博士学位论文。

（3）教育纠纷解决机制缺失或者不完善，而仅有的教育申诉制度由于缺乏程序正义处于闲置或半闲置的状态。大学裁判权以及有关纠纷解决

---

[1] 胡肖华、徐靖：《高校校规的违宪审查问题》，《法律科学》2005 年第 2 期。

机制的缺失或不完善是程序缺失的重要表现。我国没有专门的教育诉讼制度，教育诉讼适用于《民事诉讼法》及《行政诉讼法》的有关规定。同时，根据现行法律，我国立法只确立了民商事仲裁、劳动人事争议仲裁及农村土地承包经营仲裁三种类型的仲裁，而没有专门的教育仲裁制度。《仲裁法》适用于合同纠纷和财产权益纠纷等民商事案件，《农村土地承包经营仲裁法》适用于农村土地承包案件，不适用于教育纠纷；《劳动争议调解仲裁法》则适用于劳动人事争议案件，因而教师的人事争议可以适用该法，但人事仲裁适用于所有的人事争议案件，并非专为教育纠纷的解决而设置，从而无法体现教育纠纷的特殊性，不能被称为专门的教育纠纷解决机制。《教育法》和《教师法》规定了教育申诉制度，这是我国立法规定的唯一的专门教育纠纷解决机制，除此之外，没有其他的教育纠纷解决机制。有些大学尝试建立教育仲裁制度①，有些地方还探索建立教育法庭制度，但收效甚微，或者最终流产②。

我国仅有的专门教育纠纷解决机制——教育申诉制度由于缺乏程序正义而实际上处于闲置或半闲置的状态，并没有发挥应有的作用。就学生申诉制度而言，虽然 2005 年教育部出台的《高等学校学生管理规定》对学生的申诉权的行使程序进行了完善，增强了可操作性，作为高校管理对象的学生的程序性权利从多方面得到充实，管理程序的合理性也有明显加强，高校学生管理程序正逐步趋向规范化与法治化③，可以说，这是我国教育立法主张程序正义的一个典范，但该规定的申诉权却仅限于学生处分这一个方面，学生教育申诉权的适用范围实际上被缩减了。同时，该制度在程序上仍然存在诸多不足，如事前公布告知不明确，听证制度欠缺，申诉处理委员会设置不周全，司法救济规定不完备等。④ 教师申诉权至今未制定实施细则，更不要说符合正当程序的可操作性规则了。正是这些程序性规定的不足，导致教育申诉制度基本上处于闲置和半闲置的状态。

---

① 于建坤：《争议裁决，招考公正的尺度和力度》，《中国教育报》2006 年 5 月 17 日第 10 版。

② 张义清：《教育法庭在中国：我国首例教育法庭的钩沉、反思与启示》，《吉首大学学报》（社会科学版）2009 年第 1 期。

③ 尹晓敏：《高校管理中学生程序性权利研究》，《教育科学》2005 年第 4 期。

④ 李爱春：《法制化视角下的高校管理——正当程序流程的学生处分设计》，《中国青年研究》2008 年第 9 期。

2. 程序正义缺失或不完善的危害

（1）既无法保障大学利益主体的权利，也无法有效制约大学权力，权力的滥用甚至腐败也就难以避免。程序是实现实体权利的有效保障，没有相应的程序保障，相关利益主体的实体权利义务便无法实现。同时，程序也是制约大学权力主体的有效手段。正是因为程序性权利的缺失或不完善，大学利益主体的很多实体权利处于纸面状态，而无法变为实然权利。也正是由于程序规定的缺失，大学教师和学生民主参与权和监督权等权利流于形式，既无法实现大学决策的科学化和民主化，无法对大学权力进行有效的监督，也就无法防止权力的滥用和腐败。某些大学中出现的比较严重的腐败现象与此密切相关，因为权力没有受到权利和程序的有效制约。

（2）使得大学治理行为不符合大学治理的规律，大学治理的行政化等问题莫不与此相关。大学章程程序性规定的缺乏势必影响据此而制定的规章制度的有效运行，其制定过程、内容和执行均缺乏程序正义；据章程而产生的大学行政权力和学术权力的行使也必然缺乏程序正义，从而影响整个大学治理的运行。同时，学术权力的行使由于缺乏可操作性的规定，或者操作性的规定不符合程序正义导致学术权力由校长等行政人员控制，学术权力无法按照其本源的意义来行使，这不符合大学治理的基本规律，是大学行政化产生的一个重要原因。根据《教育法》《高等教育法》《学位条例》等有关规定，大学设置学术委员会、学位评定委员会、职称评审委员会、教学委员会、教授委员会等学术机构，并通过这些学术机构来行使学术权力。但由于对这些组织的成员确定、议事规则、监督方式等程序没有规定，或者规定不合理，不能体现程序公正，从而导致这些机构被校长、院长等行政人员操作。比如，这些委员会的组成成员大多是学校的校长、副校长、院长、副院长、教务处长、科研处长、系主任等行政人员，普通教师比例很小，往往只是点缀，而这几个"点缀"也往往是院长和校长比较"亲密"或者"信得过"的人；即便有几个敢于坚持原则的教师代表，由于大学行政控制学校的资源，职称评定、干部提拔、课题申报等都掌握在校长等行政人员手里，他们因此有所顾虑，不敢坚持原则，同以校长为首的行政人员"对着干"。由此，基于行政的从属关系，学术事务的决定往往听从校长、院长的意见，学术权力无疑容易受到行政权力的干涉，大学运行的行政化也就不可避免。

（3）大学治理行为无法获得大学权利主体的遵从，加上有关纠纷解决机制的缺失，大学纠纷解决的诉讼化也就不可避免，同时也影响了大学自治的实现。大学立法、大学章程和规章制度的制定以及大学具体行政和学术行为无法体现程序正义的基本精神和原则，或者只是形式上体现程序正义，大学权利主体无法充分有效参与，他们的主体地位也就无法得到体现，人格尊严无法得到保障，利益和意志无法得到充分的体现。在某种意义上，程序正义的缺失使大学章程欠缺合法性、正当性和民主性，其他利益主体很难对章程发自内心地遵从，从而影响其权威性，也就难以发挥章程作为大学"宪法"应有的自治自律功能。正如学者所言，一旦章程内容侵犯师生的合法权益，后者可以程序性权利抗辩为由，令高校在诉讼和复议中处于被动局面；且程序性规定的缺失，在规范意义上丧失了一定的正当性、民主性基础。如若章程系权力独裁之产物，则难以获得社会公众的广泛承认和校内师生的自觉服从。① 大学纠纷的增多也就不可避免。

同时，教育申诉等有关纠纷解决机制由于缺乏程序正义而影响其权威性和公信力，从而无法发挥其在解决教育纠纷中应有的作用。近年来，大量教育纠纷纷纷涌向法院而不是利用这个设在大学中本来更加专业、效率更高、成本更低的纠纷解决机制就是明显的例证。人们往往选择程序正义较高的诉讼作为纠纷解决的主要途径。由此导致两个结果：一是大学教育纠纷解决的诉讼化；二是外部力量的介入可能影响大学自治。在司法介入教育纠纷是否具有正当性以及介入的限度问题引起人们的思考和忧虑的同时，还有一个问题值得人们进一步思考：诉讼能够给予人们想要的正义吗？同时，田永诉北京科技大学案以及刘燕文诉北京大学案也说明，人们想要的不仅仅是实体正义，还有程序正义，如刘燕文首先只是索要一个说法，找一个说理的地方和说理的途径。应当说，教育行政部门和大学此后对程序正义问题给予了相应的注意，一个重要的体现就是 2005 年教育部颁布的《普通高等学校学生管理规定》对学生申诉制度的完善，但程序正义的理念仍然没有在学校、学生、教师中真正地树立起来，学校往往也只是从形式上注意程序正义，没有把握程序正义的实质，更没有形成程序正义的精神，大学治理法治化的道路还很艰巨。

---

① 湛中乐、徐靖：《通过章程的现代大学治理》，《法制与社会发展》2010 年第 3 期。

第三节　大学有效治理与内部纠纷解决的关系

一　大学自治权应当包含纠纷解决自主权

我国《高等教育法》第 32 条至第 38 条规定了大学的 7 项自主权，可见，我国教育立法没有规定纠纷解决自主权。但是，在《教育法》和《教师法》中规定了申诉制度①，教育申诉制度是针对高校和教师、高校和学生之间发生的纠纷而制定的特有制度，属于专门的大学纠纷解决机制。根据《教育法》第 42 条和《高等教育法》第 39 条的规定，教育申诉可以分为教师申诉和学生申诉，教师申诉主要为校外申诉，具体又可以分为向教育行政部门的申诉和向其他行政部门的申诉。学生申诉则可以分为校外申诉和校内申诉，前者为向行政机关提出的申诉，后者为向高校有关部门提出的申诉。教师申诉由于相关行政部门并没有建立专门的机构来受理申诉事宜，同时又因为该制度缺乏具体的可操作性规定几乎流于形式；学生的校外申诉也没有相关的具体的可操作性的程序和机构，作用不大，而对于校内学生申诉制度，《普通高等学校学生管理规定》对学生因处分进行申诉的程序予以规定，对学生因其他事宜的申诉则没有专门的规定。总之，申诉制度并没有发挥其应有的作用。从性质而言，教育申诉制度属于非诉讼申诉制度；从纠纷解决机制而言，属于非诉讼机制。有学者认为，设立教育申诉制度更多的可能是为了落实公民的申诉权，以落实和实现宪法申诉权。笔者认为，虽然当时设立的目的也许主要并不是落实大学自治，但其中或多或少，或冥冥之中具有大学自治的含义。正是因为大学纠纷的特性，由法院等校外纠纷解决机构来解决教育这种高度专业性和经验性的纠纷可能不妥，因而应让大学先行解决，只有在大学内部纠纷机制无果的情况下，才可以向校外纠纷解决机制寻求解决，为此需要确立大学内部纠纷解决机制。教育申诉制度即是大学纠纷解决自主权的体现，应

---

① 《教育法》第 42 条第四项规定：（受教育者）"对学校给予的处分不服向有关部门提出申诉，对学校、教师侵犯其人身权、财产权等合法权益，提出申诉或者依法提起诉讼"。《教师法》第 39 条规定："教师对学校或者其他教育机构侵犯其合法权益的，或者对学校或者其他教育机构作出的处理不服的，可以向教育行政部门提出申诉，教育行政部门应当在接到申诉的三十日内，作出处理。教师认为当地人民政府有关行政部门侵犯其根据本法规定享有的权利的，可以向同级人民政府或者上一级人民政府有关部门提出申诉，同级人民政府或者上一级人民政府有关部门应当作出处理。"

该珍惜和利用该制度，以维护和推进大学自治。大学自治不仅是学术自由和管理自主，还包括纠纷解决机制的自主，即大学具有和其自治权相应的纠纷解决机制。但是，众所周知，教育申诉制度几乎处于闲置的状态，或者只徒具形式，而不具有纠纷解决功能，更不要说承担大学自治权的功能了。

同时，《高等学校章程制定暂行办法》（以下简称《暂行办法》）于2012年1月1日起正式施行。教育部指出，《暂行办法》贯彻落实教育规划纲要的要求，全面规范了高等学校章程制定的原则、内容、程序以及章程的核准与监督执行机制，是高等学校开展章程建设、实施依法治校，促进科学发展的行动指南和实践纲领，对于建设中国特色现代大学制度，深化高等教育管理体制改革，具有重要的现实意义和深远的历史意义。① 为此，很多大学已经颁布了大学章程，或者正处在征求意见阶段，但这些章程（包括草案）大多没有纠纷解决机制的相关规定。作为大学"自治宪法"的大学章程应当规定学校内部纠纷解决机制的整体架构。此外，国家也没有对大学纠纷解决机制进行立法规划。由此，大学纠纷解决机制几乎被人遗忘了。作为社会纠纷解决机制重要一环的大学纠纷解决机制意义重大，不仅关系到学校、学生、教师等大学治理主体权利（权力）的保障，而且关系到大学有效运转，大学自治的实现。国家应当对大学纠纷解决机制进行构建和完善，即使国家没有相应的规划，大学自身也应当在已有法律框架范围内（如校内教育申诉等）作出相应的规定，倒逼国家纠纷解决机制的构建。构建有效大学纠纷解决机制的问题，实质上是大学自主权的落实和贯彻问题，必须从大学自治权的视角来探讨大学纠纷解决机制的构建。有学者指出，从现实来看，申诉制度不可避免地带有鲜明的行政色彩。但高校校内学生申诉仍然显示一定的自治性作用，并成为高校自治逐步建立和实现的一个标准。② 尊重高校自治权，实现高校自治是我国当前教育法制建设主要的发展方向，高校对学生申诉的处理权是高校自治权的一项重要内容，为高校提供了一个反思和考虑的机会。③

---

① 《教育部办公厅关于学习宣传、贯彻实施〈高等学校章程制定暂行办法〉的通知》（教政法厅〔2011〕1号）。

② 范愉：《多元化纠纷解决机制与和谐社会的构建》，经济科学出版社2011年版，第304—305页。

③ 尹晓敏：《高校学生申诉制度研究》，《高教探索》2004年第4期。

　　大学纠纷解决机制既是大学自治的内在要求和体现，也是大学自治的保障。大学自治，是指大学不受政府、教会或其他势力干预，实行独立办学。大学自治是解决中国大学目前存在的许多严重弊端问题的最好选择。在我国的官方的文件中没有出现"大学自治"这个词，用的是大学自主权，从实质而言，就是大学自治权。

　　大学自治权应当包含纠纷解决自主权，那么大学行使裁决权是否有违现代宪政原理呢？诚然，现代社会一般由司法机关行使裁判权，但并不是完全由司法机关垄断裁判权和纠纷解决权，也并非只有通过诉讼才能实现所谓的正义，诉讼和正义不能画等号，大学纠纷解决自主权恰恰是大学自治权的应有内涵，是国家向社会返还权力的体现和必然要求。

　　从权力性质角度而言，大学自治权是社会权力。大学自治权是没有完全被国家权力蚕食的几种社会权力之一。自20世纪60年代以来，随着教育在国家经济社会发展中地位的凸显，西方国家加强了对教育的调控，但基于大学的性质和传统，大学仍然保持着比较高的自由度。就我国而言，大学自主权是一个逐步取得的过程，与我国政治、经济、社会体制改革的进程是一致的。随着行政管理向公共管理的转变，政府在不断地放权，将权力不断归还给社会和个人，因而社会权力将不断加强。高等教育的改革也是如此，大学从政府的附属物到独立的法人的转变就是其自治权不断增强的表现。但何为自治权，其内涵存在争议，《高等教育法》将其定位为办学自主权，包括招生自主权、学科专业设置自主权、教学自主权、科研和社会服务自主权、对外交流自主权、人事自主权、财务自主权等。其实，仅有这些自主权是远远是不够的，还无法实现大学自治和学术自由。从性质而言，大学自主权属于社会权力，纠纷解决自主权应当属于大学自治权不可或缺的组成部分，也是国家不断放权给社会的一个体现和要求。行使社会公权力的社会组织在一定程度上可以说是微型的"小政府"，它们在实践中制定管理规则、行使内部管理权限、解决内部矛盾纠纷，有学者将其概括为"准立法权"（规则制定权）、"准行政权"（内部管理权）、"准司法权"（纠纷裁决权）。[1] 事实上，大学早已在行使这些权力，据此，大学自治权可以分为三个层面：一是自治立法权，即大学规章制度的制定权。二是自治行政权，即大学根据规章制度对学术以及大学内部行政事务

---

① 徐靖：《论法律视域下社会公权力的内涵、构成及价值》，《中国法学》2014年第1期。

所进行的管理活动。三是自治裁决权，即对大学有关学术纠纷以及行政纠纷行使判断和裁决的权利。也就是学者所说的"自治三权"。其中，"自治规则"的创制是规则执行或适用的前提和基础，规则创制权的大小直接规定自治行政和裁决的内容、范围和边界。① 而自治裁决权是大学自治的必然要求，也是大学自治的必要的补充，如果没有该项权利，大学自治就不是完整的。

从本源意义上而言，纠纷解决权力也是社会权力的一个组成部分。随着国家的建立，纠纷解决权力一直为国家所垄断。根据社会契约论的观点，纠纷解决权属于国家权力的一个重要组成部分，是社会让渡给国家的一种权力，这也是国家产生的重要原因之一。在自然的状态下，每一个人都是自由的，一旦发生纠纷，如果没有相应的纠纷解决机制，社会就可能陷入混乱的状态。洛克认为，自然状态存在以下缺陷：第一，这种自然状态下虽然有自然法，但缺乏一种明确的、众所周知的标准；第二，尽管人人都有惩罚违反自然法行为的权利，但缺少有权裁决纠纷、知名而公正的裁判者；第三，缺少权力（强制力）来支持正确的裁决，使其得到应有的执行。② 于是，人们就成立公共机构——国家，以保障社会的正常运转。为此目的，国家便获得三项权力：行政权、立法权和司法权，其中司法权就是纠纷解决权。其实，社会一直都有纠纷解决权，在所谓的自然状态下也有纠纷解决权，只是因为国家的产生，纠纷解决权逐步为国家垄断。随着近代国家的普遍建立，司法权便逐步成为最主要的甚至被认为是唯一的纠纷解决机制，社会权力中的纠纷解决权便逐步地萎缩，只限于商事仲裁等有限的几种纠纷解决机制。同时，这些机制也要接受司法审查，要接受司法的监督，司法机关可以撤销或改变仲裁等非诉讼机制的结果，因为司法最终解决原则被认为是现代法治社会的一个基本原则。到了现代，司法的权威进一步确立，有些非诉讼机制甚至被认为不合法，采取非诉讼机制往往被认为是没有现代意识和观念的表现。与此同时，诉讼司法的缺点也随着诉讼地位不断提升而充分地暴露，诉讼并没有给予人们想要的正义。由于诉讼机制自身的缺点，加上现代国家一味强调诉讼的作用和

---

　　① 胡肖华、倪洪涛：《从失衡到平衡——大学及其纠纷的宪法解决》，中国法制出版社2007年版，第 23 页。

　　② ［英］洛克：《政府论》，叶启芳等译，商务印书馆 1997 年版，第 77—78 页。

地位，排斥甚至打击非诉讼机制，诉讼机制运行的生态环境恶化，如诚信的缺失、道德的滑坡，诉讼并不能有效解决社会纠纷。20 世纪 60 年代以来在世界范围内兴起的三次"接近正义"运动的浪潮，主要是针对许多国家的民事司法制度未能向纠纷当事人提供高效、低廉、公正的纠纷解决机制而出现的。对于很多贫困者而言，知识欠缺和无力承担为解决纷争、寻求个人应得利益及援助所需费用构成其接近司法的巨大障碍。在接近正义运动的第一阶段（始于 20 世纪 70 年代），通过创立和完善法律咨询以及法律援助制度等与诉讼制度紧密相关的周边制度，为当事人提供接近司法的途径和保障。接近正义运动的第二个阶段主要关注于为消费者、残疾人、环境污染受害者等弱势群体的扩散性利益提供司法上的保护。这一运动改变了传统的诉讼模式，出现了新型的民事诉讼。起诉者往往超越现有法律所设定的封闭性的利益保护框架提出新的利益主张，而且原告往往不仅主张自己的利益，还尝试排除与其处于同一立场的利益阶层的人们的扩散的、片断性利益的侵害。从救济途径的角度来看，接近正义运动的第一次浪潮和第二次浪潮具有一个共同的基本特征，即试图通过改革司法机制，减少乃至消除公民在寻求司法救济方面的障碍。然而，实践表明，仅仅通过司法体制内的改革未能实现接近正义的目标，诉讼成本高昂、诉讼迟延以及诉讼结果不确定等对接近司法造成的障碍并没有从根本上得到纠正。在此情况下，许多西方国家掀起了第三波接近正义运动，即将正义与司法（法院）区分开来，重新理解和解释正义的内涵，使公民有机会获得具体而符合实际的正义，即纠纷解决的权利。这一运动试图构建诉讼外争端解决机制（ADR），以此实现接近正义的目标。[①] 由此，不仅非诉讼机制蓬勃发展，而且司法也出现社会化的趋势，其本质就是国家将一部分纠纷解决权还给社会，让社会自身去解决，由此既可以解决社会纠纷，化解社会矛盾，维护社会的和谐和稳定，也可以加强社会的自主、自立和自治。因此，从此背景而言，大学纠纷解决机制是多元化纠纷解决机制的必然结果，是国家还权给社会的体现和必然要求。从更好地解决社会纠纷角度看，国家还权于社会是增强社会权力解决社会纠纷的努力，是完善社会权力解决社会纠纷机制的一个有效思路。而且，社会权力应当成为社会纠

---

① ［意］莫诺·卡佩莱蒂：《福利国家与接近正义》，刘俊祥等译，法律出版社 2000 年版，第 1—23 页。

纷解决的主角，而不是配角；社会权力主体应当担当起调解人、仲裁人和监督者的社会责任。①

二　纠纷解决自主权是大学自治的保障

为了大学的有效运转及实现大学的自治，必须要构建一套适合大学纠纷特点的解决机制。如果大学内部没有相应的纠纷解决机制，大学发生的纠纷完全依赖于外部机制，大学自治有可能会受到不必要的干预。同时，很多教育纠纷具有很强的专业性和技术性，让法官等"外行"审查学术问题以及学校内部管理问题，一方面是勉为其难，另一方面是无法保障其正当性和合法性，既有损于大学自治和学术自由，也无法保障其公正性和合理性。大学内部争议解决机制首先是大学内部相应组织机构的建立健全，其次是规则的制定和执行。这就同大学内部治理联系在一起。大学内部治理是大学自治的一个重要课题。② 涉及学术判断这些专业性问题利用法律技术手段往往无法得到妥善的解决，可能影响甚至侵犯大学自治。申诉制度中的校内申诉，作为高校内部纠纷解决的途径和争端化解机制，其建立和运作都是依靠高校行使自主权来实现的，本身就是大学自治的一项内容。③ 如果高校管理过程中存在大量需要通过自治权解决的问题，尤其是涉及学术评判的领域，高校需要有真正意义上的决定权，如果过多引入司法救济，极有可能导致"外部权力借此机会，以司法名义干涉大学的独立，对学术自由和大学自治产生不利的影响"④。通过大学纠纷解决机制，尤其是通过大学内部前置的教育申诉等大学内部纠纷解决机制，可以尽量避免国家权力的干预，避免司法的高风险、高成本，最大限度地降低对抗性，从而达到纠纷的和谐圆满解决，增强大学自治能力和大学的凝聚力，实现大学自治、学术自主和学术自由。

---

① 王月峰：《社会纠纷解决中的国家权力与社会权力》，《北京行政学院学报》2014年第5期。

② 姚金菊：《转型期的大学法治——兼论我国大学法的制定》，中国法制出版社2007年版，第337页。

③ 湛中乐：《高等学校大学生校内申诉制度研究》，载劳凯声《中国教育法制评论》（第5辑），教育科学出版社2007年版，第30页。

④ 湛中乐：《高等教育与行政诉讼》，北京大学出版社2003年版，第461页。

第四节　本章小结

　　大学有效治理的实质是依据大学权力运行规律，在分权制衡的基础上，实现权力对权力的制约以及权利对权力的制约。大学实现有效治理，需要明确界定政府行政管理权和大学自主权，以及行政权力和学术权力的范围，用大学权利（权力）和社会权力制约政府权力；用社会权力制约大学权力；行政权力和学术权力相互制衡；保障教师、学生、社会公众等利益相关主体权利，实现对学术权力和行政权力的制约。大学治理必是依法治理，而法治的核心是程序之治，因而大学治理必是程序之治，大学治理行为应体现程序公开、程序参与、程序理性、程序自治等程序正义的理念和原则。大学要实现有效治理，须根据程序正义的原则，制定和修改大学章程及规章制度以规范大学权力，使其按照学术规律运行，并保障各相关利益群体的权益，从而促进大学健康、有序和持续发展。大学纠纷解决机制是大学自主权的重要组成部分，也是大学自治的重要保障，应当从大学自治的视角来构建大学纠纷解决机制。

第五章 提高大学治理有效性的政策研究

党的十八届三中全会的《中共中央关于全面深化改革若干重大问题的决定》指出，要"深入推进管办评分离，扩大省级政府教育统筹权和学校办学自主权，完善学校内部治理结构"。这意味着，一方面应重构政府与大学的关系，政府必须转变职能，由微观管理走向宏观管理，由直接管理走向间接管理，由办教育向管教育转变；另一方面要落实和扩大大学办学自主权，强化大学面向社会独立办学的法人地位，大学要进一步完善内部治理结构，提高治理能力，促进大学治理现代化。当前，我国大学面临治理的双重有效性危机，从参与维度看，大学权力主要集中在少数行政人员和兼有行政职务的学术人员手中，教师、学生等重要利益相关者在大学重大事务决策中缺席或处于边缘状态，治理程序正义也不足；从效率维度看，大学的结构性效率、适应性效率、内部合作效率和外部内部合作效率也不高，内部治理结构还不能完全适应大学健康持续发展，也没有完全满足社会经济发展对大学的期望，内部治理能力有待提高，治理行为有待进一步规范等。整体来看，当前我国大学治理处于参与程度低—效率低与参与程度低—效率高之间，兼有本书第一章图 1-1 中的第②与第③两种类型的特征，因此，大学治理改革未来的总体方向是接近实现参与程度高—效率高模式，即第①种类型。

第一节 推进大学章程实施

有研究显示，现代大学章程的共同特质有：第一，大学章程规定大学的使命是追求公共利益和学术真理；第二，大学章程规定大学权力主体是大学利益相关者；第三，大学治理是大学章程的核心内容；第四，大学章

程的主要功能是规制大学权力的运行。① 截至 2015 年底，《全面推进依法
治校实施纲要》（教政法〔2012〕9 号）提出的大学"一校一章程"建设
目标基本完成，其中 112 所"211 工程"大学（含 38 所"985 工程"大
学，军事院校除外）章程已经全部完成核准发布工作②。从大学章程文本
制定来看，我国公办大学解决了办学过程中一项基础性难题；从章程建设
连续过程来看，充分发挥章程在办学过程中的作用，通过实施章程促进大
学治理现代化，是大学章程建设面临的一个迫切需要回答的新问题。党的
十八届四中全会强调，法律的生命力在于实施，法律的权威也在于实施。
正如习近平同志指出的，"有了法律不能有效实施，那再多法律也是一纸
空文，依法治国就会成为一句空话"。同理，章程在大学办学过程中能否
真正成为治校纲领，不仅取决于各级领导对章程建设的认识和态度，也不
仅取决于章程文本对权力和权利的规定，关键在于章程在大学办学过程中
能否得到有效实施。

　　《高等学校章程制定暂行办法》（教育部令第 31 号，下称《制定办
法》）实施前，我国大学曾经经历过一轮章程制定活动③，但不少章程文
本胎死腹中，少数公布生效的章程也陷入认可程度低且流于形式，甚至沦
为一纸空文的尴尬境地④。《教育部办公厅关于加快推进高等学校章程制
定、核准与实施工作的通知》（教政法厅〔2014〕2 号，下称《核准通知》）
指出："章程的生命力在于执行。各地、各高校要高度重视章程核准后的
执行机制建设，保障章程在高校管理和办学实践中真正发挥作用。"大学
章程的实施本质上是一种具体的公共政策实施，而公共政策是一个因变
量，其实施"要受到各种执行资源包括政治、经济、技术等条件的可获
得性，执行者的价值、利益关系与能力，政策受众的认可程度等在内的多

---

　　① 朱家德：《现代大学章程的共同特质》，《复旦教育论坛》2013 年第 5 期。
　　② 《已有 84 所高校简称获教育部高校章程核准》，http://news.sciencenet.cn/htmlnews/
2015/7/322171.shtm，2016－02－10。
　　③ 2003 年 7 月，教育部发布了《关于加强依法治校工作的若干意见》，提出"学校要依据
法律法规制定和完善学校章程"，部分高校进行了第一轮章程建设，如 2005 年 12 月 28 日《吉林
大学章程》经学校第十二次党代会审议通过，并于 2006 年 1 月 1 日起实施。
　　④ 朱家德：《权力的规制：大学章程的历史流变与当代形态》，中国社会科学出版社 2013
年版，第 277—279 页。

种变量的影响制约"①。为避免新一轮大学章程建设重蹈覆辙，制定有效的章程实施机制显得异常迫切和重要。大学章程制定后不可能得到"完美执行"②，但有必要以"完美执行"为标杆，朝着这个标杆努力，提高实施效果。整体上看，大学章程的有效实施，一要进一步转变政府职能，落实和扩大大学办学自主权；二要加强组织领导，落实章程实施的主体责任；三要做好章程的传播解释工作，提高章程认知认可度；四要成立章程实施监督机构，提高章程执行力；五要谨防章程变通、虚假实施、过度实施等偏差行为。

一　进一步转变政府职能，落实和扩大大学办学自主权

《制定办法》第 8 条规定"章程应当按照高等教育法的规定，健全学校办学自主权的行使与监督机制"，落实和扩大大学办学自主权关键在于政府职能转变。从中央政府与地方政府，以及中央政府、省级政府与大学的关系来看，政府行政权对大学办学自主权的钳制很大程度上是一种制度惯性使然。因为在计划经济向市场经济转型过程中，政府赋予大学自主权是由于计划经济体制下的管理体制严重束缚了大学的发展，政府自身无力解决这些问题，政府希望通过放权的形式达到减少政府责任的目的。③ 也就是说，政府赋予大学一定的办学自主权并非出于尊重大学的法人地位、促进大学健康发展的需要，而是一种无奈的策略。《中共中央关于全面深化改革若干重大问题的决定》中，"推进社会事业改革创新"部分提出要扩大"学校办学自主权，完善学校内部治理结构"，"加快转变政府职能"部分提出"推动公办事业单位与主管部门理顺关系和去行政化"，"建立事业单位法人治理结构"等。实践中，最近几年大学的办学自主权确实得到部分落实和扩大。如浙江省从 2014 年起，全省各高校根据《高等教育法》《高等学校教师职务试行条例》等法律法规及国家、省有关教师专

---

① 黄健荣：《公共政策执行应当承受之重》，《四川大学学报》（哲学社会科学版）2008 年第 6 期。

② 公共政策的"完美执行"有 10 个要件：一是没有无法克服的外在限制；二是充分的时间和足够的资源；三是充分整合所有必要的资源；四是政策以有效的理论为基础；五是直接而清晰的因果关系；六是最低度的依赖关系；七是充分共识与完全理解的政策目标；八是任务必须在正确的行动序列上陈述清楚；九是完美的沟通与协调；十是权力与服从。参见李允杰、丘昌泰《政策执行与评估》，北京大学出版社 2008 年版，第 131—133 页。

③ 朱家德：《中西方大学与政府关系演进研究》，《中国高教研究》2015 年第 10 期。

业技术职务评聘的规定，按照分类评价的原则，全面开展教师各级职务自主评聘工作，高校可以"自定标准、自主评聘、自主发证"①。浙江省政府在转变政府职能过程中较为有效地落实了《高等教育法》第 37 条规定的大学"按照国家有关规定，评聘教师和其他专业技术人员的职务"的自主权。但整体来看，我国大学依附于政府的状况没有得到根本改变，新型政校关系也没有建立起来。大学办学自主权之所以成为久拖不决的政策难题，主要源于宏观制度环境的制约、行动者认知方式的制约以及制度的历史累积效应的影响。② 也是因为大学办学自主权尚处于"制度构件"状态而未形成完整的"制度结构"，无法摆脱对政府高教行政权的依附地位。③ 因此，大学章程实施应从教育行政部门转变职能开始。

　　现有的经教育部或省级教育行政部门核准的大学章程，有关大学权利的规定本质上是政府通过章程的一种赋权行为和确权行为，如《西南大学章程》④ 第二章"举办者与学校"第 10 条规定了学校依法享有"按照学校章程自主办学，拒绝任何组织和个人的非法干预"，"依据法律法规和国家政策自主设置和调整学科、专业，制定并实施招生方案，自主调节招生比例"，"根据实际需要和精简高效的原则，自主确定教学、科学研究、行政职能部门等内部组织机构的设置和人员配备"等 10 项权利。西南大学是国家举办，由教育部主管，与重庆市政府共建的非营利性事业组织，具有独立法人资格，从这个意义上来说，中央政府作为西南大学的举办者，应当"支持学校依法自主办学，保护学校办学自主权不受任何组织和个人的非法干预"。实际上，中央政府教育行政部门可以"按照国家规定确定学校管理体制，依法监督和规范学校办学行为，核准学校章程，监督学校按照章程办学"，"对学校不当使用办学自主权的行为予以处罚或调整"。比如在专业设置权上，《普通高等学校本科专业设置管理规定》（教高〔2012〕9 号）虽然与 1999 年版的《高等学校本科专业设置规定》相比进一步扩大了大学本科专业设置自主权，减少了专业的审批环节和审

---

① 《浙江省教育厅　浙江省人力资源和社会保障厅关于深化高校教师专业技术职务评聘制度改革的意见》（浙教高科〔2014〕28 号），2014 年 3 月 19 日。

② 周光礼：《中国大学办学自主权（1952—2012）：政策变迁的制度解释》，《中国地质大学学报》（社会科学版）2012 年第 3 期。

③ 陈金圣、刘志民等：《我国大学办学自主权落实的困境与出路》，《国家教育行政学院学报》2013 年第 10 期。

④ 《中华人民共和国教育部高等学校章程核准书第 15 号》，2014 年 5 月 5 日。

批数量，但大学设置专业的自主权仍不能满足大学人才培养的需要，如该规定第 10 条规定"专业设置和调整实行备案或审批制度"，其中大学设置国家控制布点专业或尚未列入专业目录的新专业，须按有关程序和要求报送教育部审批，如果申报材料没有被"教育部学科发展与专业设置专家委员会"评审通过，则不得设置相关专业。可见，大学章程规定的大学专业设置权只是教育部行政权辖内的一种不完全自主权。至于招生自主权则更有限，大学只能自主调节招生比例，而最为关键的招生数量仍然是由教育行政权主导、实施招生计划分配。大学内部机构设置和人员配备自主权也仅仅是政府对大学定编定岗下的有限自主权，而政府是按照《地方各级人民政府机构设置和编制管理条例》（国务院令第 486 号）的思维，管理大学内部机构设置和人员配备，特别是大学内部各级领导干部职数设置。因此，大学章程实施的外部环境是需要进一步转变政府职能，如果各级政府继续沿用管制大学的政策思维，那么章程规定的大学各项办学自主权就难以得到有效落实。

二 加强组织领导，落实章程实施的主体责任

我国公共政策执行的基本经验是运用中国特色制度的党委领导、党政合作为基础的高位推动，通过层级性治理和多属性治理，采用协调、信任、合作、整合、资源交换和信息交流等相关手段来解决公共政策在中央政府与地方政府之间、部门之间的贯彻与落实问题。[1] 大学章程与利益有着密不可分的联系，大学章程实施"本质上是相关政策主体之间基于利益得失的考虑进行的一种利益博弈过程"[2]，章程实施主体的行为从根本上受利益驱动，主体利益矛盾或冲突的客观必然性决定了章程执行不力问题产生。在我国大学章程执行过程中，主要涉及校级领导和中层干部两个层面的执行主体。

第一，落实党政一把手的章程实施主体责任。《高等教育法》及各大学章程均载明内部治理架构，大学内部领导体制实行党委领导下的校长负责制。在这种领导体制下，党委书记是政治体制和组织体制中的"一把

① 贺东航、孔繁斌：《公共政策执行的中国经验》，《中国社会科学》2011 年第 5 期。
② 丁煌：《利益分析：研究政策执行问题的基本方法论原则》，《广东行政学院学报》2004 年第 3 期。

手"，校长是法律框架内的"一把手"，大学事实上实行"双校长制"。因此，大学的任何政策制定和实施，如果得不到党委书记或校长的支持，几乎是寸步难行的，如果能够同时得到书记和校长的支持，则政策制定和实施可以畅通无阻。大学章程制定后，迫切需要落实大学党政一把手的章程实施主体责任，因为"政策执行者必须拥有真正实质的权力，而且标的团体也从内心深处衷心服从，这样的权力与服从关系是完美执行的关键因素"[1]。大学章程的主要功能是规制大学权力运行，部分大学的章程制定阻力主要来自大学党政领导，要让大学党政领导积极实施章程的难度可能比制定章程的难度更大。《核准通知》要求"校长要作为章程执行的第一责任人，要把章程执行情况，作为年度述职报告的内容，向教职工代表大会作专门报告"。为此，可以考虑制定大学章程宣誓制度，所有校级领导入职仪式上均须宣誓忠于大学章程，维护章程权威，履行法定职责。同时，强化责任追究机制。目前，只有极个别章程设定了违反章程的责任追究条款，如《北京航空航天大学章程》[2] 第83条规定章程监督委员会"受理对违反章程的管理行为、办学活动的举报和投诉"。值得一提的是，《吉首大学章程》[3] 设"章程实施"专章，规定"教职工代表大会常设机构为章程校内执行监督机构，监督章程执行情况，受理对违反章程的管理行为、办学活动等的举报和投诉，并按管理权限及时进行处理"。

第二，预防"中梗阻"现象。政策执行中的"中梗阻"现象是指组织中的中层干部不认真履行自身职责而导致现有的方针政策不能得到有效贯彻落实的情况。[4] 中层干部在执行章程时需根据本职能部门的工作实际进一步细化章程条款，由于我国大学政策执行过程普遍存在变通现象，章程执行过程出现"上有政策、下有对策"、"断章取义、为我所用"等问题的可能性很大。为此，可以考虑将章程作为中层干部年度培训的内容之一，利用中层干部大会等形式专门研讨章程内涵和贯彻落实的办法，撰写体会文章，在大学内部形成自上而下学习章程、尊重章程，依法依章程办事的局面。

① 李允杰、丘昌泰：《政策执行与评估》，北京大学出版社2008年版，第133页。
② 《中华人民共和国教育部高等学校章程核准书第43号》，2014年10月11日。
③ 《湖南省高等学校章程核准书（第6号）》，2014年8月7日。
④ 周颖：《公共政策执行中的"中梗阻"难题及破解对策》，《领导科学》2015年第3期。

三 做好章程的传播解释工作，提高章程认知认可度

公共政策学认为，政策有效传播可以培养政策对象对公共政策的认可、理解、信任和支持，从而减少对抗、抵制、抵触、冷漠等不合作情绪，减少政策实施的阻力。在技术进步、制度变革和社会变革等因素的综合作用下，我国公共政策在内部传播系统、通过媒体中介的传播和与公众的直接传播中，传播模式由直线模式转向波形模式，由政策宣传模式转向新闻发布模式，由窗口模式转向压力模式，逐步从原来占主导的单向传播转变为相互作用的双向传播。[①] 以大学章程建设为契机，完善中国特色现代大学制度的目标需要形成广泛共识并得到充分理解，这是章程实施的重要前提条件，如果大学利益相关者对这个目标的认识相互冲突，大学自身的认识也不够清晰，实施起来就有很多困难。大学章程实施需要政府、社会、师生等各层次利益相关者的认知、认可、理解、信任和支持，《核准通知》要求"高校要在学校主页设置专门栏目、突出位置公布章程并配发解读文章、相关规定；要将章程及其他主要管理制度印制成册，作为新生、新进教师、新任领导干部的培训资料，人手一册，组织专门学习"。实践中，无论是上一轮还是这一轮大学章程制定活动，相当部分大学章程制定遭遇了师生等利益相关者的"政治冷漠"，不利于章程的有效实施。2011 年，中部一大学高教所受学校第八届"双代会"筹委会委托，承担了学校章程修改工作，以电子邮件形式向全校 2500 多名教职员工发送了《关于征求〈××××大学章程〉修改意见和建议的问卷调查通知》，最后只有 8 位教职工对问卷进行了作答。[②] 2015 年，东部一大学以"《××大学章程》建设领导小组"的名义在学校办公网发布了《关于征求〈××大学章程〉意见和建议的通知》，提请各学院、各部门和广大师生积极参与讨论，提出意见和建议，结果没有收到任何意见或建议。因此，在互联网技术高速发展的今天，充分利用传统媒体和新兴媒体做好章程的传播显得尤为必要。同时，也要借助一些活动载体开展章程的"普法工作"，比如在师生中开展章程知识竞赛活动，真正使章程深入人心。

[①] 李希光、杜涛：《超越宣传：变革中国的公共政策传播模式变化——以教育政策传播为例》，《新闻与传播研究》2009 年第 4 期。

[②] 朱家德：《权力的规制：大学章程的历史流变与当代形态》，中国社会科学出版社 2013 年版，第 211 页。

在做好章程传播的基础上，大学还要做好章程的"司法解释"工作。尽管大部分已核准的章程设定了章程解释主体的条款，一般规定学校党委会或党委常委会负责章程的解释工作，但只有《北京大学章程》① 明确规定了学校设立章程委员会负责"（一）对本章程提出解释说明文本；（二）组织制定章程实施细则"。另外，《华中师范大学章程》② 规定"教育部和学校党委常委会对本章程的书面解释，与章程文本具有同等效力"。

大部分章程规定了章程在校内治理制度体系中的"宪章"地位，但要使章程真正成为"大学宪章"，落实章程在校内规章制度体系中的最高"法律效力"地位，各大学还有很多工作需要做。为此，要以章程为准则，全面清理学校的各项规章制度，对不符合章程、在章程中没有依据的，不适应学校改革发展实践要求的，要及时予以废止或者修改；对保留的文件要进行系统整合，形成以章程为核心的层次清晰、内容规范的制度体系；要依据章程，抓紧制定或修订好《党委会（党委常委会）议事规则》《校长办公会议事规则》《学术委员会章程》《教职工代表大会议事规则》等具体规定，形成完整、有效的内部治理制度体系。

四　成立章程实施监督机构，提高章程执行力

"在每一个群体中，都有不顾道德规范，一有可能便采取机会主义行为的人；也都存在这样的情况，其潜在收益是如此之高，以至于极守信用的人也会违反规范，有了行为规范也不可能完全消除机会主义行为。"③为确保大学章程得到有效实施，有必要设立定位正确、职责明确的章程实施监督机构。目前已经核准的大学章程中，只有极个别章程规定了实施监督机构，如《北京大学章程》第 55 条规定学校设立章程委员会负责"监督本章程的执行情况，依据章程审查学校内部规章制度、规范性文件"，《北京航空航天大学章程》第 83 条规定"学校设立章程监督委员会，作为监督章程执行的机构。章程监督委员会成员由学校党委常委会聘任。章程监督委员会监督章程的执行情况，依据章程审查学校内部规章制度、规范性文件，受理对违反章程的管理行为、办学活动的举报和投诉"。《电

---

① 《中华人民共和国教育部高等学校章程核准书第 24 号》，2014 年 9 月 3 日。
② 《中华人民共和国教育部高等学校章程核准书第 6 号》，2013 年 11 月 16 日。
③ ［美］埃利诺·奥斯特罗姆：《公共事物的治理之道——集体行动制度的演进》，余逊达、陈旭东译，上海三联书店 2000 年版，第 61 页。

子科技大学章程》第 79 条规定"学校办公室受理对违反本章程的管理行为，办学活动的举报和投诉"。《吉首大学章程》第 98 条规定学校成立大学章程秘书处，秘书处"根据章程的规定，对学校的管理制度以及规范性文件进行全面清理与修改，并根据实际情况制定章程的实施细则，按规定的程序实施"。第 99 条规定"教职工代表大会常设机构为章程校内执行监督机构，监督章程执行情况，受理对违反章程的管理行为、办学活动等的举报和投诉，并按管理权限及时进行处理"。大学章程实施机构和监督机构不明确，影响章程执行力建设，章程最终可能沦为一纸空文。因此，各大学应设立章程实施监督机构，比如成立章程委员会，明确党委书记为委员会主任，副书记、校长等为副主任，章程委员会下设秘书处，挂靠党委办公室，秘书长由党委办公室主任兼任。秘书处同时负责章程的解释工作，对学校出台的重大改革发展决策、制度规范，依法、依章程实施合法性审查。

五　谨防章程变通实施、虚假实施、过度实施等偏差行为

根据以往经验，大学章程实施中容易出现章程变通、章程不实施、章程虚实施、章程假实施、章程过度实施等偏差性问题。第一，章程变通。大学章程变通是公共政策变通的一种具体表现形式，政策变通是我国公共政策实施中的普遍性问题，"是指在政策实施过程中，政策实施者未经原政策制定者同意与准许，自行变更原政策内容并加以推行的一种政策行为"①。政策变通是一种选择性政策实施，也就是政策实施者在实施政策时根据自己的利益需求对上级政策原有的精神实质或部分内容任意取舍，有利的就贯彻实施，不利的则有意曲解乃至舍弃。大学章程实施过程中需

---

①　政策变通是对原政策的一种偏离或反动，不是对原政策不折不扣的执行，而是对原政策原则与目标部分的或形式上的遵从。变通后的政策的原则与目标可能与原政策一致，也可能不一致甚至背道而驰；可能是合法的，也可能是违规的；可能是积极的，也可能是消极的。参见庄垂生《政策变通的理论：概念、问题与分析框架》，《理论探讨》2000 年第 6 期。对于变通形式，有三种不同概括：第一，刘世定、孙立平等人（1997）从变通的操作视角，把政策变通分为重新定义政策概念边界、调整制度安排的组合结构、利用制度约束的空白点、打政策的"擦边球"等。第二，陈振明（1998）从政策精神与政策结构形式方面，把政策变通分为"求神似，去形似"、"不求神似，只求形似"、"既不求神似，也不求形似"三种类型，其中只有第一种是正确的变通，其他的则是对政策的歪曲。第三，庄垂生（2000）从变通后的政策与原政策的差异出发，把政策变通区分为自定义性政策变通、调整性政策变通、选择性政策变通和歪曲性政策变通。

要大学根据实际发展情况及时按程序修订章程本身和校内规范性文件及规章制度，实施过程要以章程制定的"立法精神"、"立法原则"，而不是仅仅以章程具体条款为依据，但同时要警惕学校层面领导和基层学术组织负责人可能作出"不求神似，只求形似"、"既不求神似，也不求形似"类变通。第二，章程不实施①。章程不实施是大学治理主体将章程文本束之高阁，在大学治理活动中不依据章程规定行事，章程文本的内容无法转化为具体治理行为，章程目标零实现。章程不实施是上一轮大学章程制定运动中的普遍现象，章程在治理实践中沦为一纸空文。第三，章程虚实施。在大学治理实践中，要谨防决策者、执行者和监督者避重就轻、避难就易等选择性自利行为。他们可能选择一些短时间容易实现的学校发展目标作为工作重点，不顾学校发展长远目标和利益，也不顾师生利益和社会效益，唯就业率、科研成果数量、科研经费数量等"大学GDP"增长，借助于一些惩罚性、威慑性、恐吓性的政策工具不遗余力地实施章程。第四，章程假执行。章程实施中，既要综合利用传统媒体和新兴媒体做好章程传播工作，营造良好的治理氛围，也要谨防治理主体采用各种媒体手段宣传造势，而在具体治理实践中却另搞一套，不使用实质性政策工具来实现大学发展目标，象征性实施章程。第五，章程过度实施。章程过度实施是指大学治理主体在治理活动过程中附加不当内容，使章程治理调控对象、范围、目标等超越章程设定的条件。比如，在职称评审中，不顾章程有关教师权利规定，置学校发展、教师专业发展、教师利益于不顾，随意拔高职称申报业绩条件，强调大项目、标志性成果等。在教师岗位聘任和岗位管理中，过度强调科研GDP，导致聘任政策不具有普惠性价值，事实上成为极少数科研精英的利益获取工具，成为小群体利益公共化的工具。

　　大学章程文本规定能否转化为大学举办主体、办学主体等的行为实

---

① 李瑞昌认为政策变通或选择性实施并不能解释中国公共政策实施的全部图像，进而提出"政策空传"。"政策空传"是指政策实施者以下述三种方式对待上级政策：一是逐级以文件传递文件，经过多级传播，中央政府文件权威性在不停地传递中效力减弱。二是政策实施者只是通过电子政务方式下载政策文本，并继续转发或复制政策文本，并未将政策任务转化为符合自身工作实际的新目标。三是尽管政策实施机关再生产了政策文本，但没有采取具体行动落实政策内容，实现政策目标。具体表现为政策不实施，政策虚执行和政策假执行。"政策空传"突出表现为以政策文件贯彻落实文件，且没有将政策任务转化为具体政策目标。参见李瑞昌《中国公共政策实施中的"政策空传"现象研究》，《公共行政评论》2012年第3期。

践，不致重蹈上一轮章程制定运动的覆辙，是章程核定后的一项重大考验。章程实施的关键在于政府教育行政部门对自己亲手核准的章程持有敬畏之心，可以说章程制定和实施，"成也教育行政部门，败也教育行政部门"。《核准通知》要求"各级教育行政部门要带头尊重大学章程，对章程已确定由学校自主管理的内容，不得任意干预，除规章以上层级的规范性文件外，其他文件要求与经核准的章程不一致的，优先执行章程的规定。教育行政部门对涉及章程执行异议的申诉或者行政复议请求，要依据章程的表述做具体判断"。最近教育部给重庆市教委的《教育部关于同意重庆工程学院增加办学地址、修改章程的批复》（教发函〔2016〕21号）中"同意重庆工程学院根据办学地址增加、举办者投入更正情况，对学院章程有关内容作出相应修改"，这是我国大学章程建设中教育部首次遵守章程修订程序。当然，大学章程的有效实施，还需要办学主体对自己拟定的章程持有敬畏之心并化为治理行为，也需要司法机关对章程持有敬畏之心并化为办案依据。司法机关受理的起诉高校的行政诉讼案件，高校在陈述、答辩中要充分反映章程的依据，争取司法机关的理解与支持。

第二节　提高核心利益主体参与治理的制度化水平

一　提高核心利益主体对大学的价值和身份认同感

教师参与大学治理意愿如何与教师对大学的价值和身份认同感密切关联，虽然教师遵循学科逻辑，注重对本学科的忠诚，但教师也明白学科实力的强弱与学校的强弱相关，对大部分大学学科来说，没有大学的强力支持，学科发展势必困难重重，因此学科成为维系教师与大学之间关系的纽带，是一种"教师—学科—大学"的关系。提高教师有效参与大学治理要重视培育教师对大学的价值认同和身份认同，可以从公正的价值和公正的制度两个维度来着手。在价值层面，教师对大学的价值认同和身份认同体现在对办学理念和大学使命的认同；在制度层面，体现在对大学章程和发展战略规划目标的认同。大学章程和发展规划虽然与教师个人直接利益相关性弱，教师参与其制定的积极性低，但大学行政主管部门应有意识地加强引导教师参与学校章程和规划的制定，并重视利用各种宣传途径争取教师对学校章程和发展战略目标的认知与认同。聘用制中的大学教师没有内部劳动力市场所隐含的长期雇佣承诺，承受着合同到期解约的风险和签订长期聘用合同的激励，普遍存在工作不安全感，其中工作预期不安全感与组织认同、工作投入和工作价值感显著正相关，工作现状不安全感与组织认同、工作投入和工作价值感显著负相关。① 大学应积极探索提高聘任制中教师对大学的忠诚度的方式方法，营造有利于各层次利益相关者参与治理的氛围，增加教师不仅与学科也与大学共生共荣的体验，化解教师的岗位聘任不安全与对大学价值认同和身份认同弱之间的矛盾。

考察现代大学的发展史，我们发现一所大学的治理体系和治理能力通常是以治理理念为基础，而一所卓越大学必然有其自身的大学信仰。当前，我国大学治理现代化要重视以价值和制度建设为核心，从公正的价值和公正的制度两个维度培育大学信仰。在价值层面，大学信仰主要体现在办学理念和大学使命，属于大学治理现代化的"意识形态问题"。大学办学理念和使命要坚持人民标准，即"办人民满意的教育"、"办人民满意的大学"。大学办学理念是大学利益相关者对大学如何运作所形成的理性认识、理想追求及其有关的大学教育思想观念，其本质是指要把一所大学办成什么样的大学，核心是培养什么样的人和如何培养，具体包括办学宗旨和办学方向、应发挥的职能、培养目标、课程观、专业设置方向、师资队伍建设目标、学术氛围及大学与外界的关系等。② 大学使命是大学定位理念的体现，是人们对大学必须承担的社会责任的一种认定，也是人们对大学应有价值的一种判断和要求。③ 大学办学理念和大学使命能否得到利益相关者特别是核心利益相关者的认同，事关大学的"意识形态合法性"。大学要准确定位自身的使命和办学理念，重视构筑发展愿景和发展梦想，激励各层次利益相关者为之努力实现。在制度层面，大学信仰体现为发展战略目标，通过章程和发展战略规划来表达。大学领导班子要重视动员校内外各层次利益相关者积极参与制定本校的章程和发展战略规划，保证教师、职工、学生、校友、政府、社会的民主参与权利，特别是要积极争取政府的支持，提高发展战略目标制定的有效性。发展战略目标确定后，大学要重视利用各种宣传途径向社会各界宣示，争取社会各界对本校发展战略目标的认知、认同，强化治理理念的合法性。境外大学很重视宣

---

① 冯卫东：《聘任制背景下高校教师工作不安全感与敬业度和工作绩效关系研究》，博士学位论文，西南财经大学，2014 年。
② 陈利民：《哈佛大学办学理念研究》，博士学位论文，华中科技大学，2005 年。
③ 眭依凡：《大学使命：大学的定位理念及实践意义》，《教育发展研究》2000 年第 9 期。

传本校的办学理念和使命，一般都在学校官方网站的醒目位置展示。我国不少大学也在其官方网站上宣示自己的办学理念和使命，如中国人民大学在官方网站中的"大学简介"指出其办学宗旨是"立学为民、治学报国"，办学理念是"人民、人本、人文"。[①] 北京师范大学在其"简介"中指出学校有"爱国进步、诚信质朴、求真创新、为人师表"的优良传统，"学为人师，行为世范"的校训精神，以及"治学修身，兼济天下"的育人理念，"到本世纪中叶把学校建设成为世界一流大学"的奋斗目标。[②] 北京航空航天大学的办学理念为"尚德务实、求真拓新"，"到2040年，把学校建设成为特色鲜明、理工为主的世界一流大学"。[③] 利益相关者认知、认同大学发展战略目标，有利于推进发展战略规划的执行，提高发展战略目标的实质有效性。

二　扩大核心利益主体参与治理的广度和深度

核心利益主体参与大学治理不是"要不要"的问题，而是"谁来参与"、"参与什么"和"如何参与"的问题。从第二章第一节中 A 大学教师参与讨论"分房事件"、"职称事件"、"津贴事件"和"章程事件"的人数可以发现，教师在不同事件中的参与意愿是不一样的。相对于在"章程事件"中的冷漠表现，教师对"分房事件"、"职称事件"、"津贴事件"表示了严重关切。这给了我们一个启示：提高教师有效参与大学治理，首先要充分考虑教师参与大学治理的知识、能力、意愿，界定教师参与治理的广度和深度，哪些事项需要教师参与，参与到什么程度，哪些事项可以不需要教师参与。教师参与的广度和深度取决于政策的"质量要求"与"可接受要求"之间的相互限制[④]，即政策的有效性与合法性的适度平衡。从 A 大学的 4 个案例来看，教师参与大学治理的主要事务是与自身直接经济利益和学术利益高度关联的政策，如分房规则、职称政策、津贴分配政策等，而对与自身直接利益关联性不高的事务并不关心，如学校章程建设等。相关研究也表明，教师对学校规划、后勤、资产管理

---

① 《大学简介》，http：//www. ruc. edu. cn/intro，2014 - 05 - 23。

② 《北京师范大学简介》，http：//www. bnu. edu. cn/xxgk/xxjj/index. html，2014 - 05 - 24。

③ 《北航概况》，http：//www. buaa. edu. cn/bhgk/index. htm，2014 - 05 - 24。

④ ［美］约翰·克莱顿·托马斯：《公共决策中的公民参与》，孙柏英等译，中国人民大学出版社 2014 年版，第 29—30 页。

等事务的参与意愿低于科研、职称、人事、津贴等事务。[1]

教师参与大学治理需要一定的直接成本，如制定政策所需的时间、人力、财力、物力等成本。如果大学治理中事无巨细都要听取、征求教师的意见和建议，既增加治理的直接成本，也浪费教师的教学科研时间和精力，但可能降低政策的外部成本，比如因政策不当可能引致的教师抗议、上访行为，以及政策执行难度等。理论上的最优参与规模是直接决策成本与外部成本等量，但这种理想情况在治理实践中基本上是不可能实现的。因此，无论是从降低治理成本还是治理实践的可行性来考虑，大学既要考虑如何尊重教师参与治理的参与权、知情权、建议权，也要考量决策效率，有必要对教师参与治理的广度设置一定的"限度"，对参与教师和参与事项作适当选择。教师参与治理的事务应主要集中在与学术利益直接关联的学术事务，如科研政策、人事政策，以及与经济利益密切相关的津贴分配政策、房屋分配政策、奖励政策等。此外，还要合理界定教师参与治理的深度，政策制定者要识别一项政策出台的各个环节中哪几个需要教师参与、哪些环节不需要教师参与，包括政策议程设置、形成政策目标、拟订政策方案、党委会拍板决策、校长办公会实施和评估政策效果等。

三　保障核心利益主体参与治理的制度供给

中国是一个缺少民主传统的国家。只有从小事、鸡毛蒜皮的事、无关紧要的事入手，学习如何以民主的方式生活，才有可能逐步培养出民主传统，从而为整个政治体制的民主化奠定坚实的基础。在大学治理制度设计时要保证教师在教代会、座谈会、网络征求意见、咨询论证等参与治理方式的有效运作。适当分离学术性机构与行政职能部门（这样进行制度设计也可能致使缺少行政人员支持的学术性机构沦为虚置状态），赋予学术委员会秘书处必要的行政建制和行政级别，保证学术委员会依据其章程合理高效运行。改革教代会作为党政系统附属机构的现状，赋予其相对独立的地位[2]，进一步完善教代会的规则体系，明确代表提案的处置机制，保证每一件提案都有合理的意见反馈。建立决策信息公开制度，需要听取、

---

[1]　林炊利：《核心利益相关者参与公办高校内部决策的研究》，博士学位论文，华东师范大学，2013年。

[2]　侯欣迪、郭建如：《高校教代会代表的参与路径和参与周期——基于某综合性大学的案例研究》，《北京大学教育评论》2013年第2期。

征求教师意见的政策公示时，把政策制定的背景、依据、同类高校的相关政策信息等一并说明，让教师知晓学校政策是什么、为什么要制定或修订政策，以及是如何制定或修订的，进一步使政策制定或修订过程透明化，争取教师对政策理解基础上的支持，减少政策外部成本。探索建立教师参与治理权利的救济制度，对侵犯教师参与治理的知情权、建议权和监督权的行为给予必要的问责，给予教师因参与权受损造成的损失以必要的补偿。

第三节　建立健全程序正义机制

如前所述，大学自治行为应当充分体现程序正义的精神，这既是对大学权力的有效制约，以防止大学权力的滥用和腐败，也可以保障相关利益主体的权利，从而实现大学法治的目标，顺利完成大学的任务。

一　根据程序正义的原则在大学章程中确立大学自治的基本架构，规范大学权力的行使，保障利益主体的权利

《高等学校章程制定暂行办法》第 3 条规定："章程是高等学校依法自主办学、实施管理和履行公共职能的基本准则。大学应当以章程为依据，制定内部管理制度及规范性文件、实施办学和管理活动、开展社会合作。"可见，大学章程是大学治理的依据和基本准则，应当发挥大学章程在大学治理中的基础性作用，尤其要根据程序正义的原则构建大学治理的基本架构，以规范大学行政权力和学术权力的行使，并通过教职工代表大会、学生代表机构、教授委员会、校友会、校务委员会等机构反映多方面的意见和利益，充分发挥教职工、学生、校友等相关利益主体在大学治理中的作用，真正实现大学治理的民主化和法治化。该办法还对大学民主化治理的诸种程序作出了概括性的规定，涵盖大学日常事务、重大决策等事项及党委、行政、教职工代表大会、教职员工、学生等权力（权利）主体行为，需要大学对党委、校长等行政机构的权限范围、议事规则、决策程序按照程序正义的要求作出具体的规定，对学术委员会、学位评定委员会、职称评审委员会等学术机构的权限、组成、决议规则等具体操作性规则作出符合学术规律的要求，以避免学术权力行政化，并规定违反程序规则的后果。同时，不仅要明确规定教职工代表大会、学生代表机构的地

位、权限、作用，而且要规定人员的产生和组成、议事规则、决策程序等具体的程序，由此才能充分发挥这些机构民主决策和民主监督的作用，不至于因缺乏程序正义而流于形式。据学者对中国人民大学、东南大学、东华大学、上海外国语大学、武汉理工大学、华中师范大学六所第一批提请教育部核准大学章程学校的考察，发现这些章程有关实体权利（权力）的规定比较明确，但对学术委员会、学位评定委员会等学术组织以及教职工代表大会、学生代表大会等民主参与和民主监督组织关于成员的确定、议事规则和监督方式等方面的规定不明确或不完善，从而可能无法改变学术的行政化以及教代会和学代会"走过场"和"形式主义"等问题。①这值得其他学校在制定大学章程时予以借鉴。

二　大学规章制度的程序正义

大学规章制度是大学决策的重要载体，也是大学具体行政行为和学术行为的依据，在大学治理中发挥着重要的作用。其制定具有两个参照系：一是法律、法规、规章及规范性文件的制定；二是劳动法上的用人单位规章制度的制定。后者和大学规章制度更具有相似性，也只有将其定性为用人单位的规章制度，而不是规范性文件，法院才可以对其进行合法性审查。根据《立法法》《行政诉讼法》的有关规定，法院一般不能审查立法及行政机关作出的抽象行政行为。2001 年颁布的《最高人民法院关于审理劳动争议适用法律若干问题的解释》第 19 条规定："用人单位根据《劳动法》第四条之规定，通过民主程序制定的规章制度，不违反国家法律、行政法规及政策规定，并已向劳动者公示的，可以作为人民法院审理劳动争议案件的依据。"《劳动合同法》第 4 条规定："用人单位应当依法建立和完善劳动规章制度，保障劳动者享有劳动权利、履行劳动义务。用人单位在制定、修改或者决定有关劳动报酬、工作时间、休息休假、劳动安全卫生、保险福利、职工培训、劳动纪律以及劳动定额管理等直接涉及劳动者切身利益的规章制度或者重大事项时，应当经职工代表大会或者全体职工讨论，提出方案和意见，与工会或者职工代表平等协商确定。在规章制度和重大事项决定实施过程中，工会或者职工认为不适当的，有权向

---

① 方芳：《大学章程制定中的困惑与突破路径——基于六所高校章程文本的分析》，《复旦教育论坛》2014 年第 1 期。

用人单位提出，通过协商予以修改完善。用人单位应当将直接涉及劳动者切身利益的规章制度和重大事项决定公示，或者告知劳动者。"据此，规章制度的有效需要具备以下两个条件：一是实体要件，也就是不得违反法律、行政法规及政策的规定，即内容要合法；二是程序要件，即要经过"民主程序"以及"向劳动者公开"。所谓"民主程序"指的是经过职工代表大会的讨论或者征求工会的意见；用人单位没有设立工会的，要向职工代表征求意见。"向劳动者公开"指的是通过张贴或者组织劳动者学习等途径让劳动者知晓。从中还可以得知，《劳动合同法》对司法解释规定的"民主程序"作出了具体的可操作性的规定，同时也对该司法解释进行了修正：前者规定，只有直接涉及劳动者切身利益的规章制度或者重大事项的制定和修改，才需要经过民主程序，其他的则无须经过烦琐的民主程序；而后者则要求所有的规章制度的制定和修改都要经过民主程序。很明显，如此修正的目的是提高用人单位管理的效率。这对大学规章制度的制定也具有参考和借鉴意义，甚至可以认为，这就是大学规章制度制定的具体要求。

同时，根据党的十八届四中全会的精神和要求，大学要健全规章制度的起草、论证、协调和审议等环节，以保障大学规章制度的民主性和科学性。为此应健全以下具体制度：学校和社会公众、教工及学生的沟通机制；重大利益调整论证咨询机制；公开征求意见和意见采纳情况反馈机制；委托第三方起草和评估机制等。其实，这些机制背后的理念和精神就是程序正义。

三 大学决策和决定事项中的程序正义

根据涉及利益的重要性和影响范围，可将大学的行政决策和决定事项分为重大决策及一般事务的处理程序。前者为大学发展方向、方针等牵涉到学校以及师生发展前景的事项，如大学规划，需要充分的论证，应听取专家的意见及充分反映广大师生的意见和心声，以凝聚广大师生以及相关利益主体的力量，为学校的发展提供动力，并获得广泛的支持，因而程序要求程度高，以保障决策的科学性和民主性。一般而言，此类事件要历经可行性论证、专家咨询意见、听证程序、教职工代表大会的审议程序、公布备案等程序。党的十八届四中全会提出，要把公众参与、专家论证、风险评估、合法性审查、集体讨论决定确定为重大行政决策法定程序，以确保决策制度科学、程序正当、过程公开、责任明确。应建立行政机关内部重大决策合法性审查机制，未经合法性审查或经审查不合法的，不得提交讨论。这对大学的重大决策具有指导意义。而对于一般事务的处理程序只需要遵循最低程度的程序正义即可，包括：（1）听证程序，一般是作出对师生权益有重大影响的决定，但听证程序不是必经程序，而是应师生的要求而举行的。（2）告知制度，包括事前、事中和事后的告知制度。（3）公开程序，包括将决定的内容以及听证在学校网站和公告栏公示，使相关利益主体能够得知相关内容。（4）期限制度。

　　大学治理对程序正义的要求，首先体现在大学决策机构运行中的程序正义。我国目前制定的大学章程文本大多忽略了党委会或党委常委会的议事程序。实践中，部分大学单独制定了党委会或党委常委会议事规则，但大多流于形式。党委会或党委常委会议事规则通常存在两个突出问题：第一，党委领导容易蜕变为党委书记领导。党委会或党委常委会讨论的议题须"事先报党委书记审核、确定"，"除突发性重大事件外，凡未列入常委会议题的临时动议一律不予讨论"，这就意味党委书记不同意的议题根本上不了党委会，也就不能有任何决策，为党委领导下的校长负责制沦为"党委书记领导下的校长负责制"埋下了伏笔。第二，党委会或党委常委会会议过于频繁召开。党委会或党委常委会的职能非常接近美国大学董事会的职能，会议过于频繁召开容易钳制校长领导的行政系统。本书认为，如果有1/3的党委委员联合提议的议题就应该进入党委会或常委会讨论；2/3以上的党委会委员到会即为召开党委会或常委会的法定人数；赞成票超过表决人数的半数为议题通过。党委会或党委常委会每年召开的次数应控制在4—5次为宜，同时设定特别会议。在紧急情况下，超过1/3的党委委员提议召开党委会，党委书记应立即召开会议。

　　为充分发挥学术委员会的作用，必须让学术委员会从幕后走向前台，其中学术委员会议事程序是保证。大学章程应规定：校学术委员会实行例会制度，每学期召开2—3次会议；根据工作需要，可临时召开校学术委员会全体会议。大学学术决策工作由校长提出建议方案，经校学术委员会研究，形成意见，提交党委会审议。学术委员会会议由主任委员或主任委员委托的副主任委员主持，学术委员会全体会议原则上应有2/3以上委员出席才能举行。学术委员会决议事项采取民主集中制的原则，需以投票方式做出决定时，应事先制定投票规则；学术委员会委员一般不得缺席学术委员会会议，因故不能出席的，须在学术委员会办公室备案。学术委员会会议实行回避制度，在讨论、审议或评定与委员及其亲属有关的事项时，该委员须回避。职能部门负责人原则上应列席与本部门工作相关的学术委员会会议，说明情况并参与讨论，但不参加表决；校学术委员会作出的决定，在异议期内如有异议，须征得半数以上委员同意，方可召开全体会议复议，经复议通过的决定不再复议。

校长办公会是研究和决策大学重要行政事项、组织实施党委会有关决定的机构。大学党委会有关行政事务的决议最终贯彻得如何就看校长办公会对党委会决议的理解和执行力度。目前我国很多大学的校长办公会定位不准，或视为咨询机构，或替代学术委员会。以某"985工程"大学校长办公会议事规则为例，校长办公会的议事范围包括："拟提交党委常委会研究的学校重大改革方案；拟提交党委常委会研究的学校年度工作计划、长期发展规划等；学科建设、师资队伍建设，教学、科研、产业以及管理等工作中的重要实施方案；重要会议精神、重大情况和学校重点工作的通报。"其中学科建设、师资队伍建设、教学、科研应该属于学术事务，校长办公会全权处理有替代学术委员会的嫌疑。

校长办公会是校长领导的行政团队，必须制定并遵守其议事程序。校长办公会由校长或校长委托的校领导召集并主持，组成人员包括大学党政领导、校长助理、校工会主席、学校办公室主任、监察处处长等。根据工作需要，会议主持人可确定有关人员列席，列席人员在讨论到相关议题时进入会场，汇报或讨论完毕即退场。校长办公会须有半数以上的成员出席方可召开，研究或决策某一问题时，分管校领导应到会，议题一般由提出该议题的职能部门或校领导汇报。校长办公会应设专人记录并编发会议纪要、对会议决定的事项、参与人及其意见、讨论情况、结论等内容，应有完整、详细记录并存档。校长办公会议事实行一事一议，议事程序一般为：汇报人就议题作简要说明，提出解决问题的建议或方案；与会成员就此议题充分发表意见；主持人征求与会成员意见后，归纳集中作出决定或决议。会议决策中意见分歧较大或者发现有重大情况尚不清楚的，应暂缓决策，待进一步调研或论证后再作决策。校长办公会议事规则还要设定复议程序，以及会议决议的组织实施和督办规则。

四 大学具体行政和学术行为的程序正义

学位授予、大学惩戒及申诉等大学行政行为、学术行为及裁判行为是最常见，也是事关相关权利主体重大利益的行为，有时甚至关系学生的受教育权等基本权利，因而需要大学权力主体遵守程序正义原则，既要保障大学任务和目标的实现，也要保障权利主体的合法权益。《高等学校学生管理规定》对学生处分作出了较为完备的规定，包括通知和送达制度、陈述和申述制度、告知权利制度等一系列制度，这为制定学校规章制度以及大学行政和学术等自治行为的行使提供了示范和参照。据此，程序正义的实现可从以下几个方面进行相应的程序构建：受到处罚的对象是否得到校方的及时通知；校方是否听取其陈述和申辩，在作出对处分对象有重大影响的决定时是否告知其享有听证的权利，作出决定的文书中是否充分考虑听证双方的意见；是否收到书面的处分决定书；是否告知当事人救济的权利以及救济的途径、期限及后果等；作出决定后是否履行有关必要的手续；是否具有完备的案卷制度等。

仅有上述规定还无法保障其公正性和独立性，还需要从以下两个方面予以改造：一是申诉委员会的组成及其权责。为保障委员会的独立性和公正性，该委员会应当由教师代表、学生代表、家长等社会代表以及学校管理层的代表组成，且学校管理层的代表不得多于1/3，同时应当赋予委员会独立的地位和相应的职权，即独立于学校，可以改变学校的决定，并可以直接作出处分决定，而不是仅仅要求学校重新作出决定。否则，可能造成处分决定的反复以及委员会作用的虚化，一旦学校不接受委员会的决定或者作出和先前不一样的决定，委员会则处于尴尬的境地，势必影响其权威。二是回避制度和听证制度的建立。为保障公正性，参与作出处分决定的部门代表不能再参与该程序，学校应当另行选派代表参加，因为作出处分决定部门的代表往往先入为主，从而影响决定的公正性，这有违程序正义的基本精神。同时，听证制度应予以构建。

五 建立健全听证制度，适度扩大其适用范围

听证制度是程序正义的集中表现，无论是大学章程及规章制度的制定和修改，还是大学重要学术和行政权力的行使都应当根据当事人的要求或有关规定进行。

听证制度在我国立法、行政处罚等领域的适用范围不断扩大。1996年实施的《行政处罚法》首次确立了听证制度。随后，1997年实施的《价格法》建立了价格听证制度。据此，我国高校也尝试建立了听证制度。比如：2002年华东政法学院出台了《听证暂行规则》，在学生考试作弊认定等涉及学生重大处分行为中适用听证制度；2003年中山大学实行食堂价格听证制度；2004年湖南高校在招生扩招中尝试实行听证制度，以听取广大学生和家长的意见；2004年中国政法大学制定了《违纪处分听证及申诉规则》；2005年浙江大学对给予开除处分的学生实行听证制度；浙江工商大学于2009年专门建立了全国教育系统首个实体性的"听证大厅"，实行听证委员会制度；等等。有学者高度评价了听证制度在学生管理中的作用，称之为"高校学生管理程序正义的基石"，并主张在大学内部规范性文件、学生管理的奖惩行为、涉及学生发展的重大举措等事项中实行听证制度。① 大学应当建立和健全听证制度，并适当扩大其适用范围，完善听证制度的有关程序。但听证制度的扩大适用可能会导致成本的高昂、周期的漫长，影响大学的管理效率，因而并不是所有的行为都必须适用听证制度。一般而言，学校章程的制定和修改、重大决策行为、规章制度的制定、对学生和教师有重大影响的处分行为等重大行政或学术行为等可以予以适用。同时，听证对权利主体而言是一种权利，涉及个人重大利益的处分行为应实行当事人申请原则。如果当事人不申请听证，则被视为放弃该权利，也就不需要举行听证，但大学管理部门应当在作出处分决定之后告知当事人享有该项权利，让其自己作出选择。

第四节　超越治理体系建设的"内卷化"

大学治理体系是大学实现发展战略目标，达成其使命的制度体系，包括三个层面：一是由国家和地方权力机关、行政机关制定的教育法律法规和规章体系，如《高等教育法》《高等学校章程制定暂行办法》《教育部关于进一步推进直属高校贯彻落实"三重一大"决策制度的意见》等。二是党内法规体系，如《中国共产党章程》《中国共产党党内监督条例（试行）》《中国共产党普通高等学校基层党组织工作条例》及《关于坚

---

① 张钲：《听证制度：高校学生管理程序正义的基石》，《现代教育科学》2012年第2期。

持和完善普通高等学校党委领导下的校长负责制的实施意见》（中办发
〔2014〕55 号）等。三是大学章程和内部规章制度，大学章程是大学设立
的先决条件之一，是大学的治校纲领，根据《教育部办公厅关于加快推
进高等学校章程制定、核准与实施工作的通知》（教政法厅〔2014〕2
号），所有大学必须于 2015 年制定本校章程。大学内部规章制度包括党委
会或常委会议事规则、校长办公会议事规则、学术委员会章程、教职工代
表大会实施办法，以及各职能部门的工作制度。

大学治理能力是大学实现发展战略目标，达成其使命的实际能力，集
中体现为学校和基层学术组织在政策制定、执行、评价方面的能力。在学
校层面，治理能力主要指学校中长期发展规划纲要及五年事业发展规划的
制定、执行及效果评价能力，党委会的政治决策能力，校长办公会的执行
能力，学术委员会的学术决策能力，教职工代表大会的民主参与能力等。
在基层学术组织层面，治理能力也表现为院系发展规划制定、实施和效果
评价能力，党政联席会的行政决策能力，学术分委员会的学术决策能力，
教职工大会的参与管理能力。

"有治理制度，无治理能力，那么制度就徒有虚名；有治理能力，没
治理制度，那么能力就会被泛用滥用。"[1] 大学治理体系和治理能力是大
学治理现代化的一体两面，两者相辅相成。大学治理体系是大学治理能力
得以实施的重要制度平台，而大学治理能力是大学治理体系的具体体现。
大学治理体系规范并约束大学治理能力运行，而大学治理能力的强弱也会
影响大学治理体系的具体实施和自我完善。科学合理的大学治理体系可以
孕育出高水平的治理能力，不断提高治理能力才能彰显大学治理体系的性
能。大学治理现代化就是要通过不断完善大学内外部治理结构，提高政策
制定、执行、评价能力，实现大学在人才培养、科学研究、社会服务、文
化传承与创新等方面的目标，达成大学使命，强化大学治理的"体制特
性合法性"和"体制作为合法性"。

纵观人类几千年的文明史和制度史，发生过多次社会动荡、政权更
迭，原因最终都可以归结为没有形成有效的国家治理体系和治理能力，不
能确保上层建筑与经济基础相适应，不能保证国家机器的协调运作并有效
运行，不能有效解决社会矛盾和冲突，从而使各种社会问题日积月累、积

---

① 胡鞍钢：《中国国家治理现代化的特征与方向》，《国家行政学院学报》2014 年第 3 期。

重难返，最终导致国亡社乱的严重后果。① 浏览世界一流大学发展史，可以发现那些大学之所以成为世界一流大学，一个最基本的因素就是构建了有效的治理体系和治理能力②，确保治理体系和治理能力与人才培养、科学研究、社会服务、文化传承与创新等功能相匹配。

一　重构政校关系

大学与政府之间关系的核心是大学自主与政府控制，在形式上表现为直接干预或间接干预两种形式，在内容上则是国家教育权与大学办学自主权。从国家—社会关系理论来审视大学与政府的关系，西方大学与政府的关系经历了三个阶段：在古典国家—社会时期，政府承认大学办学自主权（特权），但采用直接手段干预大学事务；近代国家—社会时期，政府强调国家教育权，并采用直接手段干预大学事务；现代国家—社会时期，政府尊重大学办学自主权，同时采取间接手段干预大学事务。我国改革开放前的社会具有鲜明的政治化特征，国家权力深入每一个角落，因此我国大学在 20 世纪 80 年代中期以前附属于政府，大学没必要也不可能被赋予足够的办学自主权。20 世纪 80 年代中期以来，大学基本上还是政府的附属机构，但政府培育社会公共空间并在一定范围内让权于社会，大学获得了一定的办学自主权。通观中西方大学与政府之间关系的变迁过程，可以发现大学与政府的关系随着国家—社会的关系演变而演变，大学与政府的关系是一种制度变迁、创新的过程。

西方大学与政府的关系演进表明，国家教育权在干预大学事务过程中是随着政府自身力量以及大学对国家和社会重要程度的变化而变化，有直接干预和间接干预两种方式。西方大学的自主权在近代国家—社会关系时期，随着政府直接干预力度而递减，在现代国家—社会关系时期，政府普遍尊重大学的办学自主权，大多采取间接干预的方式。大学自主权与国家教育权并不一定是此消彼长的关系，只要大学与政府的关系处于一种比较均衡的状态，大学自主权能够得到比较充分的保障，而国家教育权也能通过适切的路径进入大学内部。西方大学与政府之间的关系演变主要是大学

---

① 江必新：《国家治理现代化基本问题研究》，《中南大学学报》（社会科学版）2014 年第 3 期。

② 周光礼：《世界一流大学的特质》，《中国高等教育》2010 年第 12 期。

自身的发展推动二者间关系的发展。我国大学从诞生之日起就定位为实现国家强大的工具，后来又成为政治斗争的工具和行政组织，国家教育权全面直接干预大学事务。20 世纪 80 年代中期以来，国家通过制定法律和政策先后规定赋予大学一定的办学自主权，但由于国家与社会的关系有待改进，大学与政府的关系还没能得到实质性改变。我国大学与政府之间的关系演变主要是政府的改革、放权，推动二者间关系的发展，而大学在发展二者间关系上尚未成为真正的话语主体。

中西方大学与政府的关系演进揭示了大学与政府之间，过去、现在、将来都是政府处于强势地位，主导二者的关系变化，因此理顺二者的关系关键在于政府。大学办学自主权只能在政府干预的空间内寻求生存空间。"既然政府可以轻而易举地居于大学的上风，甚至，如果愿意的话，可以摧毁大学，那么对学术自由的某些限制是不可避免的。"① 20 世纪 80 年代中期以来，大学逐步被赋予自主权，成为面向社会办学的主体，政府也逐渐退出管理大学具体事务，但现代大学制度建设步伐仍落后于高等教育发展实际需要。目前，我国大学还是政府的事业单位法人，实质上政府还是把大学当作附属机构来管理。我国现代大学制度建设的制度环境还需要进一步完善。理顺大学与政府之间的关系，关键在于政府从无限政府向有限政府转变。

我国政府自 20 世纪 80 年代起赋予大学自主权是因为计划经济体制下的管理体制严重束缚了大学的发展，政府自身无力解决这些问题，政府希望通过放权的形式达到减少政府责任的目的。目前，国家与社会关系没有得到根本性改变，公共空间有限，大学作为政府的附属机构的身份也没有得到根本性改变，盲目扩大大学自主权对大学的发展而言并非一定是好事。由于大学内部治理结构不完善，内部治理机制还是按行政模式运行，扩大大学办学自主权有可能只是扩大大学"一把手"的权力，难免进一步强化大学行政化。认识到"扩大和落实大学办学自治权"可能的弊端，并采取相应的应对方式，是现代大学制度建设的题中应有之义。如果仅仅强调扩大和落实办学自主权，认为大学会用好自主权，可能是过于天真的一厢情愿。大学在争取更多自主权的同时，要完善内部治理结构，建立健

---

① ［美］约翰·S. 布鲁贝克：《高等教育哲学》（第 2 版），王承绪等译，浙江教育出版社 1998 年版，第 34 页。

全自主权运行监督机制。

大学治理现代化的重要建设内容是完善内部和外部治理结构，没有现代化的治理体系，大学治理现代化将是一句空话。其中，外部治理结构需构建大学与政府之间的新型关系，核心是政府教育主管部门要进一步简政放权，在扩大和落实办学自主权的基础上使大学真正成为面向社会自主办学的实体，减少"工程"、"计划"等专项经费项目形式的竞争性经费，建立非竞争性经费的正常增长机制，使大学从与教育、财政、科技等掌控资源的行政部门不必要的接触中解放出来，更好地发挥人才培养、科学研究、社会服务、文化传承与创新等职能。

二　走出内部治理体系"内卷化"困境

在现有政府与大学之间关系变化不大的情况下，重点是完善大学内部治理结构。大学内部治理结构是利益相关者在大学内部权力配置模式中的关系，主要是大学决策权、执行权和监督权的关系模式。学术界和实务界大致达成一个共识：大学章程是完善大学内部治理结构的关键载体，一所大学要完善其内部治理结构就必须建设好章程。我国大学在完善内部治理结构方面的当务之急是建设好本校的章程，通过章程实现权力在横向和纵向两个维度上的合理配置，涉及党委权力、行政权力、学术权力、教师权利、学生权利等的协调问题，促成这几种权力形成有利于大学发展的"合力"。同时，完善大学内部治理体系要避免陷入"内卷化"困局。"内卷化"原意是"转或卷起来"，现在通常认为"内卷化"是指一个系统在外部扩张受到约束的条件下内部的精细化发展过程。"内卷化"作为大学治理改革的一种现象，是指改革进入锁定的轨道后就会形成"路径依赖"，在既定的轨道上改革越是加强，由其引发的次生问题就会越多，最终使大学治理陷入一种不断精细化、复杂化和效率低下的状态。① 完善大学内部治理体系要避免治理体系日趋复杂化和精细化而治理效率整体没有实质性提高的困局，避免治理体系越来越完善而教师和行政人员的压力却越来越大，大家忙于烦琐的杂事、侵占教师教学科研时间等乱象。目前，大学内部治理体系需要着力解决的几个问题是：

第一，进一步理顺书记与校长的职责关系。大学要重视贯彻落实

① 孙百亮：《大学治理改革的"内卷化"及其规避》，《当代教育科学》2014 年第 7 期。

《关于坚持和完善普通高等学校党委领导下的校长负责制的实施意见》，要坚持和完善党委领导下的校长负责制，进一步理顺书记与校长的职责关系。书记作为学校党委领导班子的班长，既要用制度约束自己并接受外部监督，也要提高个人道德和自律性，否则"支持校长依法独立负责地行使职权"势必大打折扣。校长也要用制度和道德严格约束自己，组织实施党委有关决议，切实履行教学、科研、行政管理工作。书记和校长要以学校发展为重，少一些个人私心，树立政治意识、大局意识，相互信任，建立定期沟通制度。

第二，建立副校级领导对正校级领导负责制，健全执行机构。当前，大学执行机构存在的一个核心问题是副校级领导与正校级领导的职责关系不明确，上级党委政府应尊重大学校长职权，真正落实校长"按照国家法律和干部选拔任用工作有关规定，推荐副校长人选"的职权。如果书记、校长在副校级领导任免上没有建议权或建议权非常有限，副校级领导是否配合书记和校长的工作很大程度上是靠个人的道德自律。党委政府应通过法律法规或干部选拔任用制度，明确大学领导班子既要"集体领导与个人分工负责相结合"，也要建立副校级领导对正校级领导负责制，在大学常规治理中避免副校长绕开校长直接向学校党委书记甚至上级党委政府汇报工作。

第三，建立开放的决策机构。现行大学党委系统、行政系统、学术决策系统人员构成高度重叠，因此完善大学内部治理结构既要实现党委系统、行政系统、学术决策系统之间的分权与制衡，也要强调非既得利益者和弱势群体在决策机构中拥有一定比例的席位，参与重大决策的制定和监督执行。大学应建立一种开放性的治理结构，打破封闭性的科层制结构，实行社会参与治理是遏制大学行政化趋势蔓延的一种有效选择。① 这种开放性的治理结构要体现"国际惯例，中国特色"，在坚持党委领导下校长负责制的前提下，要满足政府、教职工、学生等利益相关者民主参与决策的权利诉求。大学党委会委员应由政府机构、所在社区、企事业单位的党员代表和教授、学生、教辅行政人员、学校领导、基层学术组织负责人中的党员代表等组成。大学要健全以学术委员会为核心的学术管理体系与组织架构，合理确定学术组织人员构成，学术委员会成为以学者为主体的学

① 王洪才：《大学治理的内在逻辑与模式选择》，《高等教育研究》2012 年第 9 期。

术决策机构，委员应该由学者选举产生，而不是由党委会提名校长任命。党委会和校长办公会要尊重和保障学术组织依照其章程行使职权，发挥学术委员会在学科建设、学术评价、学术发展和学风建设等方面的作用。

第四，健全监督机制。大学要成为面向社会自主办学的实体，不仅政府要简政放权，自身也要建立健全内部约束机制。当前，我国高校缺乏足够的自主权与自身用权不当并存，大学在呼吁政府放权的同时，也要通过完善内部治理结构，健全权力监督体系，保证自主权规范运行，切实行使好办学自主权。大学要进一步健全师生员工参与学校民主管理和监督的工作机制，发挥教代会、学代会及群众组织的监督功能；健全信息公开制度，实行党务公开和校务公开，尊重师生员工、群众团体、民主党派、离退休老同志及社会各界对学校重大决策及实施情况的知情权；还要进一步健全党委会或常委会向全委会报告工作并接受监督等制度。

第五，赋予基层学术组织职能相匹配的资源配置权。大学应健全学校为主导、基层学术组织为主体的纵向治理结构，在明确基层学术组织事权的同时要赋予相应的人事、财政等资源配置权，建立学校与基层学术组织间的资源分配协商机制，保障基层学术组织在资源分配中的话语权。

三　健全内部分权与制衡机制

1. 党委与行政的分工与合作

党委和以校长为首的行政权力的划分应当予以明确。一般而言，党委侧重于方针、政策的领导及组织领导，主要把握学校的发展方向，决定学校改革、发展、稳定中的重大事项，因此其权力侧重于宏观决策。校长则侧重于对党委决定的贯彻落实，侧重于执行和具体的行政管理权。党委还有一个主要的职能就是对校长的行政权力进行监督，维护学术权力，保障利益主体权利的实现，因此党委还有监督制约的作用。同时，吸收教师、学生、出资者等利益相关方代表参加学校的决策和管理。具体的形式可以不断地探索，有的高校通过董事会，有的高校则通过校务会议等。

2. 大学权力的制约和监督

第一，学术权力的保障和制约。强化和保障大学的学术权力在大学治理中的地位和作用，以形成对大学行政权力的有效制约。在当前，要明确学术事项的归属，《高等教育法》第42条规定了学术委员会的学术权力：审议学科、专业的设置，审议教学、科学研究计划方案，评定教学、科学研究成果等有关学术事项。从我国的实践来看，行使学术权力的组织还包括学位委员会、教学委员会、科研委员会、教师专业技术职务评审委员会、教材委员会和图书情报委员会等。但是这些学术组织分别行使某一方面的学术权力，处于分散状态，无法形成一个制衡行政的力量。同时，这些组织中有关行政人员的成员比例过大，学术权力有向行政权力旁落的倾向。为此，需要将以学术委员会为主体的一主多元权力模式向学术委员会一元权力组织模式转变，避免学术权力的分散与决策的不统一。学术委员会是我国公立高校的最高学术权力组织，不应当仅仅是咨询机构，而应是学术的决策机构。其下设学术委员会、教学委员会、科研委员会、教师专业技术委员会、教材委员会和图书情报委员会等，分别行使某一方面的权力，对学术委员会负责。[①] 同时，学术委员会的组成应当是以教授为主，适当吸收行政人员和学生参加，尤其是要注意的是，他们不仅仅是参与，更应当发挥他们在决策中的作用，防止学术权力的专断，从而能实现对学术权力的制约。

第二，应切实保障教师、学生权利、社会的民主参与及监督权对行政权力和学术权力的制约和监督。教师、学生、社会公众等是大学的利益相关者，其中教师和学生还是大学核心利益相关者，需要保障他们在大学管理和决策中的民主参与权和监督权，由此可以反映和体现他们的利益和要求。同时，对他们权利的保障也是对行政权力和学术权力的有效监督和制约，从而保障学校决策的民主性和科学性。

我国《高等教育法》第 43 条规定了教职工的民主监督权：高等学校通过以教师为主体的教职工代表大会等组织形式，依法保障教职工参与民主管理和监督，维护教职工合法权益。为此，需要建立和健全以教师为主体的教职工代表大会制度，使教职工能够通过代表大会等机构和其他形式参与学校一切重大事务的管理和决策，并且要规定教职工代表大会决议对抗行政权力的效力，以加强民主监督和民主管理，从而形成对行政权力（校长）的有效制约和制衡。因此，对教职工代表大会的职责和效力要予以明确，主要有：对校长任免提出建议的权利，对校长的工作报告进行审议，做出通过或者不通过的决议，对学校办学活动中的重大事项向有关部门提出质询、建议，对董事、校长及管理人员在执行职务时违法及违反章

---

① 湛中乐：《公立高等学校法律问题研究》，法律出版社 2009 年版，第 149 页。

程的行为进行监督，要求予以纠正，对学校财务情况进行监督等；教职工代表大会通过的决议，校行政必须执行，没有通过的决议，不得执行。同时，还要协调教职工代表大会和校董事会及校务会议的决策范围，对关系教职工切实利益的决议，不仅要通过校董事会或校务会议的决议程序，而且要通过教职工代表大会的决议才能生效。

学生是受教育权的主体，是大学的重要利益相关者，要完善学生会等学术团体在校务会、学术委员会等决策和管理机构中的作用，在这些机构中应当有适当名额的学生代表。教职工和学生的权利需要进一步保障，尤其是要建立救济的方式予以保障，除了普通的诉讼救济和行政救济方式以外，还要建立健全教育申诉制度和宪法诉讼制度。要建立由党委、校长等行政代表、教师代表、学生代表、校外代表，包括出资者、校友代表组成的类似董事会的权力机构，行使学校的重大问题决策权和重要规章制定权以及对校长的任免权。在当前的政治架构下，通过完善董事会、校务委员会等，充分发挥出资者、校友等利益主体在学校决策事务中的作用，以充分体现和反映他们的利益，加强大学和社会的联系和互动，调动社会捐资办学的积极性，实现高等教育的可持续发展，由此也能对行政权力进行有效制约和监督。同时，应改变目前政府主导大学评估的模式，要充分发挥社会组织在大学评估中的主导作用，这既是政府转变职能，实现对大学宏观管理和调控的重要手段，更是社会利益主体对大学进行有效监督的有力手段。

第三，提高治理能力。利益主体参与大学治理的效果与他们参与治理的知识储备、政策信息直接相关。提高教师参与治理的能力，从大学来说，要针对不具备参与治理所需专业知识的教师进行适当的高等教育管理和政策科学方面的知识、技能培训，帮助他们完成从普通教师到大学治理专家的角色转变，在决策信息公开基础上提高教师分析大学治理问题的实际能力。比如对当选教代会代表中的非公共政策、非高等教育管理学科专业的教师，进行一定学时量的民主代议制知识培训，对当选学术委员会等学术性机构委员的教师进行科研管理、人事管理等知识培训。此外，大学还要鼓励教师针对具体政策深入校内外调研，提高发表意见的质量，避免座谈会、征求意见、咨询论证等教师参与治理的会议成为发泄对学校工作不满情绪的"论坛"或"垃圾桶"。从教师个人来说，有意参与大学治理的教师要主动通过网络、专业性报刊、书籍等媒介学习相关政策科学知识和高等教育管理知识等，掌握如何参与以及通过参与来维护合法利益的技能，自觉提高参与治理的能力。

有人分别以 2011—2012 年中央部门披露的"三公经费"，考察信息披露的完整性、充分性对政府治理效率的影响，结果显示：完整、充分地披露政府信息能够改进政府的治理效率，即政府信息披露越充分、越完整，越能强化公民的知情权、参与权，从而督促政府在公共履职过程中，注重提高工作的效率效果性，改善政府治理。[①] 在大学治理中，大学要重视党务校务公开制度建设，尊重师生的知情权，进而强化其参与权，提高大学治理的透明度和治理效率。

（1）规制既得利益群体，提高治理能力。利益群体的组织者类似"政治企业家"，一方面愿意为本利益群体的行为承担必要的成本，同时期望从群体行为中获益。利益群体提供给其成员的利益有 3 种，即物质利益、观念利益和团结一致的利益，每个群体成员可或多或少获得一种或几种利益。成功的利益群体和失败的利益群体的最大区别是成功的利益群体能够谋取"集体财富"。大学既得利益群体的核心人物从群体行为中不仅可以获得经济利益，还可以获得政治利益、学术荣誉等非物质报酬。政治权力精英、行政权力精英和学术权力精英在"有为才有位"的需求驱动下，具有公共利益部门化的潜在意识，扮演追求本部门、本利益群体"集体财富"的"政治企业家"角色。他们通过参与制定或影响制定党建、学科建设、专业建设、科学研究、人才队伍建设、后勤保障建设等政策，调用政治资源、行政资源、学术资源、办学经费等资源，谋取公共利益部门化和利益群体化，还构建了一套必要的制度设计和组织架构，为进一步的"有为才有位"夯实基础。

大学治理现代化建设要规制既得利益群体，实现权力精英共谋危害最小化。首先要加强制度建设和价值观教育，超越各利益群体或部门的利益认同。在制度建设方面，大学治理改革要建章立制激发各利益群体，特别是核心人物主导或参与改革的积极性和能动性，同时要避免因"无利可图"而不干事的局面。当年深圳市的主要领导曾要求任何改革都要先立规矩后做事，后来被群众讽刺为"只见立规矩，却没见做事"，原因就是

---

① 谢柳芳：《政府审计、政府信息披露与政府治理效率研究——基于"三公经费"披露的视角》，博士学位论文，西南财经大学，2013 年。

先立了规矩，有些政府部门一看对本部门或本人"无利可图"，便一推了之。① 大学治理改革要解决利益群体或部门"无利不起早"与"有利挤破头"的矛盾，无论是党建、学科建设、专业建设、人才队伍建设，还是基建等，既要照顾部门利益，更要超越部门利益，着眼于学校整体利益和公共利益。在价值观教育方面，要尊重行政人员的行政逻辑和学术人员的学科逻辑之间的差异，加强大学治理层，特别是中层干部的社会主义核心价值观教育，提高他们对大学的忠诚度。其次是选拔适当的人担任领导岗位，并持续提高领导干部的政治素养和业务能力。正如邓小平指出的，"政治路线确立了，要由人来具体贯彻执行。由什么样的人来执行，是由赞成党的政治路线的人，还是由不赞成的人，或是由持中间态度的人来执行，结果不一样"②。校长是大学治理结构中的核心行动者，其管理专业化水平在很大程度上决定着大学治理能力的现代化水平。③ 大学治理能力现代化建设中要通过选拔德才兼备的干部充实党委系统、行政系统和学术决策系统，大学领导干部配备需要强调四点：立场坚定，品德高尚；解放思想，实事求是；勇于开拓，敢于担当；博学多识，笃行实干。④

提高大学治理能力的核心是提高政策制定、执行和评价的能力。在大数据时代，大学政策制定需要逐步树立"以证据为本"的理念，从传统的政策调研和观点式决策向以多元丰富政策证据为支撑、大数据为助力的政策决策模式转变，提高决策的科学性。⑤ 大学有必要成立院校研究机构，由受过专业训练的人员收集、分析数据，使数据转化成政策证据，实现从微观数据到宏观政策的实质性连接，融合决策科学化与民主化。大学应建立决策公开与查询制度、决策报告制度和执行决策的督查制度，还有必要建立决策考核评估制度和决策责任追究制度，明确评估主体、评估程序，合理运用评估结果。大学要对一些涉及面广的重大政策制定进行各种风险效益评估、执行过程中及执行后的效果评估，及时总结治理经验与教

① 孙力：《我国公共利益部门化生成机理与过程分析》，《经济社会体制比较》2006 年第4 期。

② 中央文献编辑委员会：《邓小平文选》（第 2 卷），人民出版社 1994 年版，第 191 页。

③ 宣勇、钟伟军：《论我国大学治理能力现代化进程中的校长管理专业化》，《高等教育研究》2014 年第 8 期。

④ 石仲泉：《邓小平与国家治理现代化》，《中共中央党校学报》2014 年第 4 期。

⑤ 陈霜叶、孟浏今、张海燕：《大数据时代的教育政策证据：以证据为本理念对中国教育治理现代化与决策科学化的启示》，《全球教育展望》2014 年第 2 期。

训，特别是要对五年一度的发展规划进行科学评估，总结规划执行的经验，找出存在的问题，分析规划执行不力的原因，为编制新的发展规划提供客观依据。

（2）规范治理行为，超越政绩困局。大学治理行为失范往往是治理结构不完善、治理程序正义缺失和治理主体道德失范共同型塑的结果，因此在完善治理结构的基础上要重视以程序正义规范治理行为，并加强政策决策者、执行者的道德建设。首先，完善政策制定、执行和评价程序，重视用程序正义来规范治理行为。程序正义是一种法律精神，也是一种法律理念，任何法律决定必须经过正当的程序，而这种程序的正当性体现为特定主体根据法律规定和法律授权作出的与程序有关的行为。① 程序正义是一种"看得见的正义"，大学治理体系的有效运行、治理能力的正当运用需要一定的治理程序来保障，要求体现"最低限度的程序正义"。大学治理现代化要求大学保证内外利益相关者对治理程序的知情权，熟悉重大事项决策程序和一般事项处理程序。大学章程要依照法律及其他有关规定，健全党委领导下的校长负责制的具体实施规则，规范党委集体领导的议事规则、决策程序，规范校长办公会议事规则，规定学术委员会、学位评定委员会以及其他学术组织的负责人产生机制、运行规则与监督机制，规定教代会、学代会的负责人产生规则、议事程序等。大学要建立各机构的议事规则得到有效遵守的保障制度、问责制度、保密制度和回避制度，避免议事程序流于形式。其次，加强政策决策者、执行者的道德建设。在公司治理中，传统的公司治理只注重制度建设本身，忽略了制度参与者的行为和心理因素，但随着安然、世通等美国大公司财务丑闻的揭开，人们发现即使内部治理机制健全的公司，也难以实现公司治理的初衷，公司治理制度失效并不是因为制度出了问题，而是制度中的人出了问题。② 在大学治理中，我们发现国内不少大学的规章制度不可谓不完善，制度层面可以说已经做到了滴水不漏③，但治理失范行为，甚至违法犯罪行为时有发生。

---

　　① 赵旭东：《程序正义概念与标准的再认识》，《法律科学》（《西北政法学院学报》）2003年第6期。

　　② 文芳：《行为公司治理》，厦门大学出版社2012年版，第23—24页。

　　③ 国内一大学教授应邀赴境外参加一个国际会议，并申请到一个基金会的资助，基金会工作人员仅要求该教授把机票拍成照片以电子邮件形式发过去就行，也不怀疑照片是不是PS的，直接就把钱汇过来了。这样的情况在国内大学几乎是不可想象的事情，国内大学报销国际机票不仅需要电子行程单、登机牌，还要各种繁杂的证明手续。

为什么？很多大学治理失范行为不是因为制度不健全，而是行为主体的道德出了问题，甚至有意而为之的结果。因此，大学治理现代化建设要重视制度参与者的道德因素、心理因素对治理行为的影响，提高政策制定者、执行者的道德自律，力求做到慎独，并矫正不良心理。大学要建立健全警示教育、思想政治教育、心理辅导常态化机制，使政策参与者自觉树立道德信念、提高道德认知、锤炼道德意志并培养道德习惯。

如何超越"政绩困局"？第一，切实提高人才培养质量。提高人才培养质量是大学强化其治理合法性的关键举措，科学研究、社会服务、文化传承与创新则是辅助方式。大学只有切实提高人才培养质量，才能回应社会经济发展的新要求，彰显其办学效率和办学效益。如果一所大学毕业生质量低下，其他方面做得再好，也不可避免地遭到公众的质疑进而陷入治理合法性危机。大学所培养的毕业生只有满足用人单位的需要，才能保障有稳定的、高质量的生源，大学才能实现可持续发展，保障教职工的利益。第二，稳步推进大学治理现代化建设。大学治理现代化是一个具有层次结构的目标体系和循序渐进的过程，要先易后难、稳步推进。首先要重视解决好教职工的职务职称晋升、岗位聘任问题，处理好津贴分配、住房等涉及各群体切身利益的问题。在此基础上实现各群体的专业发展，特别是青年教师专业发展。青年教师是大学发展的希望所在，但他们又是弱势群体，他们的问题得不到妥善处理，将会增加大学治理现代化的难度。最后才是满足各利益群体民主参与治理的权利。

第五节　建立健全大学纠纷解决机制

大学自治要处理大学和社会、政府等外部主体的关系，也要处理大学内部关系，包括大学和教师、大学和学生的关系。由此，要根据这些关系构建相应的纠纷解决机制，即应从大学自治的维度来建立健全大学纠纷解决机制。

一　构建的原则

大学纠纷解决机制的构建当然离不开整个国家纠纷解决机制的构建，大学不可能脱离国家的纠纷解决体制而构建自己独立的纠纷解决体制和体系，大学纠纷解决机制本身就是国家纠纷解决机制的一个重要组成部分，即使是大学特有的纠纷解决机制，也应和国家其他的纠纷解决机制存在合理分工的问题，也要保持同其他纠纷解决机制的衔接关系，尤其是现代国家应坚持司法最终解决原则。对于大学纠纷解决机制而言，此原则可以从两个方面进行解读：一是大学非诉讼纠纷解决机制是大学首选的纠纷解决机制，司法不是唯一只是社会纠纷最后的手段；二是非诉讼纠纷解决机制要接受司法的最终审查。

除此以外，大学纠纷解决机制的构建要遵循大学治理的规律，以保障学术自治，实现学术自由为目的。大学纠纷解决机制的构建是为了解决大学治理过程中产生的纠纷，以便实现大学自治，维护和推进学术自由，也避免其他主体对大学产生不必要的干预。学术自由是大学治理的根本目标和方向，学术自由是大学自主权存在的充足理由，大学自治是学术自由的保障和体现，没有大学自治，也就不会有学术自由，学术自由和大学自治是互为依据、互为理由的。大学纠纷解决机制是大学自主权的重要体现和重要组成部分，其构建当然应当坚持有助于大学自治促进学术自由的基本原则，因此司法审查的边界主要是程序问题。

最后，大学纠纷解决机制要有利于实现公正和效率的统一。大学纠纷解决机制应当注重公正，尤其是注重实质公正，对处于相对弱势地位的教师和学生予以倾斜保护，为此，在权利义务的配置上应当对教师和学生有所倾斜。比如，强调程序公开和程序参与，保障教师和学生的知情权和参与权，从源头上保障学校决策和规章制度能够反映教师和学生的意见和建议，以维护其合法权益；在举证责任上，应当强化大学的责任，对于大学管理，虽然教师和学生具有一定的参与权，但主要还是大学主导的，教师和学术处于从属地位，这和行政纠纷具有相似性，因而应当实行举证责任倒置。同时，大学纠纷解决机制应当注重效率，大学纠纷关系到教师学生的切身利益，对时间和效率具有很高的要求，无法像普通诉讼那样历经一年半载的时间。学生在读时间也就3—5年，如果耗时太长，学生的学习则无法正常进行，甚至也无法正常毕业，这也就决定了大学纠纷解决机制必须以非诉讼机制为主，诉讼机制只是最后的手段。

二　构建维度

构建大学纠纷解决机制除了考虑一般纠纷的共同特点以外，还要考虑教育纠纷的性质、特点，符合大学活动规律。从主体而言，大学治理的主体包括政府（包括教育行政部门等）、社会、教师、学生及大学行政及学术组织等，由此便形成了大学治理的外部关系和内部关系，前者包括大学和政府、社会的关系，后者则包括大学和教工、大学和学生等。从大学自治权力的角度而言，大学自治实质是大学自主权和国家监督及宏观调控权，学术权力、行政权力和民主监督权、参与权及学术权力和行政权力之间的分工和协处问题。由此便形成了主体之间多种多样的关系，如大学自主权和政府宏观调控权的关系，行政权力和学术权力的关系，大学自主权和司法审查权的关系，大学日常管理权和教师、学生权利的关系等，大学自治正是在这些关系的协调处理中得以实现的，大学的任务和目标也是在这些权力和权利的磨合中不断实现的。在此过程中，矛盾乃至冲突是必然发生的，为此就需要大学自身予以协调，一旦协调不了，就需要第三方的参与，由此，调解、仲裁和诉讼的方式必然引入到大学治理当中来。

从大学的外部关系而言，需要解决的主要是大学自主权的保障问题。大学自主权相对国家和政府而言，是一种权利，《高等教育法》赋予大学诸多的自主权，这些权利的实现需要政府转变职能，政府对教育的微观管理应变为宏观调控，变为对大学办学方针和方向的指导及对教育质量的监控，而不是对大学专业设置、课程设置的审批。但政府对大学不是放任自流，而是改变管理方式。这一方面是我国市场经济发展的必然要求，政府必然要由原来的计划经济体制下的微观管理向宏观调控转变，大学是独立的民事主体，也是市场的主体，需要根据市场的需要来培养人才。另一方面也是培养人才的需要，每个大学需要根据市场的需要和自身的实际情况，培养符合社会需要的人才。大学具有公益性或准公益性，教育关系到民族文化素质的提高，关系到国家的竞争力。尤其是我国目前处于经济社会转型时期，中国的发展无法通过资源的无限扩张来实现，而必须通过经济的转型和技术的升级，实现由"中国制造"向"中国创造"转变，为此政府需要通过教育评估、教育督导、教育拨款等方式对大学人才培养的方向和质量进行把控，教育部颁布了《普通高等教育评估暂行规定》，从高校进行评估，同时教育行政部门对大学拨款方式也进行转变。随着教育体制进一步深化，高校的自主权将会进一步落实，政府对在教育评估、教育拨款等方面的改革力度将会进一步加大，此时教育评估等就成为政府对高校拨款数额多少的主要依据，教育评估等手段对高校的作用和意义非同小可，甚至关系到其生存，此时高校对教育评估等手段就会提出异议，甚至会产生争议，为此需要对教育评估的性质进行界定，并设置相应的纠纷解决机制。对目前教育评估一般认定为行政行为，大学对其不服，应当赋予相应的救济途径，如行政复议和行政诉讼。为此，需要构建相应的纠纷解决机制，将教育评估纳入行政复议和行政诉讼的受案范围，鉴于教育评估的专业性和技术性，可以实现行政复议前置程序。

同时，对于学位问题和涉及开除学籍等管理纠纷，基于大学的多重地位和现行法律规定，一般将其纳入行政诉讼的范畴，由外部纠纷解决机制予以监督和保障。根据司法最终解决原则和现代国家人权保障的要求，现代国家一般都保持法院对大学有限的介入权，从而改变原来的特别权力关系理论。传统理论认为公立学校的学生与学校之关系是公营造物之利用关系，这些关系排斥法院的干预。"二战"以后，由于特别权力关系理论与法治国的原则有着内在的冲突，乌勒（Ule）等人因此对特别权力关系进行了修正，提出了"基础关系与管理关系理论"，即在特别权力关系中，可区分基础关系与管理关系，基础关系包括相对人身份之设定、变更或终止等身份上的关系，如学生入学许可、退学、开除，以及薪俸、退休等财产上的关系，其中，基础关系需要接受司法审查，而管理关系则不需要。1972 年，德国联邦宪法法院通过司法判例提出了"重要性理论"，在特别权力关系中的行为涉及基本权利的重要事项，即应受法治国原则的支配。不仅是"基础关系"事项应以法律规定，即便是"管理关系"中涉及人权的"重要事项"，也应以法律规定，而且应接受法院的司法审核。[①] 因此，各国逐步改变传统的特别权力关系理论，对涉及教师和学生基本权利的事项，实行法律保留，法院可以进行司法审查，因此大学和学生因为学位问题以及开除等处分行为，关系到学生基本权利的事项，大学应当接受司法审查，即要构建相应的诉讼机制予以保障，这是现代法治国家的基本要求。

三　大学纠纷解决机制体系和整体架构

从纠纷的类型而言，大学纠纷既有外部纠纷，包括大学和国家、大学

---

① 孙霄兵：《我国高等学校办学自主权的发展及其运行》，《中国高教研究》2014 年第 9 期。

同社会所产生的纠纷，又有内部纠纷，包括大学和教师之间的纠纷、大学和学生的纠纷；从纠纷的性质而言，既有因行政管理所产生的行政纠纷，也有民事纠纷，还有因学术问题所产生的纠纷。由此决定了大学纠纷解决机制必然是多元的，既有大学内部纠纷解决机制，也有外部纠纷解决机制；既有学术纠纷解决机制，又有民事纠纷及行政纠纷解决机制。为此，需要建立与之相适应的纠纷解决机制。正如有学者所言，建立权利的救济机制是高等教育法制核心课题之一，应建立有机统一的内部和外部救济机制打通两者的适用程序，在制度安排上使申诉、仲裁和诉讼环环相扣，具有衔接性。学术仲裁可以作为学术权力纠纷最终的解决方式。因为仲裁所具有的自主性、权威性、终局性、民间性和专业性既能够构成对学术权力的外在制约，又能够契合学术自治的内在要求。① 大学纠纷解决机制应当是一个多元、多层又相互衔接、补充的纠纷解决机制：从机制形式而言，包括诉讼和非诉讼纠纷解决机制（ADR），前者包括宪法诉讼、行政诉讼和民事诉讼，后者包括和解（协商）、调解、教育仲裁、教育申诉等；从性质而言，包括私力救济、社会救济和公力救济，私力救济包括和解、自决等，社会救济指的是依靠社会力量解决纠纷的形式，如教育仲裁、民间调解等，公力救济指的是依靠法院、行政机关等公权力的力量来解决纠纷的形式，包括行政处理、行政调解、诉讼等。为此，需要从以下几个方面予以架构：

1. 大学内部纠纷解决机制和外部纠纷解决机制的构建

大学内部纠纷解决机制可以作狭义和广义之理解，前者只包括校内申诉等设立于高校内部的纠纷解决机制，后者包括既设立于大学内部的纠纷解决机制，也包括在教育系统内部设立的专门纠纷解决机制，如我国教育法规定的校外申诉。大学外部的纠纷解决机制指的是社会纠纷解决机制及非专门为教育纠纷而设置的国家行政处理机制及诉讼机制。

大学是研究高深学问之殿堂，无论是科学研究、人才培养，还是社会服务，都有极强的专业性，需要长期的积淀。因为学术问题所产生的判断必须由大学自身来进行判断，其他人无法作出正确的裁判，"学术判断不仅一项技术判断，更是一项经验判断，学术价值与行政权力价值的体现方

---

① 林金南：《〈高等教育法〉的立法缺失及完善思考》，《南京师大学报》（社会科学版）2002年第 6 期。

式是截然不同的，前者表现为创造精神、批判精神，并以对社会的终极关怀为己任，其主要特征是求异和超越。后者表现为执行政策、服务协调，并以对管理效率的追求为己任，其主要特征是统一和服从。创造精神是大学存在的价值所在，是大学在社会有机体中保持自身地位和生命力的法宝；批判思维使得教师在工作过程中能够以严谨而科学的态度对待传统和现实，从不盲从"，学术权力的产生基于学术人员的学术能力、学术权威和约定俗成的组织制度；它的价值取向在于维护学术专业的自治、纯洁与权威；它的行使有赖于权力持有者内心的学术判断能力。这种精神也只有大学教授才最了解，最有资格进行判断，"他们（大学教授）最清楚学问的内容，因此他们最有资格决定应该开设哪些科目以及如何讲授，此外，教师还应该比其他人最清楚知道谁有资格成为教授。最重要的是，教师必须是他们学术自由是否受到侵犯的公证人"[1]。因此，大学纠纷需要大学教授来进行判断，为此需要建立大学内部纠纷解决机制，并且这些机制是外部纠纷解决机制启动的前置程序，即只有在穷尽大学内部纠纷解决机制仍然无法得到解决的情况下，才可以启动大学外部纠纷解决机制。而且，外部纠纷解决机制对大学纠纷解决的介入只能是有限介入，即外部介入的案件只能是涉及基本人权的案件，即涉及教师、学生受教育权等基本权利的案件，而且法院审查的只能是法律适用问题和程序问题，这是大学自治的边界。否则，就会损害大学自治。为此，很多学者主张建立教育仲裁制度。高等院校内部纠纷的裁决权长期以来被英国视为大学自治事务的重要内容。但是，英国最近一次颁布的《高等教育法案》终止了延续多年的视察员处理高等院校内部纠纷的终局裁决权，转而设立一个新机构——独立裁决者办公室，负责处理英格兰和威尔士的高校学生申诉事务。[2] 但该机制仍然属于大学系统内部的纠纷解决机制。

2. 学术纠纷解决机制和非学术纠纷解决机制

根据大学纠纷的性质，可以将大学纠纷解决机制分为学术纠纷解决机制和非学术纠纷解决机制。大学内部纠纷解决机制主要是学术纠纷解决机制和因教育活动引起的管理纠纷，学术纠纷应当充分尊重大学的意见，因

---

① ［美］约翰·S. 布鲁贝克：《高等教育哲学》，王承绪等译，杭州大学出版社 1988 年版，第 31—32 页。

② 申素平：《英国高校如何解决内部纠纷》，《中国教育报》2010 年 2 月 23 日。

而需要构建教育仲裁等机制，专司学术纠纷。有学者指出，学术纠纷因学术权力的行使引起的纠纷以行政诉讼解决在理论上有失合理性，因为诉讼作为公权力解决方式，具有最大的强制力，这有悖于学术权力的内在品质，将会对学术的专业自治与权威构成威胁和伤害。另外，大多数的学术权力纠纷都有很强的专业性，这对法官提出过高的判断要求。① 对于因教育引起的管理纠纷，也应当充分尊重大学自治权，大学可以依据大学章程和大学规章制度对此进行处理，外部力量干预有失妥当，可能有损大学自治，为此也需要完善相应的纠纷解决机制，包括调解等机制。就我国目前而言，作为专门性教育纠纷解决机制——教育申诉，既解决学术纠纷，也解决日常管理纠纷，以后可以考虑将其纯化，只解决管理纠纷，不解决学术纠纷。

3. 诉讼机制和非诉讼机制

大学纠纷解决机制既包括诉讼机制，也包括非诉讼机制。诉讼对于非诉讼机制而言，具体既包括和解等自力救济方式，也包括调解、仲裁等社会纠纷解决机制，还包括除诉讼之外的公力救济方式，具体方式有行政调解、行政裁决等行政处理方式。鉴于诉讼的缺陷，如成本高昂、时间长等，不适宜大学纠纷解决机制，相反，非诉讼机制具有快速、低廉、保密、程序参与等特征，比较适宜大学纠纷的解决。

4. 保持大学内部纠纷解决机制和国家纠纷解决机制的合理分工及衔接和协调

基于教育纠纷的特殊性，大学纠纷解决机制应实行"穷尽校内救济"的受理原则，即必须先在其所在高校进行校内解决，只有穷尽校内解决无果者，寻求教育系统内部的纠纷解决机制，最后才可以诉诸外部纠纷解决机制。而且，大学内部纠纷解决机制主要是非诉讼机制，比如教育申诉制度就是一种非诉讼机制，校外纠纷解纷机制主要也是非诉讼机制，包括行政裁决、劳动人事争议仲裁等，这些机制是诉讼机制的前置程序，只有先寻求该机制无果，或者不服该机制，且只有在基本权利受到影响的情况下，才可以最终向法院起诉。同时，在非诉讼机制解决的情况下，诉讼机制可以对非诉讼机制进行监督，如有侵犯当事人的基本权利，或者损害公共利益的，法院可以撤销非

_____

① 林金南：《〈高等教育法〉的立法缺失及完善思考》，《南京师大学报》（社会科学版）2002年第 6 期。

诉讼机制的处理结果。简言之，大学纠纷解决机制应当是：先内部，后外部；先非诉讼机制，后诉讼机制。对于大学自治中涉及公民基本权利的"重要事项"，必须适用法律保留原则和司法审查原则。

四　完善大学纠纷解决机制的路径

目前，国家并没有将大学纠纷解决机制纳入远期立法规划，更没有将其纳入近期的立法计划，是故，大学纠纷解决机制在短期不可能有很大的突破。但也并非近期就无所作为，在"四个全面推进"的背景下，在落实大学自主权促进社会治理的基础上，可以逐步推进大学纠纷解决机制的建立和完善。中共十八届四中全会提出，要健全社会矛盾纠纷预防化解机制，完善调解、仲裁、行政裁决、行政复议、诉讼等有机衔接、相互协调的多元化纠纷解决机制。加强行业性、专业性人民调解组织建设，完善人民调解、行政调解、司法调解联动工作体系。完善仲裁制度，提高仲裁公信力。健全行政裁决制度，强化行政机关解决同行政管理活动密切相关的民事纠纷功能。可见，作为依法治国重要一环的纠纷解决机制受到了高度重视，中共中央提出了我国纠纷解决机制的整体框架和指导思想，大学纠纷解决机制构建应根据中央的顶层设计来进行相应的构建。首先，大学可以借助大学章程制定的契机在其中规定大学内部纠纷解决机制的架构，再通过大学内部具体的规章制度予以细化。而且，纠纷解决机制本来就应当是大学章程中不可或缺的重要内容。正如有学者所言，以申诉与复议制度为基础，建构校内救济程序，实现对因违法违章之大学管理行为而受到伤害的权利主体的合法权益的救济，是大学章程不能回避的重要内容。[1] 教育部及省级教育行政部门等主管机关则应通过制定部门规章或规范性文件的方式，落实申诉等大学纠纷解决机制，由此推进大学自治，进而倒逼国家从顶层设计的角度完善大学纠纷解决机制，因为纠纷解决机制是社会治理不可缺少的重要一环，是大学自主权不可或缺的内容，也是推进大学自治不可缺少的一环。

---

[1]　李华：《大学章程的性质与效力审视》，《四川师范大学学报》（社会科学版）2012 年第4 期。

第六节　本章小结

超越大学治理的形式有效性和实质有效性双重危机，要进一步提高核心利益主体参与大学治理的制度化水平，提高核心利益主体对大学的价值和身份认同感，扩大参与大学治理的广度和深度，并保证利益主体参与治理的制度供给。

大学须根据程序正义的原则，建立健全程序正义机制，制定和修改大学章程及规章制度以规范大学权力，使其按照学术规律运行，并保障各相关利益群体的权益，从而促进大学健康、有序和持续发展。应当构建有效的治理结构，重构大学与政府之间的关系，做到政府宏观调控，大学依法办学、自主管理，教工民主监督。完善大学内部治理体系要避免治理体系日趋复杂化和精细化而治理效率整体没有实质性提高的"内卷化"困局，避免治理体系越来越完善而教师和行政人员的压力却越来越大，大家忙于烦琐的杂事、侵占教师教学科研时间等乱象。目前，大学内部治理体系需要进一步理顺书记与校长的职责关系，建立副校级领导对正校级领导负责制，健全执行机构，建立开放的决策机构和健全监督机制，赋予基层学术组织职能相匹配的资源配置权。规制既得利益群体，提高治理能力。

大学首先应当在作为"大学自治宪法"的大学章程中对大学内部纠纷解决机制作出整体的架构，并通过制定具体的大学规章制度予以落实。教育行政部门则应通过制定部门规章的方式，落实申诉等大学纠纷解决机制，由此倒逼国家从顶层设计的角度完善大学纠纷解决机制。

附录一
关于坚持和完善普通高等学校党委领导
下的校长负责制的实施意见

中办发〔2014〕55号

党委领导下的校长负责制是中国共产党对国家举办的普通高等学校（以下简称"高等学校"）领导的根本制度，是高等学校坚持社会主义办学方向的重要保证，必须毫不动摇、长期坚持并不断完善。根据《中国共产党章程》、《中华人民共和国高等教育法》、《中国共产党普通高等学校基层组织工作条例》等有关规定，结合高等学校实际，现就进一步坚持和完善党委领导下的校长负责制提出以下实施意见。

一 党委统一领导学校工作

1. 高等学校党的委员会是学校的领导核心，履行党章等规定的各项职责，把握学校发展方向，决定学校重大问题，监督重大决议执行，支持校长依法独立负责地行使职权，保证以人才培养为中心的各项任务完成。

（1）全面贯彻执行党的路线方针政策，贯彻执行党的教育方针，坚持社会主义办学方向，坚持立德树人，依法治校，依靠全校师生员工推动学校科学发展，培养德智体美全面发展的中国特色社会主义事业合格建设者和可靠接班人。

（2）讨论决定事关学校改革发展稳定及教学、科研、行政管理中的重大事项和基本管理制度。

（3）坚持党管干部原则，按照干部管理权限负责干部的选拔、教育、培养、考核和监督，讨论决定学校内部组织机构的设置及其负责人的人选，依照有关程序推荐校级领导干部和后备干部人选。做好老干部工作。

（4）坚持党管人才原则，讨论决定学校人才工作规划和重大人才政策，创新人才工作体制机制，优化人才成长环境，统筹推进学校各类人才队伍建设。

（5）领导学校思想政治工作和德育工作，坚持用中国特色社会主义理论体系武装师生员工头脑，培育和践行社会主义核心价值观，牢牢掌握学校意识形态工作的领导权、管理权、话语权。维护学校安全稳定，促进和谐校园建设。

（6）加强大学文化建设，发挥文化育人作用，培育良好校风学风教风。

（7）加强对学校院（系）等基层党组织的领导，做好发展党员和党员教育、管理、服务工作，发展党内基层民主，充分发挥基层党组织的战斗堡垒作用和党员的先锋模范作用。加强学校党委自身建设。

（8）领导学校党的纪律检查工作，落实党风廉政建设主体责任，推进惩治和预防腐败体系建设。

（9）领导学校工会、共青团、学生会等群众组织和教职工代表大会。做好统一战线工作。

（10）讨论决定其他事关师生员工切身利益的重要事项。

2. 党委实行集体领导与个人分工负责相结合，坚持民主集中制，集体讨论决定学校重大问题和重要事项，领导班子成员按照分工履行职责。

3. 党委书记主持党委全面工作，负责组织党委重要活动，协调党委领导班子成员工作，督促检查党委决议贯彻落实，主动协调党委与校长之间的工作关系，支持校长开展工作。

二　校长主持学校行政工作

4. 校长是学校的法定代表人，在学校党委领导下，贯彻党的教育方针，组织实施学校党委有关决议，行使高等教育法等规定的各项职权，全面负责教学、科研、行政管理工作。

（1）组织拟订和实施学校发展规划、基本管理制度、重要行政规章制度、重大教学科研改革措施、重要办学资源配置方案。组织制定和实施具体规章制度、年度工作计划。

（2）组织拟订和实施学校内部组织机构的设置方案。按照国家法律和干部选拔任用工作有关规定，推荐副校长人选，任免内部组织机构的负责人。

（3）组织拟订和实施学校人才发展规划、重要人才政策和重大人才工程计划。负责教师队伍建设，依据有关规定聘任与解聘教师以及内部其他工作人员。

（4）组织拟订和实施学校重大基本建设、年度经费预算等方案。加强财务管理和审计监督，管理和保护学校资产。

（5）组织开展教学活动和科学研究，创新人才培养机制，提高人才培养质量，推进文化传承创新，服务国家和地方经济社会发展，把学校办出特色、争创一流。

（6）组织开展思想品德教育，负责学生学籍管理并实施奖励或处分，开展招生和就业工作。

（7）做好学校安全稳定和后勤保障工作。

（8）组织开展学校对外交流与合作，依法代表学校与各级政府、社会各界和境外机构等签署合作协议，接受社会捐赠。

（9）向党委报告重大决议执行情况，向教职工代表大会报告工作，组织处理教职工代表大会、学生代表大会、工会会员代表大会和团员代表大会有关行政工作的提案。支持学校各级党组织、民主党派基层组织、群众组织和学术组织开展工作。

（10）履行法律法规和学校章程规定的其他职权。

三　健全党委与行政议事决策制度

5. 高等学校应按期召开党员大会（党员代表大会），选举产生党的委员会。党的委员会对党员大会（党员代表大会）负责并报告工作。经上级党组织批准，规模较大、党员人数较多的高等学校党的委员会可设立常务委员会（以下简称"常委会"）。设常委会的党委一般设委员15至31人，委员中除校级领导干部外，还应有院（系）、党政工作部门负责人及师生员工代表；常委会一般设委员7至11人，学校行政领导班子成员是党员的，一般应进入常委会。不设常委会的党委，一般设委员7至11人，委员中除校级领导干部外，还可有院（系）和党政工作部门负责人代表。

6. 学校党的委员会全体会议（以下简称"全委会"）在党员大会（党员代表大会）闭会期间领导学校工作，主要对事关学校改革发展稳定和师生员工切身利益及党的建设等全局性重大问题作出决策，听取和审议常委会工作报告、纪委工作报告。会议由常委会召集，议题由常委会确定。全委会必须有三分之二以上委员到会方能召开。表决事项时，以超过应到会委员人数的半数同意为通过。

7. 常委会主持党委经常工作，主要对学校改革发展稳定和教学、科研、行政管理及党的建设等方面的重要事项作出决定，按照干部管理权限和有关程序推荐、提名、决定任免干部。常委会会议由党委书记召集并主持。会议议题由学校领导班子成员提出，党委书记确定。会议必须有半数以上常委到会方能召开；讨论决定干部任免等重要事项时，应有三分之二以上常委到会方能召开。表决事项时，以超过应到会常委人数的半数同意为通过。不是党委常委的行政领导班子成员可列席会议。

不设常委会的党委，其会议制度和议事规则参照常委会会议有关规定执行。

8. 校长办公会议或校务会议是学校行政议事决策机构，主要研究提出拟由党委讨论决定的重要事项方案，具体部署落实党委决议的有关措施，研究处理教学、科研、行政管理工作。会议由校长召集并主持。会议成员一般为学校行政领导班子成员。会议议题由学校领导班子成员提出，校长确定。会议必须有半数以上成员到会方能召开。校长应在广泛听取与会人员意见基础上，对讨论研究的事项作出决定。党委书记、副书记、纪委书记等可视议题情况参加会议。

9. 党委会议和校长办公会议（校务会议）要坚持科学决策、民主决策、依法决策，防止个人或少数人专断和议而不决、决而不行。讨论决定学校重大问题，应在调查研究基础上提出建议方案，经领导班子成员沟通酝酿且无重大分歧后提交会议讨论决定。对干部任免建议方案，在提交党委会议讨论决定前，应在党委书记、校长、分管组织工作的副书记、纪委书记等范围内进行充分酝酿。对专业性、技术性较强的重要事项，应经过专家评估及技术、政策、法律咨询。对事关师生员工切身利益的重要事项，应通过教职工代表大会或其他方式，广泛听取师生员工的意见建议。对会议决定的事项如需变更、调整，应根据决策程序进行复议。

高等学校要结合实际，制定全委会、常委会、校长办公会议（校务会议）的会议制度和议事规则。

四　完善协调运行机制

10．党委领导下的校长负责制是一个不可分割的有机整体，必须坚持党委的领导核心地位，保证校长依法行使职权，建立健全党委统一领导、党政分工合作、协调运行的工作机制。要合理确定领导班子成员分工，明确工作职责。领导班子成员要认真执行集体决定，按照分工积极主动开展工作。

11．党委书记和校长要树立政治意识、大局意识，相互信任，加强团结。建立定期沟通制度，及时交流工作情况。党委会议有关教学、科研、行政管理工作等议题，应在会前听取校长意见；校长办公会议（校务会议）的重要议题，应在会前听取党委书记意见。意见不一致的议题暂缓上会，待进一步交换意见、取得共识后再提交会议讨论。集体决定重大事项前，党委书记、校长和有关领导班子成员要个别酝酿、充分沟通。

12．学校领导班子应经常沟通情况、协调工作。党委书记、校长要发扬民主，充分听取和尊重班子成员的意见，支持他们的工作。领导班子成员要相互理解、相互支持，对职责分工交叉的工作，要注意协调配合。

13．坚持领导干部双重组织生活会制度，提高组织生活质量。认真开好民主生活会，正确运用批评和自我批评的武器，开展积极健康的思想斗争。落实谈心谈话制度，党委书记和校长要定期相互谈心，定期同其他领导班子成员谈心，对在思想、作风、廉洁自律等方面出现的苗头性倾向性问题，要早提醒、早纠正；领导班子成员之间要经常交流思想、交换意见，努力营造团结共事的和谐氛围。

14．加强学术组织建设，健全以学术委员会为核心的学术管理体系与组织架构，合理确定学术组织人员构成，制定学术组织章程，保障学术组织依照章程行使职权，充分发挥其在学科建设、学术评价、学术发展和学风建设等方面的重要作用，积极探索教授治学的有效途径。

15．发挥教职工代表大会及群众组织作用，健全师生员工参与民主管理和监督的工作机制。实行党务公开和校务公开，及时向师生员工、群众团体、民主党派、离退休老同志等通报学校重大决策及实施情况。推行高等学校党员代表大会代表任期制和提案制，健全学校党委常委会向全委会报告工作并接受监督等制度。

五　加强组织领导

16. 按照社会主义政治家、教育家目标要求，选好配强高等学校领导班子特别是党委书记和校长。加强领导班子思想政治建设和作风建设，加大教育培训力度，不断提高领导干部思想政治素质和办学治校能力。进一步完善高等学校领导干部培养选拔机制，加强管理和监督。高等学校领导干部要认真履职尽责，正确处理领导管理工作和个人学术研究的关系，确保有足够的时间和主要精力投入学校管理工作，党委书记和校长一般不担任科研项目主要负责人。

17. 加强学校基层党组织建设，完善院（系）党政联席会议制度，集体讨论决定重大事项。完善教职工党支部和学生党支部设置形式，创新党支部活动方式。提高发展党员质量，加强党员教育管理。大力创建基层服务型党组织，不断提高基层党组织的创造力凝聚力战斗力，保证党的路线方针政策和学校各项决定的贯彻落实。

18. 加强和改进思想政治工作，深入开展中国特色社会主义和中国梦宣传教育，引导师生员工坚持正确的政治方向，坚定中国特色社会主义道路自信、理论自信、制度自信。深入开展坚持中国共产党的领导的教育，进一步深化师生员工对党委领导下的校长负责制的理解和认同，增强坚持和完善这一制度的自觉性和坚定性。

19. 学校党委要加强对领导班子成员贯彻执行党委领导下的校长负责制情况的监督，发现问题及时纠正。上级党委和有关部门要加强对高等学校贯彻执行这一制度情况的检查，将其作为巡视工作及领导班子和领导干部考核评价的重要内容，巡视和考核结果作为学校领导干部选拔任用和奖惩的重要依据。对违反民主集中制原则，不执行党委决议，或因班子内部不团结而严重影响工作的，应根据具体情况追究相关人员责任，必要时对班子进行调整。

20. 上级党委和有关部门要通过教育培训、经验交流等方式，加强对高等学校贯彻执行党委领导下的校长负责制的工作指导。注意宣传和推广好经验好做法，及时研究解决工作中出现的问题，支持高等学校探索创新，不断提高贯彻执行党委领导下的校长负责制的水平。

各地区各高等学校应根据本实施意见，结合实际制定具体实施办法。

附录二
中共中央组织部 中共教育部党组
关于认真学习贯彻《关于坚持和完善普通高等学校党委领导下的校长负责制的实施意见》的通知

教党〔2014〕39 号

各省、自治区、直辖市党委组织部、党委教育工作部门、教育厅（教委），新疆生产建设兵团党委组织部、教育局，有关部门（单位）组织人事部门，教育部直属各高等学校党委：

近日，中共中央办公厅印发了《关于坚持和完善普通高等学校党委领导下的校长负责制的实施意见》（中办发〔2014〕55 号，以下简称《实施意见》）。为推动《实施意见》学习贯彻工作，现就有关要求通知如下。

一 充分认识学习贯彻《实施意见》的重要意义

党委领导下的校长负责制实施 20 多年来，为高校全面贯彻党的教育方针，坚持社会主义办学方向，培养中国特色社会主义事业合格建设者和可靠接班人，促进高校改革发展稳定，提供了坚强组织保证。实践证明，党委领导下的校长负责制符合我国国情和高等教育发展规律，是中国特色现代大学制度的核心内容，是党对高校领导的根本制度。当前，高校面临许多新情况新挑战，改革发展稳定任务繁重，进一步强调长期坚持并不断完善这一体制十分必要。《实施意见》体现了党的十八大、十八届三中全会和习近平总书记系列重要讲话精神，体现了党要管党、从严治党方针，体现了深化党的建设制度改革的要求，体现了各地各高校实践探索的新经验，是加强高校党的建设工作和完善中国特色现代大学制度的重要遵循。深入学习贯彻《实施意见》，对于新形势下加强和改进党对高校的领导，完善高校内部治理结构，促进高校科学发展，具有十分重要的意义。各地区、有关部门（单位）党委组织、教育部门和各高校党委，要充分认识坚持和完善党委领导下的校长负责制的重要性必要性，充分认识学习贯彻《实施意见》的重要意义，切实把思想和行动统一到中央精神上来，把学习贯彻《实施意见》作为当前和今后一个时期加强高校党的建设工作的一项重要任务，切实抓好落实。

二　准确把握《实施意见》的重点内容

坚持高校党委的领导核心地位。党委是学校的领导核心，履行党章等规定的各项职责，把握学校发展方向，决定重大问题，监督重大决议执行，支持校长依法行使职权，保证学校各项任务完成。要坚持管方向、管全局、管干部、管人才以及党要管党，准确把握党委的职责定位，健全和完善党委领导的内容和途径，力戒包揽行政事务。

正确处理党委领导和校长负责的关系。党委领导下的校长负责制是一个不可分割的统一整体。党委统一领导学校工作，要总揽学校改革发展稳定的全局，加强党的建设和思想政治工作，尊重和支持校长独立负责地开展工作。校长在党委领导下，积极主动地做好教学、科研、行政管理工作。校长和其他行政领导班子成员要自觉接受党委集体领导，认真贯彻执行党委决定。

认真贯彻执行民主集中制。党委领导下的校长负责制是高校贯彻执行民主集中制的具体体现。要按照"集体领导、民主集中、个别酝酿、会议决定"的原则研究决定重大事项。坚持集体领导和个人分工负责相结合，集体决定了的事情，领导班子成员按照分工分头去办，勇于负责，防止推诿和扯皮。要健全完善党委会议、校长办公会议等会议制度和议事规则，进一步明确重大事项的具体内容和决策程序，提高科学决策、民主决策、依法决策水平。

完善协调运行的工作机制。合理确定领导班子成员分工，明确工作职责。领导班子成员要认真执行集体决定，按照分工积极主动开展工作。加强党政协调配合，建立党委书记和校长定期沟通、重大事项决定前酝酿沟通等制度，领导班子成员要相互理解、相互支持，协调配合，形成工作合力。发挥教师在教育教学、学术研究和学校管理中的作用，健全师生员工参与民主管理和监督的工作机制。

三 加强对学习贯彻《实施意见》的组织领导

抓好学习培训。各地区、有关部门（单位）党委组织、教育工作部门要对学习贯彻《实施意见》作出安排部署，将其作为高校领导干部培训的一项重点内容，作为今后高校领导干部任职培训的必学内容。各高校党委要制定计划，采用理论中心组学习、专题研讨等形式，认真学习《实施意见》，结合思想和工作实际进行深入研讨。领导班子成员特别是党委书记、校长要带头学习、学深学透，准确把握党委领导下的校长负责制的基本要求、基本程序、基本方法，增强贯彻执行这一制度的思想自觉、行动自觉。

加强制度建设。各地区、有关部门（单位）党委组织、教育工作部门要结合实际制定具体的实施办法，各高校党委要建立健全配套制度，把《实施意见》各项规定落地落实落细。要对照《实施意见》对现有制度进行一次梳理，不符合规定的尽快修订。要把学习贯彻《实施意见》与加强高校领导班子建设、抓好群众路线教育实践活动整改落实、推进大学章程建设、完善高校内部治理结构等重点工作结合起来，统筹推进。

强化督促检查。各高校党委要对班子成员学习贯彻《实施意见》情况进行监督，发现问题及时纠正。高校领导班子成员要在民主生活会、任期述职、年度工作总结中报告执行党委领导下的校长负责制的情况，自觉接受监督。各地区、有关部门（单位）党委组织、教育工作部门要结合干部考察、年度考核、专项督查等工作，检查高校领导班子及成员贯彻执行《实施意见》情况，研究解决工作中出现的问题。

中共中央组织部 中共教育部党组

2014 年 10 月 17 日

附录三
国家教育体制改革领导小组办公室
关于进一步落实和扩大高校办学自主权
完善高校内部治理结构的意见

教改办〔2014〕2 号

　　为贯彻落实党的十八届三中全会关于扩大学校办学自主权的部署，激发高校办学活力，全面提高高等教育质量，根据《高等教育法》《国家中长期教育改革和发展规划纲要（2010—2020 年)》规定，经国家教育体制改革领导小组同意，现就进一步落实和扩大高校办学自主权、完善高校内部治理结构提出如下意见。

一　总体要求

　　全面贯彻党的教育方针，按照中央关于分类推进事业单位改革的精神，以构建政府、高校、社会新型关系为导向，积极简政放权，加快转变政府职能，进一步明确政府高等教育的管理职责和权限，进一步明确高校的办学权利和义务，更好地落实高校的办学主体地位，更好地发挥社会的支持和监督作用，加快完善中国特色现代大学制度，加快推进高等教育治理体系和治理能力现代化，形成政府宏观管理、学校依法自主办学、社会广泛参与支持的格局，促进高校办出特色、争创一流。

二　积极简政放权，进一步落实和扩大高校办学自主权

　　根据《高等教育法》规定，立足现阶段我国高等教育改革发展实际，当前落实和扩大高校办学自主权着重从以下七个方面推进。

——支持高校科学选拔学生，深化考试招生制度改革。加快推进高职
院校分类考试招生改革，高职院校以"文化素质＋职业技能"成绩为基
本依据，自主确定录取标准和录取方式。深化普通高校考试招生制度改
革，高校依据学生的统一高考成绩和普通高中学业水平考试成绩，实行综
合评价、择优录取，扩大高校招生自主权。深化高校自主选拔录取改革，
支持高校选拔具有特殊才能和创新潜质的人才。支持高校依据经济社会发
展需求，自主调整优化同一层次研究生类型结构，加快发展专业学位研究
生教育。推进学术硕士和专业硕士研究生分类考试，健全优秀应届本科毕
业生推荐免试录取制度，完善以导师团队为主导的复试选拔机制，支持高
校选拔符合培养定位的学生。支持高校建立博士研究生选拔"申请—考
核"机制，发挥专家组审核作用，更加注重对学生的专业素养、研究能
力和创新潜质的综合评价。

——支持高校调整优化学科专业，鼓励高校办出特色。尊重高校专业
设置主体地位，高校可自主设置普通高等学校本科专业目录和高职高专教
育指导性专业目录内所有专业（国家控制布点专业除外）。支持高校在博
士、硕士一级学科授权内自主设置二级学科。在不增加授权学科总量、保
证研究生培养质量的前提下，高校可对博士、硕士学位授权点进行动态调
整。研究规范"双学位"设置和授予工作的管理办法，支持高校培养复
合型人才。

——支持高校自主开展教育教学活动，深化人才培养模式改革。鼓励
高校推进全面学分制等教学管理制度改革。支持高校深化大学英语、计算
机基础课教学改革，高校可自主确定大学英语和计算机基础课学分学时。
鼓励高校间教育教学资源开放共享，通过搭建平台、对口帮扶、政策引导
等方式，支持教师互聘、学生互换、课堂互选、学分互认，促进合作育
人、协同创新、共同发展。

——支持高校自主选聘教职工，发挥各类人才的积极性创造性。高校
可根据实际需要和精简、效能原则，自主确定教学、科学研究、行政职能
部门等内部组织机构的设置和人员配备。根据国家法律法规和宏观政策，
自主确定内部收入分配，自主管理和使用人才。全面落实公开招聘制度，
高校可根据教育教学需要面向社会依法依规自主公开招聘教育教学、科学
研究和行政管理等各类人员。教授、副教授评审权逐步下放到高校。支持
高校建设职业化管理干部队伍，扩大实施高校职员制，逐步拓展管理人员

晋升通道。

　　——支持高校自主开展科学研究、技术开发和社会服务，为提升创新能力创造条件。优化财政科研经费的投入结构，稳步增加中央部署高校经常性科研业务经费的投入，鼓励地方为高校设立非竞争性科研经费，支持广大教师特别是青年教师潜心研究、自由探索。按照改进加强中央财政科研项目和资金管理的有关规定，改进科研项目预算编制方法，健全预算评估评审的沟通反馈机制，进一步下放预算调整审批权限。加快推进高校科技成果使用、处置和收益管理改革，完善和落实促进科研人员成果转化的收益分配政策。

　　——支持高校自主管理使用学校财产经费，提高经费使用效益。完善高校生均拨款制度，建立高校生均拨款标准动态调整机制。新增经费继续向基本支出倾斜，提高基本支出经费比例，降低专项经费的比例，扩大学校对专项经费使用和管理的自主权。捐赠收入财政配比资金由高校统筹安排使用。完善成本分担机制，合理确定学费标准并动态调整。

　　——支持高校扩大国际交流合作，提高高等教育国际化水平。支持高校和外国高校之间开展教师互派、学生互换、学分互认和学位互授联授。开展高校自主确定举办中外合作办学项目试点，支持高校加大引进国外优质教育资源力度。支持高校优势学科面向世界，参与和设立国际学术合作组织、国际科学计划，与境外高水平教育、科研机构建立联合研发基地。支持具有相应实力的高校海外办学，开展国际合作和跨境教育服务。

　　深化教育行政审批制度改革，是进一步落实和扩大高校办学自主权的重要内容。在近期取消下放国家重点学科审批、利用互联网实施远程高等学历教育的教育网校审批等教育行政审批项目的基础上，继续研究取消下放一批教育行政审批事项。严格规范教育行政审批，规范简化行政审批流程，不得在行政审批事项公开目录之外实施其他行政审批。精简评审评估评价和检查事项，取消一批评审评估评价事项，整合内容交叉重复或关联度高的评审评估评价事项，统筹常规性、临时性检查。编制确需保留的评审评估评价和检查事项目录清单，不得开展目录清单外的评审评估评价和检查事项。探索实施高校依法自主办学负面清单管理，清单之外的事项由高校自主行使并依法接受政府、社会及校内监督。

三　坚持权责统一，完善高校内部治理结构

高校应严格遵守国家法律法规，着力完善内部治理结构，切实加强自律机制建设，自觉履行社会责任，维护校园和谐稳定，确保用好办学自主权。

——坚持和完善党委领导下的校长负责制。认真落实《中国共产党普通高等学校基层组织工作条例》，健全党委领导下的校长负责制实施规则。结合学校实际，明确党委常委会、校长办公会议事范围、议事规则和决策程序，探索建立高校法人治理结构。凡属学校重大决策、重大人事任免、重大项目安排、大额度资金使用（"三重一大"）事项必须由学校领导班子集体研究作出决定。对由学校自主决定的事项，要逐项完善决策机制与程序。要理顺校院两级管理体制，进一步向院系放权，调动基层组织积极性。探索建立法律顾问制度，建立规范性文件、重大决策合法性审查机制。按照"谁决策、谁负责"的原则，建立健全责任追究制度。

——保障学术组织相对独立行使职权。认真落实《高等学校学术委员会规程》，依法设立学术委员会，健全以学术委员会为核心的学术管理体系与组织架构，统筹行使学术事务的决策、审议、评定和咨询等职权。高校应当充分发挥学术委员会在学科建设、学术评价、学术发展和学风建设等事项上的重要作用，完善学术管理的体制、制度和规范，积极探索教授治学的有效途径，尊重并支持学术委员会独立行使职权。建立完善对违反学术规范、学术道德行为的认定程序和办法，维护良好的学术氛围。

——完善校内民主管理和监督机制。认真落实《学校教职工代表大会规定》，切实保障教职工参与学校民主管理和监督。学校专业技术职务评聘办法、收入分配方案等与教职工切身利益相关的制度、事务，要经教职工代表大会审议通过；涉及学校发展的重大事项要提交教职工代表大会讨论。积极拓展学生参与学校民主管理的渠道，进一步改革完善高校学生代表大会制度，推进学生自主管理。要完善多元参与的校内治理体系，加强议事协商，积极探索师生代表参与学校决策机构的机制，充分发挥群众团体的作用。

——健全社会参与监督机制。建立健全高校理事会，充分发挥其在加强社会合作、扩大决策民主、争取办学资源、接受社会监督等方面的作用。把公开透明作为高校的基本制度，完善各类信息公开制度，重点加大

高校在招生考试、财务资产及收费、人事师资、教学质量、学生管理服务、学风建设、学位和学科、对外交流与合作等方面的信息公开力度，保障教职工、学生、社会公众对学校重大事项、重要制度的知情权，接受利益相关方的监督。建立新闻发言人制度，及时准确回应师生和社会关切。

——健全以章程为统领规范行使办学自主权的制度体系。认真落实《高等学校章程制定暂行办法》，加快章程建设。要按照决策权、执行权、监督权既相互制约又相互协调的原则，健全和规范内部治理结构和权力运行规则。所有高校应于 2015 年前完成章程制定。要依据法律和章程，制定、梳理和完善教学、科研、人事、财务、学生管理、后勤等方面自主管理的制度规范，建立健全各种办事程序、内部机构组织规则、议事规则，实现自主权运行和监督有章可循、有据可依。

四 放权监管同步，健全高校用好办学自主权监管体系

在加大放权力度的同时，要改进和加强宏观管理，综合运用法律、政策、规划、公共财政、标准、信息服务和必要的行政措施，把该放的放开，把该管的管住，针对每一个放权事项建立监管办法，避免"一放就乱、一乱就收、一收就死"。

——健全质量评估监测制度。健全质量标准体系，加快制定实施本专科教育相关国家标准，进一步完善博士、硕士学位基本要求，鼓励行业部门依据国家标准制定相关专业人才培养标准。改进评估办法，加快建立以高校自我评估为基础，以教学基本状态数据常态监测、院校评估、专业认证及国际评估为主要内容，政府、学校、专门机构和社会多元评价相结合的教学评估制度。完善高校质量年度报告发布制度，进一步规范质量报告的内容，完善发布方式，探索建立质量报告核查机制。强化行业自律，鼓励相同类型、层次高校之间组建各类联盟或协作组织，发挥行业协会、专业学会等组织的作用。

——完善依法监管机制。探索建立教育行政执法体制机制，加大对学校办学自主权行使的监管力度。综合运用行政处罚、行政复议等手段，健全对高校自主办学中违法行为的投诉、举报机制，完善教师、学生申诉制度，畅通师生权利的救济渠道，纠正违法违规行为。加强对高校执行国家法律法规、教育方针政策、规范办学行为等事项进行督导，完善教育督导报告公开、限期整改制度，加大复查和监督问责力度。改进巡视工作，把

决策程序和自主权使用等情况作为巡视监督重要内容，强化巡视成果运
用，督促解决存在的问题。

　　——建立动态调整机制。教育行政部门对高校依据办学需要提出的本
意见以外的办学自主权事项，应牵头认真研究，提出处理意见。根据赋权
与能力相匹配原则，对有能力用好、有机制规范的，以协议、试点等方式
放权。选择若干自律机制健全、办学行为规范的高校，赋予更多的办学自
主权。对出现重大违规办学行为的高校，实行协议暂停或试点退出机制。

　　　　　　　　　　　　　　　　国家教育体制改革领导小组办公室

　　　　　　　　　　　　　　　　　　　　　　　2014 年 7 月 8 日

附录四
高等学校章程制定暂行办法

中华人民共和国教育部令第 31 号

《高等学校章程制定暂行办法》已经 2011 年 7 月 12 日教育部第 21
次部长办公会议审议通过,现予发布,自 2012 年 1 月 1 日起施行。

教育部部长 袁贵仁
二〇一一年十一月二十八日

第一章 总 则

第一条 为完善中国特色现代大学制度,指导和规范高等学校章程建
设,促进高等学校依法治校、科学发展,依据教育法、高等教育法及其他
有关规定,制定本办法。

第二条 国家举办的高等学校章程的起草、审议、修订以及核准、备
案等,适用本办法。

第三条 章程是高等学校依法自主办学、实施管理和履行公共职能的
基本准则。高等学校应当以章程为依据,制定内部管理制度及规范性文
件、实施办学和管理活动、开展社会合作。

高等学校应当公开章程,接受举办者、教育主管部门、其他有关机关
以及教师、学生、社会公众依据章程实施的监督、评估。

第四条 高等学校制定章程应当以中国特色社会主义理论体系为指
导,以宪法、法律法规为依据,坚持社会主义办学方向,遵循高等教育规

律，推进高等学校科学发展；应当促进改革创新，围绕人才培养、科学研究、服务社会、推进文化传承创新的任务，依法完善内部法人治理结构，体现和保护学校改革创新的成功经验与制度成果；应当着重完善学校自主管理、自我约束的体制、机制，反映学校的办学特色。

第五条　高等学校的举办者、主管教育行政部门应当按照政校分开、管办分离的原则，以章程明确界定与学校的关系，明确学校的办学方向与发展原则，落实举办者权利义务，保障学校的办学自主权。

第六条　章程用语应当准确、简洁、规范，条文内容应当明确、具体，具有可操作性。

章程根据内容需要，可以分编、章、节、条、款、项、目。

第二章　章程内容

第七条　章程应当按照高等教育法的规定，载明以下内容：

（一）学校的登记名称、简称、英文译名等，学校办学地点、住所地；

（二）学校的机构性质、发展定位，培养目标、办学方向；

（三）经审批机关核定的办学层次、规模；

（四）学校的主要学科门类，以及设置和调整的原则、程序；

（五）学校实施的全日制与非全日制、学历教育与非学历教育、远程教育、中外合作办学等不同教育形式的性质、目的、要求；

（六）学校的领导体制、法定代表人，组织结构、决策机制、民主管理和监督机制，内设机构的组成、职责、管理体制；

（七）学校经费的来源渠道、财产属性、使用原则和管理制度，接受捐赠的规则与办法；

（八）学校的举办者，举办者对学校进行管理或考核的方式、标准等，学校负责人的产生与任命机制，举办者的投入与保障义务；

（九）章程修改的启动、审议程序，以及章程解释权的归属；

（十）学校的分立、合并及终止事由，校徽、校歌等学校标志物、学校与相关社会组织关系等学校认为必要的事项，以及本办法规定的需要在章程中规定的重大事项。

第八条　章程应当按照高等教育法的规定，健全学校办学自主权的行使与监督机制，明确以下事项的基本规则、决策程序与监督机制：

（一）开展教学活动、科学研究、技术开发和社会服务；

（二）设置和调整学科、专业；

（三）制订招生方案，调节系科招生比例，确定选拔学生的条件、标准、办法和程序；

（四）制订学校规划并组织实施；

（五）设置教学、科研及行政职能部门；

（六）确定内部收入分配原则；

（七）招聘、管理和使用人才；

（八）学校财产和经费的使用与管理；

（九）其他学校可以自主决定的重大事项。

第九条　章程应当依照法律及其他有关规定，健全中国共产党高等学校基层委员会领导下的校长负责制的具体实施规则、实施意见，规范学校党委集体领导的议事规则、决策程序，明确支持校长独立负责地行使职权的制度规范。

章程应当明确校长作为学校法定代表人和主要行政负责人，全面负责教学、科学研究和其他管理工作的职权范围；规范校长办公会议或者校务会议的组成、职责、议事规则等内容。

第十条　章程应当根据学校实际与发展需要，科学设计学校的内部治理结构和组织框架，明确学校与内设机构，以及各管理层级、系统之间的职责权限，管理的程序与规则。

章程根据学校实际，可以按照有利于推进教授治学、民主管理，有利于调动基层组织积极性的原则，设置并规范学院（学部、系）、其他内设机构以及教学、科研基层组织的领导体制、管理制度。

第十一条　章程应当明确规定学校学术委员会、学位评定委员会以及其他学术组织的组成原则、负责人产生机制、运行规则与监督机制，保障学术组织在学校的学科建设、专业设置、学术评价、学术发展、教学科研计划方案制定、教师队伍建设等方面充分发挥咨询、审议、决策作用，维护学术活动的独立性。

章程应当明确学校学术评价和学位授予的基本规则和办法；明确尊重和保障教师、学生在教学、研究和学习方面依法享有的学术自由、探索自由，营造宽松的学术环境。

第十二条　章程应当明确规定教职工代表大会、学生代表大会的地位作用、职责权限、组成与负责人产生规则，以及议事程序等，维护师生员工通过教职工代表大会、学生代表大会参与学校相关事项的民主决策、实施监督的权利。

对学校根据发展需要自主设置的各类组织机构，如校务委员会、教授委员会、校友会等，章程中应明确其地位、宗旨以及基本的组织与议事规则。

第十三条　章程应当明确学校开展社会服务、获得社会支持、接受社会监督的原则与办法，健全社会支持和监督学校发展的长效机制。

学校根据发展需要和办学特色，自主设置有政府、行业、企事业单位以及其他社会组织代表参加的学校理事会或者董事会的，应当在章程中明确理事会或者董事会的地位作用、组成和议事规则。

第十四条　章程应当围绕提高质量的核心任务，明确学校保障和提高教育教学质量的原则与制度，规定学校对学科、专业、课程以及教学、科研的水平与质量进行评价、考核的基本规则，建立科学、规范的质量保障体系和评价机制。

第十五条　章程应当体现以人为本的办学理念，健全教师、学生权益的救济机制，突出对教师、学生权益、地位的确认与保护，明确其权利义务；明确学校受理教师、学生申诉的机构与程序。

第三章　章程制定程序

第十六条　高等学校应当按照民主、公开的原则，成立专门起草组织开展章程起草工作。

章程起草组织应当由学校党政领导、学术组织负责人、教师代表、学生代表、相关专家，以及学校举办者或者主管部门的代表组成，可以邀请社会相关方面的代表、社会知名人士、退休教职工代表、校友代表等参加。

第十七条　高等学校起草章程，应当深入研究、分析学校的特色与需求，总结实践经验，广泛听取政府有关部门、学校内部组织、师生员工的意见，充分反映学校举办者、管理者、办学者，以及教职员工、学生的要求与意愿，使章程起草成为学校凝聚共识、促进管理、增进和谐的过程。

第十八条　章程起草过程中，应当在校内公开听取意见；涉及关系学校发展定位、办学方向、培养目标、管理体制，以及与教职工、学生切身利益相关的重大问题，应当采取多种方式，征求意见、充分论证。

第十九条　起草章程，涉及与举办者权利关系的内容，高等学校应当与举办者、主管教育行政部门及其他相关部门充分沟通、协商。

第二十条　章程草案应提交教职工代表大会讨论。学校章程起草组织负责人，应当就章程起草情况与主要问题，向教职工代表大会做出说明。

第二十一条　章程草案征求意见结束后，起草组织应当将章程草案及其起草说明，以及征求意见的情况、主要问题的不同意见等，提交校长办公会议审议。

第二十二条　章程草案经校长办公会议讨论通过后，由学校党委会讨论审定。

章程草案经讨论审定后，应当形成章程核准稿和说明，由学校法定代表人签发，报核准机关。

第四章　章程核准与监督

第二十三条　地方政府举办的高等学校的章程由省级教育行政部门核准，其中本科以上高等学校的章程核准后，应当报教育部备案；教育部直属高等学校的章程由教育部核准；其他中央部门所属高校的章程，经主管部门同意，报教育部核准。

第二十四条　章程报送核准应当提交以下材料：

（一）核准申请书；

（二）章程核准稿；

（三）对章程制定程序和主要内容的说明。

第二十五条　核准机关应当指定专门机构依照本办法的要求，对章程核准稿的合法性、适当性、规范性以及制定程序，进行初步审查。审查通过的，提交核准机关组织的章程核准委员会评议。

章程核准委员会由核准机关、有关主管部门推荐代表，高校、社会代表以及相关领域的专家组成。

第二十六条　核准机关应当自收到核准申请2个月内完成初步审查。涉及对核准稿条款、文字进行修改的，核准机关应当及时与学校进行沟通，提出修改意见。

有下列情形之一的，核准机关可以提出时限，要求学校修改后，重新申请核准：

（一）违反法律、法规的；

（二）超越高等学校职权的；

（三）章程核准委员会未予通过或者提出重大修改意见的；

（四）违反本办法相关规定的；

（五）核准期间发现学校内部存在重大分歧的；

（六）有其他不宜核准情形的。

第二十七条　经核准机关核准的章程文本为正式文本。高等学校应当以学校名义发布章程的正式文本，并向本校和社会公开。

第二十八条　高等学校应当保持章程的稳定。

高等学校发生分立、合并、终止，或者名称、类别层次、办学宗旨、发展目标、举办与管理体制变化等重大事项的，可以依据章程规定的程序，对章程进行修订。

第二十九条　高等学校章程的修订案，应当依法报原核准机关核准。

章程修订案经核准后，高等学校应当重新发布章程。

第三十条　高等学校应当指定专门机构监督章程的执行情况，依据章程审查学校内部规章制度、规范性文件，受理对违反章程的管理行为、办学活动的举报和投诉。

第三十一条　高等学校的主管教育行政部门对章程中自主确定的不违反法律和国家政策强制性规定的办学形式、管理办法等，应当予以认可；对高等学校履行章程情况应当进行指导、监督；对高等学校不执行章程的情况或者违反章程规定自行实施的管理行为，应当责令限期改正。

第五章　附　则

第三十二条　新设立的高等学校，由学校举办者或者其委托的筹设机构，依法制定章程，并报审批机关批准；其中新设立的国家举办的高等学校，其章程应当具备本办法规定的内容；民办高等学校和中外合作举办的高等学校，依据相关法律法规制定章程，章程内容可参照本办法的规定。

第三十三条　本办法自 2012 年 1 月 1 日起施行。

附录五
教育部办公厅关于加快推进高等学校章程
制定、核准与实施工作的通知

教政法厅〔2014〕2 号

各省、自治区、直辖市教育厅（教委），各计划单列市教育局，新疆生产建设兵团教育局，各"985 工程"、"211 工程"建设高校：

为贯彻落实党的十八届三中全会精神，推动高等学校内部治理结构改革，根据中央全面深化改革领导小组办公室 2014 年工作要点，现就加快推进高等学校章程建设与核准工作通知如下：

一、落实工作责任，抓紧开展，按时完成高校章程制定与核准任务。实现依据章程自主管理，是高等学校实现治理体系和治理能力现代化的基本要求。各地教育部门和高等学校主要领导要高度重视，树立紧迫意识和责任意识，把抓好高校章程建设与核准，作为贯彻落实党的十八届三中全会精神的重要举措和中心工作，放在当前推进高等教育改革的突出位置，一把手亲自主持和推动，明确章程起草、核准各环节的时间点、任务图，确保按时完成工作任务。要把推进章程建设作为体现学校办学水平和治理能力，衡量领导班子管理水平和改革精神的重要标志，纳入高校评估、领导班子考核的重要内容。

目前尚未报送章程核准稿的"985 工程"建设高校，务必在 2014 年 6 月 15 日前，将核准稿报送教育部；尚未报送章程核准稿的"211 工程"建设高校，务必在 2014 年 11 月 30 日前，按照管理关系，将核准稿报送教育部或者省级教育行政部门（军队系统高校除外）。对于不能按时完成的，学校领导要向教育部说明情况，明确责任。教育部和省级教育行政部门在 2014 年 12 月 31 日前，完成全部"985 工程"高校和"211 工程"高校章程的核准工作；在 2015 年 12 月 31 日前完成所有高校章程的核准工作。

二、完善核准程序，以章程建设推动高校综合改革。各地要根据《高等学校章程制定暂行办法》的要求，健全工作机制，制订实施规划，依法开展章程核准工作；同时建立指导、督查机制，推动高校加快章程起草工作。要按照核准工作需要，组建本省（区、市）高等学校章程核准委员会，有条件的地方，可以聘请政府有关领导担任委员会负责人，加强部门合作，提高委员会评议的权威性。教育部章程核准的具体工作流程，按照《教育部高等学校章程核准工作规程》（附后）执行。各省级教育部门也要明确工作程序，优先核准"211 工程"高校章程。各地核准的本科层次高等学校章程，以省级教育行政部门的名义分批次向教育部备案。

要以章程建设为契机，深入推进高等教育综合改革。章程要体现改革精神，系统反映改革要求，巩固改革成果。高校已经形成共识的改革方案，已经实施的、成熟的改革举措，通过章程可以明确的，应当予以充分反映。章程要体现建设中国特色现代大学制度的要求，客观表述学校的组织特征与定位；依法准确表述与举办者关系；完善党委领导下校长负责制的实施制度；突出对高校内部治理结构的系统规范；加强以学术委员会为核心的学术体系建设；着重规范高校办学自主权的行使与监督机制，充分反映制度建设成果，为学校依法办学、自主管理提供全面依据。

三、健全执行机制，切实发挥高校章程的作用。章程的生命力在于执行。各地、各高校要高度重视章程核准后的执行机制建设，保障章程在高校管理和办学实践中真正发挥作用。

1. 深入学习宣传。高校要在学校主页设置专门栏目、突出位置公布章程并配发解读文章、相关规定；要将章程及其他主要管理制度印制成册，作为新生、新进教师、新任领导干部的培训资料，人手一册，组织专门学习。学校领导班子要利用中心组学习等机会，专门研讨章程内涵和贯彻落实的办法，主要领导要带头撰写体会文章。在学校内部形成从上至下学习章程、尊重章程，依法依章程办事的新局面。

2. 完善配套制度。要以章程为准则，全面清理学校的各项规章制度、管理文件，对不符合章程、在章程中没有依据的，不适应学校改革发展实践要求的，要及时予以废止或者修改；对保留的文件要进行系统整合，形成以章程为核心的层次清晰、内容规范的制度体系；要依据章程，对自主招生、资产财务、人事管理等重要问题，以及学术委员会、理事会建设等重要领域，抓紧制定或修订具体规定，形成完整、有效的内部治理制度体系。

3. 增强执行能力。高校要指定相对独立的专门机构负责监督章程的执行，出台重大改革发展决策、制度规范，要依法、依章程实施合法性审查。校长作为章程执行的第一责任人，要把章程执行情况，作为年度述职报告的内容，向教职工代表大会作专门报告。各级教育行政部门要尊重章程，对章程已确定由学校自主管理的内容，不得任意干预，除规章以上层级的规范性文件外，其他文件要求与经核准的章程不一致的，优先执行章程的规定。

4. 健全监督机制。高校要建立保障师生及利益相关方依据章程对学校行为提出异议的申诉机制，对申诉请求要及时做出书面答复，涉及对章程文本表述理解歧义的，要及时进行解释。教育行政部门对涉及章程执行异议的申诉或者行政复议请求，要依据章程的表述做具体判断。对司法机关受理的起诉高校的行政诉讼案件，高校在陈述、答辩中要充分反映章程的依据，争取司法机关的理解与支持。

章程核准及执行过程中的具体问题，相关经验、做法，请及时与我部法制办公室联系。

联系人：王大泉　　　罗晓季　　　电话：010－66097078　　　66096991
附件：教育部高等学校章程核准工作规程

教育部办公厅
2014 年 5 月 28 日

附件

教育部高等学校章程核准工作规程

第一条　根据《高等学校章程制定暂行办法》（教育部令第 31 号），为做好中央部门所属高等学校章程核准工作，明确教育部章程核准的程序与要求，制定本规程。

第二条 教育部高等学校章程核准委员会（以下简称核准委员会）秘书处设在政策法规司（法制办公室），由秘书处归口负责受理中央部门所属高校章程核准申请。

第三条 教育部建立章程核准工作协调机制，人事司、发展规划司、财务司、高教司、学生司和研究生司（国务院学位委员会办公室）和政策法规司，作为工作机制成员单位，参与章程核准初审工作。

第四条 中央部门所属高等学校章程完成校内起草、审议程序后，应以学校文件形式，正式报送教育部，申请核准。文件名称一般为《××大学关于申请核准的报告》，文件附件包括《××大学章程（核准稿）》以及章程起草说明。中央其他部门所属高等学校申报材料应当包含主管部门的意见。报送材料应一式 20 份，同时报送电子版。

章程起草说明，应包含以下主要内容：章程起草的过程（包括：校内外征求意见的情况，有关意见的采纳和反馈情况等）、章程的主要内容及其说明、章程特色，以及有关制度创新或者办学自主权改革重大问题的说明等。

第五条 高校章程报送核准后，由法制办公室安排初审，送章程核准工作协调机制成员单位征求意见；根据情况，可以适当扩大范围。法制办公室一般每月或者在收到 8 所左右高校的申请后，集中安排一批高校进行初审。

第六条 各成员单位对章程核准稿提出的意见，由法制办公室汇总后，集中反馈高校。章程中如存在与法律法规及国家政策直接抵触的规定，学校应当修改；对章程章节结构、内容提出的建设性意见，供学校参考。

第七条 学校完成修改后形成的章程核准稿，提交章程核准委员会评议。核准委员会审议采取通讯评议与会议评议相结合的方式进行。

对初审和通讯评审中发现重大问题的学校章程，由核准委员会会议讨论并形成结论。章程核准委员会召开会议集中评议高校章程的，被评议高校的主要负责人应当到会做出说明、回应提问。

第八条 章程核准委员会对提请核准的高校章程原则同意但提出修改意见的，高等学校应逐条予以回应或作出修改。高校修改后的章程核准稿，由政策法规司（法制办公室）会同相关司局核定后，提交部党组会（部务会议）审议。

第九条　部党组会（部务会议）审议通过后，由政策法规司（法制办公室）按照会议意见，对高校章程核准稿进行修改，并通报高校。高校对修改意见无异议的，应当由校长签发确认单；高校对修改意见有异议或者问题的，可以提出说明，或者暂缓确认。

第十条　经高校确认的章程文本，由部长签发《教育部高等学校章程核准书》，予以发布。

《教育部高等学校章程核准书》按照高校章程核准通过的时间和工作安排的顺序，依次单独编号。核准书的文书格式、内容、编号和发布范围等，由政策法规司（法制办公室）统一负责。

第十一条　高等学校章程核准后，高校提出修改的，原则上按照以上程序办理；根据修改内容，可以适当简化相关程序。修改完成后，重新印发章程核准书予以公布。

附录六
教育部关于印发《中央部委所属高等学校章程建设行动计划(2013—2015年)》的通知

教政法〔2013〕14号

有关部门（单位）教育司（局）、部属各高等学校：

为贯彻落实《国家中长期教育改革和发展规划纲要（2010—2020年)》，明确中央部门所属高等学校章程建设的目标任务与时间要求，根据教育部直属高校工作咨询委员会第二十三次会议的要求和各高校章程建设的进展情况，我部研究制定了《中央部委所属高等学校章程建设行动计划（2013—2015年)》，现印发给你们，请各中央部委所属高校按照计划要求，依据《高等学校章程制定暂行办法》（教育部令第31号），细化、落实章程建设的目标要求，进一步明确章程建设的工作方案和时间节点，保证按时完成章程建设任务，形成以章程建设引领和促进高等学校内部综合改革，推动现代大学制度建设的良好局面。

各高校、各部门章程建设的进展情况、工作经验，以及计划实施中面临的问题与困难等，请及时报我部政策法规司（法制办公室）。

教育部

2013年9月22日

中央部委所属高等学校章程
建设行动计划(2013—2015 年)

为深入推进教育部及中央部属高等学校章程建设,加快现代大学制度建设,根据《高等教育法》以及《教育部高等学校章程制定暂行办法》等相关规定,制定本计划。

一 计划目标

计划自 2013 年 9 月起实施,2015 年底完成。

到 2015 年底,教育部及中央部门所属的 114 所高等学校,分批全部完成章程制定和核准工作。

"985 工程"建设高等学校原则上于 2014 年 6 月前完成章程制定。

"211 工程"建设高等学校原则上于 2014 年底前完成章程制定。

二 实施步骤

1. 2013 年 10 月,完成中国人民大学、东南大学、东华大学、上海外国语大学、武汉理工大学、华中师范大学等 6 所第一批申请核准高校章程的核准与发布工作。

2. 2013 年 11 月底前,同济大学、西北农林科技大学、西南大学、中国矿业大学、东北师范大学、四川大学、长安大学等 7 所教育部直属高校,以及中华女子学院、南京森林警察学院等 2 所中央部门所属高校的章程完成起草,报送核准。

3. 2013 年 12 月底前,北京外国语大学、北京语言大学、中国政法大学、北京中医药大学、天津大学、东北大学、吉林大学、上海交通大学、华东师范大学、上海财经大学、浙江大学、山东大学、中国石油大学(华东)、武汉大学、重庆大学、西南财经大学、陕西师范大学、兰州大学等 18 所高校的章程完成起草,报送核准。

4. 2014 年 6 月底前,北京大学、清华大学、北京师范大学、中国农业大学、南开大学、大连理工大学、复旦大学、南京大学、厦门大学、中国海洋大学、华中科技大学、湖南大学、中南大学、中山大学、华南理工大学、电子科技大学、西安交通大学、北京理工大学、北京航空航天大学、哈尔滨工业大学、西北工业大学、中央民族大学、中国科学技术大学等23 所"985 工程"高校的章程完成起草，报送核准。

5．2014 年底前，北京科技大学、北京化工大学、北京交通大学、北京邮电大学、中国地质大学（北京）、中国矿业大学（北京）、中国石油大学（北京）、中国传媒大学、北京林业大学、中央音乐学院、中央财经大学、对外经济贸易大学、华北电力大学、东北林业大学、华东理工大学、河海大学、江南大学、南京农业大学、中国药科大学、合肥工业大学、中国地质大学（武汉）、华中农业大学、中南财经政法大学、西南交通大学、西安电子科技大学等25 所教育部所属的"211 工程"建设高校的章程完成起草，报送核准。

2014 年底前，北京体育大学、南京理工大学、南京航空航天大学、暨南大学等4 所其他部委所属"211 工程"建设高校的章程完成起草，报送核准。

6．2015 年6 月底前，中央戏剧学院、中国科学院大学、中国人民公安大学、外交学院、北京协和医学院、中国青年政治学院、华侨大学、西北民族大学、大连海事大学、中国民航大学、西南民族大学、大连民族学院、北方民族大学、铁道警察学院、广州民航职业技术学院等15 所高校的章程完成起草，报送核准。

7．2015 年底前，中央美术学院、哈尔滨工程大学、中南民族大学、中国刑事警察学院、中国人民武装警察部队学院、公安海警学院、北京电子科技学院、中央司法警官学院、中国劳动关系学院、中国民用航空飞行学院、防灾科技学院、华北科技学院、上海海关学院、长沙航空职业技术学院等14 所高校的章程完成起草，报送核准。

教育部高等学校章程核准委员会将分别于2013 年10 月、2013 年12 月，以及2014 年3 月、5 月、7 月、9 月和11 月，分别召开会议，每次评议10 所左右高校章程，在2014 年底前完成70 所左右高校章程的核准；2015 年再召开3—4 次会议，完成其余高校章程的核准工作。

三　工作要求

1．高等学校要加强对章程建设工作的组织领导，提高章程质量。各高校要健全章程建设工作机制，主要领导要亲自主持章程制定工作，明确工作机构、人员，加强条件保障。要严格按照《高等学校章程制定暂行办法》的规定，组织章程起草工作，保证章程内容和起草程序符合要求。要以创建世界一流大学或者高水平、有特色大学为目标，充分借鉴国外知名大学章程建设的经验，深入结合自身实际，制定出具有中国特色、符合学校实际与改革发展要求的高质量章程。要按照本计划的时间安排，制定章程起草工作方案，明确校内起草程序各个环节的时间节点，保证按时完成章程起草工作。

2. 教育部和有高校管理职能的国务院有关部门要加强对高校章程建设工作的指导。高校主管部门要结合简政放权、转变职能和落实高校办学自主权的改革要求，通过章程建设，推动高校健全完善法人治理结构和自我监督机制，以章程赋权的方式，明确高校办学自主权的内涵，以及主管部门与高校之间权利义务和管理职权的边界。

3. 充分发挥高等学校章程核准委员会的作用。教育部章程核准委员会定期召开会议，对提交核准的高校章程从不同角度进行评议、提出意见。为保证章程核准的工作效率和评议质量，章程核准委员会采取书面评议与会议集中评议相结合的方式开展评议、核准工作。高校申请核准章程，应当同时提交章程起草说明，对起草过程、章程内容、主要特点和制度创新等内容做出说明。章程核准委员会召开会议集中评议高校章程的，被评议高校的主要负责人应当到会做出说明、回应提问。

4. 进一步健全章程核准程序。要提高章程核准的专业性与权威性。经评议，章程核准委员会对提请核准的高校章程原则同意但提出修改意见的，高等学校应逐条予以回应并做出说明。高校修改后的章程核准稿，经公开征求意见，再由教育部政策法规司会同相关司局核定后，提交教育部部长办公会议审议。通过后，将以教育部令发布颁布。

5. 加强章程核准后的执行机制建设。教育部及有关主管部门要会同高校建立、健全章程执行机制，形成高校依据章程自主办学、主管部门对章程执行情况进行监督并作为实施管理依据的新格局。各高校要健全校内章程监督机制，依据章程统一规章制度、健全组织机构、规范管理职能、完善民主监督机制。章程执行情况要形成年度报告或者作为学校年度工作报告的内容之一，向教职工代表大会以及主管部门报告。

四　保障机制

1. 加强章程建设经验交流。教育部建立高校章程建设经验交流平台和工作机制，总结已核准高校章程在结构框架、内容表述、制度创新方面的特色，通过不同方式，及时组织高校之间的经验交流与信息共享。

2. 组织章程建设的培训与研讨。实施高校章程建设能力培训计划，利用教育部干部培训工作平台，邀请部领导、已核准高校的校领导以及相关专家，对各高校负责章程制定的校领导、相关负责人进行全面培训。

3. 建立高校章程建设指导工作机制。教育部章程核准工作成员单位涉及的有关司局要结合群众路线教育实践活动，组成工作小组，选择若干高校，就章程建设的进展与问题进行深入调研。

4. 加强专家咨询指导。根据高校章程建设的进展情况，组织对高校章程建设有深入研究的专家、学者，以及章程建设方面有实践经验的相关负责人，成立教育部高校章程建设专家咨询组，对高校章程制定工作提供咨询意见。

5. 设立高校章程建设专项经费。将高校章程建设纳入教育部的立法整体规划当中，建立专项经费，支持章程核准、章程建设试点、研讨、征求意见以及经验交流等工作，并以适当方式对高校章程建设予以支持或者奖励。

附录七
高等学校学术委员会规程

中华人民共和国教育部令第 35 号

《高等学校学术委员会规程》已于 2014 年 1 月 8 日经教育部 2014 年第 1 次部长办公室会议审议通过，现予公布，自 2014 年 3 月 1 日起施行。

教育部部长　袁贵仁
2014 年 1 月 29 日

高等学校学术委员会规程

第一章　总　则

第一条　为促进高等学校规范和加强学术委员会建设，完善内部治理结构，保障学术委员会在教学、科研等学术事务中有效发挥作用，根据《中华人民共和国高等教育法》及相关规定，制定本规程。

第二条　高等学校应当依法设立学术委员会，健全以学术委员会为核心的学术管理体系与组织架构；并以学术委员会作为校内最高学术机构，统筹行使学术事务的决策、审议、评定和咨询等职权。

实施本科以上教育的普通高等学校学术委员会的组成、职责与运行等，适用本规程。

第三条　高等学校应当充分发挥学术委员会在学科建设、学术评价、学术发展和学风建设等事项上的重要作用，完善学术管理的体制、制度和规范，积极探索教授治学的有效途径，尊重并支持学术委员会独立行使职权，并为学术委员会正常开展工作提供必要的条件保障。

第四条　高等学校学术委员会应当遵循学术规律，尊重学术自由、学术平等，鼓励学术创新，促进学术发展和人才培养，提高学术质量；应当公平、公正、公开地履行职责，保障教师、科研人员和学生在教学、科研和学术事务管理中充分发挥主体作用，促进学校科学发展。

第五条　高等学校应当结合实际，依据本规程，制定学术委员会章程或者通过学校章程，具体明确学术委员会组成、职责，以及委员的产生程序、增补办法，会议制度和议事规则及其他本规程未尽事宜。

第二章　组成规则

第六条　学术委员会一般应当由学校不同学科、专业的教授及具有正高级以上专业技术职务的人员组成，并应当有一定比例的青年教师。

学术委员会人数应当与学校的学科、专业设置相匹配，并为不低于15 人的单数。其中，担任学校及职能部门党政领导职务的委员，不超过委员总人数的 1/4；不担任党政领导职务及院系主要负责人的专任教授，不少于委员总人数的 1/2。

学校可以根据需要聘请校外专家及有关方面代表，担任专门学术事项的特邀委员。

第七条　学术委员会委员应当具备以下条件：

（一）遵守宪法法律，学风端正、治学严谨、公道正派；

（二）学术造诣高，在本学科或者专业领域具有良好的学术声誉和公认的学术成果；

（三）关心学校建设和发展，有参与学术议事的意愿和能力，能够正常履行职责；

（四）学校规定的其他条件。

第八条　学校应当根据学科、专业构成情况，合理确定院系（学部）的委员名额，保证学术委员会的组成具有广泛的学科代表性和公平性。

学术委员会委员的产生，应当经自下而上的民主推荐、公开公正的遴选等方式产生候选人，由民主选举等程序确定，充分反映基层学术组织和广大教师的意见。

特邀委员由校长、学术委员会主任委员或者 1/3 以上学术委员会委员提名，经学术委员会同意后确定。

第九条　学术委员会委员由校长聘任。

学术委员会委员实行任期制，任期一般可为 4 年，可连选连任，但连任最长不超过 2 届。

学术委员会每次换届，连任的委员人数应不高于委员总数的 2/3。

第十条　学术委员会设主任委员 1 名，可根据需要设若干名副主任委员。主任委员可由校长提名，全体委员选举产生；也可以采取直接由全体委员选举等方式产生，具体办法由学校规定。

第十一条　学术委员会可以就学科建设、教师聘任、教学指导、科学研究、学术道德等事项设立若干专门委员会，具体承担相关职责和学术事务；应当根据需要，在院系（学部）设置或者按照学科领域设置学术分委员会，也可以委托基层学术组织承担相应职责。

各专门委员会和学术分委员会根据法律规定、学术委员会的授权及各自章程开展工作，向学术委员会报告工作，接受学术委员会的指导和监督。

学术委员会设立秘书处，处理学术委员会的日常事务；学术委员会的运行经费，应当纳入学校预算安排。

第十二条　学术委员会委员在任期内有下列情形，经学术委员会全体会议讨论决定，可免除或同意其辞去委员职务：

（一）主动申请辞去委员职务的；

（二）因身体、年龄及职务变动等原因不能履行职责的；

（三）怠于履行职责或者违反委员义务的；

（四）有违法、违反教师职业道德或者学术不端行为的；

（五）因其他原因不能或不宜担任委员职务的。

第三章　职责权限

第十三条　学术委员会委员享有以下权利：

（一）知悉与学术事务相关的学校各项管理制度、信息等；

（二）就学术事务向学校相关职能部门提出咨询或质询；

（三）在学术委员会会议中自由、独立地发表意见，讨论、审议和表决各项决议；

（四）对学校学术事务及学术委员会工作提出建议、实施监督；

（五）学校章程或者学术委员会章程规定的其他权利。

特邀委员根据学校的规定，享有相应权利。

第十四条　学术委员会委员须履行以下义务：

（一）遵守国家宪法、法律和法规，遵守学术规范、恪守学术道德；

（二）遵守学术委员会章程，坚守学术专业判断，公正履行职责；

（三）勤勉尽职，积极参加学术委员会会议及有关活动；

（四）学校章程或者学术委员会章程规定的其他义务。

第十五条　学校下列事务决策前，应当提交学术委员会审议，或者交由学术委员会审议并直接做出决定：

（一）学科、专业及教师队伍建设规划，以及科学研究、对外学术交流合作等重大学术规划；

（二）自主设置或者申请设置学科专业；

（三）学术机构设置方案，交叉学科、跨学科协同创新机制的建设方案、学科资源的配置方案；

（四）教学科研成果、人才培养质量的评价标准及考核办法；

（五）学位授予标准及细则，学历教育的培养标准、教学计划方案、招生的标准与办法；

（六）学校教师职务聘任的学术标准与办法；

（七）学术评价、争议处理规则，学术道德规范；

（八）学术委员会专门委员会组织规程，学术分委员会章程；

（九）学校认为需要提交审议的其他学术事务。

第十六条　学校实施以下事项，涉及对学术水平做出评价的，应当由学术委员会或者其授权的学术组织进行评定：

（一）学校教学、科学研究成果和奖励，对外推荐教学、科学研究成果奖；

（二）高层次人才引进岗位人选、名誉（客座）教授聘任人选，推荐国内外重要学术组织的任职人选、人才选拔培养计划人选；

（三）自主设立各类学术、科研基金、科研项目以及教学、科研奖项等；

（四）需要评价学术水平的其他事项。

第十七条　学校做出下列决策前，应当通报学术委员会，由学术委员会提出咨询意见：

（一）制订与学术事务相关的全局性、重大发展规划和发展战略；

（二）学校预算决算中教学、科研经费的安排和分配及使用；

（三）教学、科研重大项目的申报及资金的分配使用；

（四）开展中外合作办学、赴境外办学，对外开展重大项目合作；

（五）学校认为需要听取学术委员会意见的其他事项。

学术委员会对上述事项提出明确不同意见的，学校应当做出说明、重新协商研究或者暂缓执行。

第十八条　学术委员会按照有关规定及学校委托，受理有关学术不端行为的举报并进行调查，裁决学术纠纷。

学术委员会调查学术不端行为、裁决学术纠纷，应当组织具有权威性和中立性的专家组，从学术角度独立调查取证，客观公正地进行调查认定。专家组的认定结论，当事人有异议的，学术委员会应当组织复议，必要的可以举行听证。

对违反学术道德的行为，学术委员会可以依职权直接撤销或者建议相关部门撤销当事人相应的学术称号、学术待遇，并可以同时向学校、相关部门提出处理建议。

第四章　运行制度

第十九条　学术委员会实行例会制度，每学期至少召开 1 次全体会议。根据工作需要，经学术委员会主任委员或者校长提议，或者 1/3 以上委员联名提议，可以临时召开学术委员会全体会议，商讨、决定相关事项。

学术委员会可以授权专门委员会处理专项学术事务，履行相应职责。

第二十条　学术委员会主任委员负责召集和主持学术委员会会议，必要时，可以委托副主任委员召集和主持会议。学术委员会委员全体会议应有 2/3 以上委员出席方可举行。

学术委员会全体会议应当提前确定议题并通知与会委员。经与会 1/3 以上委员同意，可以临时增加议题。

第二十一条　学术委员会议事决策实行少数服从多数的原则，重大事项应当以与会委员的 2/3 以上同意，方可通过。

学术委员会会议审议决定或者评定的事项，一般应当以无记名投票方式做出决定；也可以根据事项性质，采取实名投票方式。

学术委员会审议或者评定的事项与委员本人及其配偶和直系亲属有关，或者具有利益关联的，相关委员应当回避。

第二十二条　学术委员会会议可以根据议题，设立旁听席，允许相关学校职能部门、教师及学生代表列席旁听。

学术委员会做出的决定应当予以公示，并设置异议期。在异议期内如有异议，经 1/3 以上委员同意，可召开全体会议复议。经复议的决定为终局结论。

第二十三条　学术委员会应当建立年度报告制度，每年度对学校整体的学术水平、学科发展、人才培养质量等进行全面评价，提出意见、建议；对学术委员会的运行及履行职责的情况进行总结。

学术委员会年度报告应提交教职工代表大会审议，有关意见、建议的采纳情况，校长应当做出说明。

第五章　附　　则

第二十四条　高等职业学校、成人高等学校可以参照本规程，结合自身特点，确定学术委员会的组成及职责，制定学术委员会章程。

第二十五条　高等学校现有学术委员会的组成、职责等与本规程不一致的，学校通过经核准的章程已予以规范的，可以按照学校章程的规定实施；学校章程未规定的，应当按照本规程进行调整、规范。

第二十六条　本规程自 2014 年 3 月 1 日起施行。

教育部此前发布的有关规章、文件中的相关规定与本规程不一致的，以本规程为准。

附录八
普通高等学校理事会规程(试行)

《普通高等学校理事会规程（试行）》已经 2014 年 7 月 8 日第 21 次部长办公会议审议通过，现予发布，自 2014 年 9 月 1 日起施行。

教育部部长　袁贵仁

2014 年 7 月 16 日

普通高等学校理事会规程(试行)

第一条　为推进中国特色现代大学制度建设，健全高等学校内部治理结构，促进和规范高等学校理事会建设，增强高等学校与社会的联系、合作，根据《中华人民共和国高等教育法》及国家有关规定，制定本规程。

第二条　本规程所称理事会，系指国家举办的普通高等学校（以下简称高等学校）根据面向社会依法自主办学的需要，设立的由办学相关方面代表参加，支持学校发展的咨询、协商、审议与监督机构，是高等学校实现科学决策、民主监督、社会参与的重要组织形式和制度平台。

高等学校使用董事会、校务委员会等名称建立的相关机构适用本规程。

第三条　高等学校应当依据本规程及学校章程建立并完善理事会制度，制定理事会章程，明确理事会在学校治理结构中的作用、职能，增强理事会的代表性和权威性，健全与理事会成员之间的协商、合作机制；为理事会及其成员了解和参与学校相关事务提供条件保障和工作便利。

第四条　高等学校应当结合实际，在以下事项上充分发挥理事会的作用：

（一）密切社会联系，提升社会服务能力，与相关方面建立长效合作机制；

（二）扩大决策民主，保障与学校改革发展相关的重大事项，在决策前，能够充分听取相关方面意见；

（三）争取社会支持，丰富社会参与和支持高校办学的方式与途径，探索、深化办学体制改革；

（四）完善监督机制，健全社会对学校办学与管理活动的监督、评价机制，提升社会责任意识。

第五条　理事会一般应包含以下方面的代表：

（一）学校举办者、主管部门、共建单位的代表；

（二）学校及职能部门相关负责人，相关学术组织负责人，教师、学生代表；

（三）支持学校办学与发展的地方政府、行业组织、企业事业单位和其他社会组织等理事单位的代表；

（四）杰出校友、社会知名人士、国内外知名专家等；

（五）学校邀请的其他代表。

各方面代表在理事会所占的比例应当相对均衡，有利于理事会充分、有效地发挥作用。

第六条　理事会组成人员一般不少于21人，可分为职务理事和个人理事。

职务理事由相关部门或者理事单位委派；理事单位和个人理事由学校指定机构推荐或者相关组织推选。学校主要领导和相关职能部门负责人可以确定为当然理事。

根据理事会组成规模及履行职能的需要和学校实际，可以设立常务理事、名誉理事等。

第七条　理事会每届任期一般为5年，理事可以连任。

理事会可设理事长一名，副理事长若干名。理事长可以由学校提名，由理事会全体会议选举产生；也可以由学校举办者或者学校章程规定的其他方式产生。

第八条　理事、名誉理事应当具有良好的社会声誉，在相关行业、领域具有广泛影响，积极关心、支持学校发展，有履行职责的能力和愿望。

理事、名誉理事不得以参加理事会及相关活动，获得薪酬或者其他物质利益；不得借职务便利获得不当利益。

第九条 理事会主要履行以下职责：

（一）审议通过理事会章程、章程修订案；

（二）决定理事的增补或者退出；

（三）就学校发展目标、战略规划、学科建设、专业设置、年度预决算报告、重大改革举措、学校章程拟定或者修订等重大问题进行决策咨询或者参与审议；

（四）参与审议学校开展社会合作、校企合作、协同创新的整体方案及重要协议等，提出咨询建议，支持学校开展社会服务；

（五）研究学校面向社会筹措资金、整合资源的目标、规划等，监督筹措资金的使用；

（六）参与评议学校办学质量，就学校办学特色与教育质量进行评估，提出合理化建议或者意见；

（七）学校章程规定或者学校委托的其他职能。

第十条 理事会应当建立例会制度，每年至少召开一次全体会议；也可召开专题会议，或者设立若干专门小组负责相关具体事务。

第十一条 理事会会议应遵循民主协商的原则，建立健全会议程序和议事规则，保障各方面代表能够就会议议题充分讨论、自主发表意见，并以协商或者表决等方式形成共识。

第十二条 理事会可以设秘书处，负责安排理事会会议，联系理事会成员，处理理事会的日常事务等。

高等学校应当提供必要的经费保证理事会正常开展活动。

第十三条 理事会组织、职责及运行的具体规则，会议制度，议事规则，理事的权利义务、产生办法等，应当通过理事会章程予以规定。

理事会章程经理事会全体会议批准后生效。

第十四条 高等学校应当向社会公布理事会组成及其章程。

理事会应当主动公开相关信息及履行职责的情况，接受教职工、社会和高等学校主管部门的监督。

第十五条 已设立理事会或相关机构的普通高等学校，其组成或者职责与本规程不一致的，应依据本规程予以调整。

高等职业学校可以参照本章程组建理事会,并可以按照法律和国家相关规定,进一步明确行业企业代表在理事会的地位与作用。

民办高等学校理事会或者董事会依据《民办教育促进法》组建并履行职责,不适用本规程;但可参照本规程,适当扩大理事会组成人员的代表性。

第十六条 本规程自 2014 年 9 月 1 日起施行。

附录九
学校教职工代表大会规定

中华人民共和国教育部令第 32 号

《学校教职工代表大会规定》已经 2011 年 11 月 9 日第 34 次部长办公会议审议通过，并经商中华全国总工会同意，现予发布，自 2012 年 1 月 1 日起施行。

教育部部长　袁贵仁

二〇一一年十二月八日

学校教职工代表大会规定

第一章　总　则

第一条　为依法保障教职工参与学校民主管理和监督，完善现代学校制度，促进学校依法治校，依据教育法、教师法、工会法等法律，制定本规定。

第二条　本规定适用于中国境内公办的幼儿园和各级各类学校（以下统称学校）。

民办学校、中外合作办学机构参照本规定执行。

第三条　学校教职工代表大会（以下简称教职工代表大会）是教职工依法参与学校民主管理和监督的基本形式。

学校应当建立和完善教职工代表大会制度。

第四条　教职工代表大会应当高举中国特色社会主义伟大旗帜，以马克思列宁主义、毛泽东思想、邓小平理论和"三个代表"重要思想为指导，深入贯彻落实科学发展观，全面贯彻执行党的基本路线和教育方针，认真参与学校民主管理和监督。

第五条　教职工代表大会和教职工代表大会代表应当遵守国家法律法规，遵守学校规章制度，正确处理国家、学校、集体和教职工的利益关系。

第六条　教职工代表大会在中国共产党学校基层组织的领导下开展工作。教职工代表大会的组织原则是民主集中制。

第二章　职　权

第七条　教职工代表大会的职权是：

（一）听取学校章程草案的制定和修订情况报告，提出修改意见和建议；

（二）听取学校发展规划、教职工队伍建设、教育教学改革、校园建设以及其他重大改革和重大问题解决方案的报告，提出意见和建议；

（三）听取学校年度工作、财务工作、工会工作报告以及其他专项工作报告，提出意见和建议；

（四）讨论通过学校提出的与教职工利益直接相关的福利、校内分配实施方案以及相应的教职工聘任、考核、奖惩办法；

（五）审议学校上一届（次）教职工代表大会提案的办理情况报告；

（六）按照有关工作规定和安排评议学校领导干部；

（七）通过多种方式对学校工作提出意见和建议，监督学校章程、规章制度和决策的落实，提出整改意见和建议；

（八）讨论法律法规规章规定的以及学校与学校工会商定的其他事项。

教职工代表大会的意见和建议，以会议决议的方式做出。

第八条　学校应当建立健全沟通机制，全面听取教职工代表大会提出的意见和建议，并合理吸收采纳；不能吸收采纳的，应当做出说明。

第三章　教职工代表大会代表

第九条　凡与学校签订聘任聘用合同、具有聘任聘用关系的教职工，均可当选为教职工代表大会代表。

教职工代表大会代表占全体教职工的比例，由地方省级教育等部门确定；地方省级教育等部门没有确定的，由学校自主确定。

第十条　教职工代表大会代表以学院、系（所、年级）、室（组）等为单位，由教职工直接选举产生。

教职工代表大会代表可以按照选举单位组成代表团（组），并推选出团（组）长。

第十一条　教职工代表大会代表以教师为主体，教师代表不得低于代表总数的60%，并应当根据学校实际，保证一定比例的青年教师和女教师代表。民族地区的学校和民族学校，少数民族代表应当占有一定比例。

教职工代表大会代表接受选举单位教职工的监督。

第十二条　教职工代表大会代表实行任期制，任期3年或5年，可以连选连任。

选举、更换和撤换教职工代表大会代表的程序，由学校根据相关规定，并结合本校实际予以明确规定。

第十三条　教职工代表大会代表享有以下权利：

（一）在教职工代表大会上享有选举权、被选举权和表决权；

（二）在教职工代表大会上充分发表意见和建议；

（三）提出提案并对提案办理情况进行询问和监督；

（四）就学校工作向学校领导和学校有关机构反映教职工的意见和要求；

（五）因履行职责受到压制、阻挠或者打击报复时，向有关部门提出申诉和控告。

第十四条　教职工代表大会代表应当履行以下义务：

（一）努力学习并认真执行党的路线方针政策、国家的法律法规、党和国家关于教育改革发展的方针政策，不断提高思想政治素质和参与民主管理的能力；

（二）积极参加教职工代表大会的活动，认真宣传、贯彻教职工代表大会决议，完成教职工代表大会交给的任务；

（三）办事公正，为人正派，密切联系教职工群众，如实反映群众的意见和要求；

（四）及时向本部门教职工通报参加教职工代表大会活动和履行职责的情况，接受评议监督；

（五）自觉遵守学校的规章制度和职业道德，提高业务水平，做好本职工作。

第四章 组织规则

第十五条 有教职工 80 人以上的学校，应当建立教职工代表大会制度；不足 80 人的学校，建立由全体教职工直接参加的教职工大会制度。

学校根据实际情况，可在其内部单位建立教职工代表大会制度或者教职工大会制度，在该范围内行使相应的职权。

教职工大会制度的性质、领导关系、组织制度、运行规则等，与教职工代表大会制度相同。

第十六条 学校应当遵守教职工代表大会的组织规则，定期召开教职工代表大会，支持教职工代表大会的活动。

第十七条 教职工代表大会每学年至少召开一次。

遇有重大事项，经学校、学校工会或 1/3 以上教职工代表大会代表提议，可以临时召开教职工代表大会。

第十八条 教职工代表大会每 3 年或 5 年为一届。期满应当进行换届选举。

第十九条 教职工代表大会须有 2/3 以上教职工代表大会代表出席。

教职工代表大会根据需要可以邀请离退休教职工等非教职工代表大会代表，作为特邀或列席代表参加会议。特邀或列席代表在教职工代表大会上不具有选举权、被选举权和表决权。

第二十条 教职工代表大会的议题，应当根据学校的中心工作、教职工的普遍要求，由学校工会提交学校研究确定，并提请教职工代表大会表决通过。

第二十一条 教职工代表大会的选举和表决，须经教职工代表大会代表总数半数以上通过方为有效。

第二十二条 教职工代表大会在教职工代表大会代表中推选人员，组成主席团主持会议。

主席团应当由学校各方面人员组成，其中包括学校、学校工会主要领导，教师代表应占多数。

第二十三条 教职工代表大会可根据实际情况和需要设立若干专门委员会（工作小组），完成教职工代表大会交办的有关任务。专门委员会（工作小组）对教职工代表大会负责。

第二十四条 教职工代表大会根据实际情况和需要，可以在教职工代表大会代表中选举产生执行委员会。执行委员会中，教师代表应占多数。

教职工代表大会闭会期间，遇有亟须解决的重要问题，可由执行委员会联系有关专门委员会（工作小组）与学校有关机构协商处理。其结果向下一次教职工代表大会报告。

第五章 工作机构

第二十五条 学校工会为教职工代表大会的工作机构。

第二十六条 学校工会承担以下与教职工代表大会相关的工作职责：

（一）做好教职工代表大会的筹备工作和会务工作，组织选举教职工代表大会代表，征集和整理提案，提出会议议题、方案和主席团建议人选；

（二）教职工代表大会闭会期间，组织传达贯彻教职工代表大会精神，督促检查教职工代表大会决议的落实，组织各代表团（组）及专门委员会（工作小组）的活动，主持召开教职工代表团（组）长、专门委员会（工作小组）负责人联席会议；

（三）组织教职工代表大会代表的培训，接受和处理教职工代表大会代表的建议和申诉；

（四）就学校民主管理工作向学校党组织汇报，与学校沟通；

（五）完成教职工代表大会委托的其他任务。

选举产生执行委员会的学校，其执行委员会根据教职工代表大会的授权，可承担前款有关职责。

第二十七条 学校应当为学校工会承担教职工代表大会工作机构的职责提供必要的工作条件和经费保障。

第六章　附　则

第二十八条　学校可以在其下属单位建立教职工代表大会制度，在该单位范围内实行民主管理和监督。

第二十九条　省、自治区、直辖市人民政府教育行政部门，可以与本地区有关组织联合制定本行政区域内学校教职工代表大会的相关规定。

有关学校根据本规定和所在地区的相关规定，可以制定相应的教职工代表大会或者教职工大会的实施办法。

第三十条　本规定自 2012 年 1 月 1 日起施行。1985 年 1 月 28 日教育部、原中国教育工会印发的《高等学校教职工代表大会暂行条例》同时废止。

附录十
教育部关于深入推进教育管办评分离
促进政府职能转变的若干意见

教政法〔2015〕5号

各省、自治区、直辖市教育厅（教委），新疆生产建设兵团教育局，有关部门（单位）、教育司（局），部属各高等学校：

为全面贯彻党的十八届三中、四中全会精神，深入落实《国家中长期教育改革和发展规划纲要（2010—2020年）》，进一步健全中国特色教育管理制度、现代学校制度和教育评价制度，加快推进教育治理体系和治理能力现代化，激发教育活力，经国家教育体制改革领导小组同意，现就深入推进教育管办评分离、促进政府职能转变提出如下意见。

一 推进教育管办评分离的重要意义和总体要求

1. 重要意义。推进管办评分离，构建政府、学校、社会之间新型关系，是全面深化教育领域综合改革的重要内容，是全面推进依法治校的必然要求。改革开放以来，我国教育体制改革不断深化，政府、学校、社会之间关系逐步理顺，但政府管理教育还存在越位、缺位、错位的现象，学校自主发展、自我约束机制尚不健全，社会参与教育治理和评价还不充分。为进一步提高政府效能、激发学校办学活力、调动各方面发展教育事业的积极性，必须深入推进管办评分离，厘清政府、学校、社会之间的权责关系，构建三者之间良性互动机制，促进政府职能转变。

2. 指导思想。高举中国特色社会主义伟大旗帜，以邓小平理论、"三个代表"重要思想、科学发展观为指导，全面贯彻党的十八大和十八

届三中、四中全会精神，深入贯彻习近平总书记系列重要讲话精神，按照
"四个全面"战略布局，围绕完善和发展中国特色社会主义教育制度、推
进教育治理体系和治理能力现代化这一总目标，以落实学校办学主体地
位、激发学校办学活力为核心任务，加快健全学校自主发展、自我约束的
运行机制；以进一步简政放权、改进管理方式为前提，加快建设法治政府
和服务型政府，主动开拓为学校、教师和学生服务的新形式、新途径；以
推进科学、规范的教育评价为突破口，建立健全政府、学校、专业机构和
社会组织等多元参与的教育评价体系。到 2020 年，基本形成政府依法管
理、学校依法自主办学、社会各界依法参与和监督的教育公共治理新格
局，为基本实现教育现代化提供重要制度保障。

　　3. 基本原则。

　　坚持权责统一。依法明晰政府、学校、社会权责边界，构建系统完
备、科学规范、运行有效的制度体系，形成决策、执行、监督相互协调、
相互制约的教育治理结构。

　　坚持统筹兼顾。充分发挥中央和地方两个积极性，坚持顶层设计和基
层探索相结合，整体推进和先行先试相促进，解决当前问题和着眼长远相
衔接，加强部门之间的政策协调，妥善处理改革发展稳定的关系。

　　坚持放管结合。既要解决政府越权越位问题，把该放的权坚决下放，
又要完善监督制约机制，切实做好事中、事后监管，逐项查看措施是否及
时跟上、有力有效，是否存在监管漏洞和衔接缝隙，把该管的管住管好。

　　坚持有序推进。立足我国基本国情、教情，综合考虑不同地区以及各
级各类教育的实际，因地制宜、因校制宜，提高改革措施的针对性和实效
性，积极稳妥推进，不搞一刀切。

二　推进依法行政，形成政事分开、权责明确、统筹协调、规范有序的教育管理体制

　　4. 加大政府简政放权力度。深化教育行政审批制度改革，全部取消
非行政许可审批，建立规范教育行政审批的管理制度。全面清理规范性文
件，减少对学校办学行为的行政干预，综合运用法律、政策、规划、财政
拨款、标准、信息服务和必要的行政措施，引导和督促学校规范办学。转
变政府职能，严格控制针对各级各类学校的项目评审、教育评估、人才评
价和检查事项（以下简称"三评一查"），大幅减少总量。确需开展的

"三评一查"事项，要在年初编制目录并进行公示。各地应结合实际，提出"三评一查"的缩减比例。探索开展"三评一查"归口管理制度。没有法律法规和政策的明确依据，不得随意进入学校进行检查。政府不得法外设定管理教育的权力，没有法律法规依据不得作出减损学校、教师、学生等合法权益或者增加其义务的决定。

5. 推行清单管理方式。建立教育行政权力清单和责任清单制度，通过政府公报、政府网站等便于公众知晓的方式，向社会全面公开教育及相关政府部门职能、法律依据、实施主体、职责权限、管理流程、监督方式等事项，为公民、法人或者其他组织提供优质服务，让权力在阳光下运行。在有条件的地方和学校开展负面清单管理试点，清单之外的事项学校可自主施行，要尽量缩减负面清单事项的范围，更多采取事中、事后监管方式。

6. 加快国家教育基本标准建设。系统梳理我国教育标准建设情况，出台国家教育标准体系框架。规范标准发布程序，出台国家教育标准审定办法，健全教育标准制定和审查机制，提高教育标准的权威性、适切性，形成具有国际视野、富有中国特色的分层、分类教育标准体系。

7. 健全依法、科学、民主决策机制。把公众参与、专家论证、风险评估、合法性审查、集体讨论决定作为重大教育决策法定程序。充分发挥国家教育咨询委员会及其他各类教育智库的作用，完善教育决策的智力支持系统。采取座谈会、听证会、网络平台听取意见等方式，听取公众和社会各界对重大教育决策的意见建议。加快建设教育基础信息数据库和教育管理公共服务平台，为专业机构和社会公众参与教育决策等提供全面、权威的数据支撑。建立教育重大决策合法性审查机制、重大决策终身责任追究制度及责任倒查机制。

8. 建立健全教育行政执法机制。完善教育法律法规执法体系，规范教育行政权力行使程序。加大教育行政执法力度，遵循法定职权与程序，运用行政指导、行政处罚、行政强制等手段，依法纠正学校的违法、违规行为，保障教育法律和政策有效实施。积极推行法律顾问制度。督促学校强化依法办学意识，健全高校和中小学依法治校评价指标体系，深入开展依法治校示范学校创建活动。

9. 加强和完善政府服务机制。科学编制教育总体规划、专项规划，完善规划的实施机制，增强规划的前瞻性、战略性和约束力。依法落实教育经费"三个增长、两个提高"的规定，建立财政性教育经费投入稳定增长机制，完善并逐步提高各级各类教育生均拨款和生均公用经费拨款标准。创新提供公共教育服务方式，健全政府购买教育服务机制，在决策咨询、学校管理、提供义务教育和学前教育学位、师资培训、特殊人群服务、教育质量和办学绩效评价等领域推广政府购买服务，提高公共教育服务的质量和效率，使大众创业、万众创新的活力进一步激发出来，形成教育促进经济社会发展的新局面。

10. 加大行政监督和问责力度。加强政府内部的层级监督及监察、审计等专门监督，主动接受党内监督、人大监督、民主监督、司法监督、社会监督、舆论监督，形成科学有效的教育行政权力运行制约和监督体系。逐步建立健全教育行政绩效评估体系，重点针对履行职责、行政效率、行政效益、行政成本等开展评估，评估的标准、指标、过程和结果应当通过适当方式向社会公开。在做好内部评估的同时，要主动委托第三方开展全面、深入、客观的评估。评估结果作为评价政府及其主要负责人教育行政工作业绩的重要参考，对不履行或者拖延履行法定教育职责的、超越或者滥用教育行政职权的、违反法定教育行政程序造成不良后果的，依法追究政府及工作人员的责任。

三　推进政校分开，建设依法办学、自主管理、民主监督、社会参与的现代学校制度

11. 依法明确和保障各级各类学校办学自主权。更加注重以法治方式保障学校办学自主权。在制定和修订相关法律法规时，进一步研究明确各级各类学校办学自主权；通过政府简政放权，进一步落实各级各类学校的法定办学自主权；通过章程制定，进一步健全法律法规规定的各项办学自主权的实施机制；通过完善法律救济机制，切实维护学校、师生合法权益。落实《关于进一步落实和扩大高校办学自主权完善高校内部治理结构的意见》（教改办〔2014〕2号）及有关规定，进一步扩大高校在考试招生、教育教学、科学研究、教职工队伍管理、经费资产使用管理、国际交流合作等方面的自主权。按照国家深化职称制度改革的总体思路，深化高校教师专业技术职务评聘制度改革，加快建立高校自主评聘、政府宏观管理监督的新机制。扩大职业院校在招生、专业设置和调整、教师评聘、资源配置、收入分配、校企合作等方面的办学自主权。进一步落实和扩大中小学在育人方式、资源配置、人事管理等方面的自主权。建立符合学校特点的管理制度和配套政策，克服行政化倾向。积极创造条件，逐步取消学校行政级别。高校领导任职期间要全身心投入学校管理工作，党委书记和校长一般不担任科研项目主要负责人。深化高校职员制度改革，加快职业发展、工资待遇等配套政策建设，鼓励行政人员专职从事管理工作。全面推进中小学校长职级制改革，实现校长的专业化、职业化。

12. 加强学校章程和配套制度建设。各级各类学校要依法制定具有各自特色的学校章程，全面形成一校一章程的格局。同一学区内的中小学，可以制定联合章程。学校要以章程为统领，理顺和完善规章制度，制定并完善教学、科研、学生、人事、资产与财务、后勤、安全、对外合作、学生组织、学生社团等方面的管理制度，建立健全各种办事程序、内部机构组织规则、议事规则等，形成健全、规范、统一的制度体系。

13. 完善学校内部治理结构。进一步加强和改善党对学校的领导，在公办高等学校落实《中共中央办公厅关于坚持和完善普通高等学校党委领导下的校长负责制的实施意见》（中办发〔2014〕55 号），在中小学、民办学校充分发挥基层党组织的政治核心作用。坚持和完善普通中小学和中等职业学校校长负责制，中小学建立由学校负责人、教师、学生及家长代表、社区代表等参加的校务委员会，对学校章程、发展规划及年度工作报告，对重大教育教学改革及涉及学生、家长、社区工作重要事项的决策等提出意见建议，完善民主决策程序。高等学校要加强学术组织建设，落实《高等学校学术委员会规程》，实现行政权力与学术权力的相对分离，保障学术权力相对独立行使。落实《学校教职工代表大会规定》，进一步完善和落实学生代表大会制度，依法保障广大教职工和学生参与学校民主管理和监督。建立和完善普通高等学校理事会，发挥好理事会在决策咨询和社会合作中的积极作用。中小学要加强家长委员会建设，保障家长委员会对学校教育教学、管理活动实施监督，提出意见建议。

14. 健全面向社会开放办学机制。鼓励高校面向社会办学，建立健全协同创新和协同育人机制。鼓励学校之间、学校和科研院所之间加强合作，协同育人。深化职业院校与行业企业合作机制，争取行业企业在专业设置、教学指导、提供实习岗位、改善实习实训条件、加强"双师型"教师队伍建设等方面的支持。建立符合条件的企业经营管理和技术人员与职业院校领导、骨干教师相互兼职制度。学校应当积极有序参加当地的社会公益活动，向社区居民有序开放体育文化设施。

15. 完善校务公开制度。按照信息公开有关规定，及时、准确地公开办学信息，保证教职工、学生、社会公众对学校重大事项、重要制度的知情权。重点公开经费收支、招生就业、基本建设招投标、培养目标与课程设置、教育教学安排等社会关注的信息。学校配置资源以及干部选拔任用、专业技术职务评聘、岗位聘用、学术评价和各种评优、选拔活动，要按照公平公开公正的原则，制订具体实施规则，实现过程和结果的公开透明，接受利益相关方的监督。

四　推进依法评价，建立科学、规范、公正的教育评价制度

16. 推动学校积极开展自我评价。引导和支持学校切实发挥教育质量保障主体作用，不断完善内部质量保障体系和机制，认真开展自评，形成和强化办学特色。学校应当依据国家教育基本标准及有关行业标准，根据自身办学实际和发展目标，确立本校的人才培养要求。对照人才培养要求，定期开展课程建设、教学与科研、人才培养质量、师资建设、管理制度、校园文化等监测评估，开展对学生及其家长、用人单位等的满意度调查，努力形成自主发展、特色发展、可持续发展的良性机制。

17. 提高教育督导实效。强化国家教育督导，加强各级教育督导工作力量，健全管理制度，提高督导工作专业化水平。加大机构和职能整合力度，形成覆盖各级各类教育的教育督导队伍。依法对各级各类教育实施督导和评估监测，实行教育督导部门归口管理。完善教育督导和评估监测报告发布制度，建立健全公示、公告、约谈、奖惩、限期整改和复查制度，健全问责机制，提高教育督导的权威性和实效性。

18. 支持专业机构和社会组织规范开展教育评价。大力培育专业教育服务机构，整合教育质量监测评估机构，完善监测评估体系，定期发布监测评估报告。扩大行业协会、专业学会、基金会等各类社会组织参与教育评价。制定专业机构和社会组织参与教育评价的资质认证标准。引入市场机制，将委托专业机构和社会组织开展教育评价纳入政府购买服务范围，按照公开、公平、公正原则，建立健全招投标制度和绩效管理制度，保证教育评价服务的质量和效益。重视扩大科技、文化等部门和新闻媒体对教育评价的参与。重视学生会等学生组织在教育评价中的作用。鼓励有条件的地区和学校积极参与国际组织实施的教育质量评估项目。

19. 切实保证教育评价质量。坚持以学校为主体、以学生发展为本位，健全多元化评价标准，积极采用现代化评价方法和技术，保证教育评价的科学性、规范性、独立性，切实发挥教育评价的诊断、导向和激励作用。政府对所委托的教育评价，要加强监督和管理，加强质量监控。评价机构要将评价的实施方案、指标体系、对象和样本选择、数据来源及计算、结果分析等向评价委托方（包括政府、学校）和评价对象反馈，逐步做到向全社会公开，接受广泛的监督和质询。鼓励成立教育评价的行业组织，发挥其在评价机构的资格准入、业务指导、监督管理等方面的作用。对于操作不规范、弄虚作假甚至违规违纪的评价机构，要建立"黑名单"制度。

20. 切实发挥教育评价结果的激励与约束作用。建立健全政府和学校对评价意见的反应机制，对评价中暴露出的问题，要认真加以整改。探索实施学校绩效评估制度，结合对校长任期目标责任制、学校发展规划实施情况的督导评估，建立与学校办学定位、目标、责任相适应的评价体系，充分反映学校办学的努力程度和进步情况，促进学校特色发展、个性发展。探索建立评价结果综合运用机制，搭建互联互通的信息共享平台，推送评价结果信息，扩大评价结果运用范围，将其作为资源配置、干部考核和表彰奖励的重要依据。

五　精心组织实施，切实把推进教育管办评分离各项任务落到实处

21. 确保任务落实。各地要把推进教育管办评分离作为转变政府职能、深化教育综合改革、推进依法治教的重要任务和有效抓手，高度重视，精心组织，结合实际制订推进工作方案，明确目标、任务和责任分工，加强检查监督。对改革涉及的重要问题、重点环节和重大举措，要密切跟踪指导，深入分析研究，完善相关政策措施，确保各项任务落到实处。

22. 开展改革试点。为确保工作稳步推进，鼓励有工作基础的地方积极开展改革试点，为全国深入推进教育管办评分离积累经验。有关情况请及时报送。

2015 年 5 月 4 日

附录十一
教育部关于印发《全面推进依法治校
实施纲要》的通知

教政法〔2012〕9 号

各省、自治区、直辖市教育厅（教委），各计划单列市教育局，新疆生产建设兵团教育局，部属各高等学校：

为贯彻落实党的十八大精神，进一步推动《国家中长期教育改革和发展规划纲要（2010—2020 年)》实施，在各级各类学校全面落实依法治国要求，大力推进依法治校，我部在全面总结各地依法治校经验、做法的基础上，研究制定了《全面推进依法治校实施纲要》，现印发给你们。请结合本地区、本学校实际，认真组织学习宣传、贯彻落实，全面推动教育行政管理体制以及学校内部管理体制的改革、创新，在依法行政、依法治校的基础上，构建政府、学校、社会之间新型关系，加快建设现代学校制度。

各地和教育部直属高校贯彻落实情况以及在依法治校实践中取得的进展，形成的具有示范意义的典型和经验，请及时报我部政策法规司（法制办公室）。

附件：全面推进依法治校实施纲要

教育部
2012 年 11 月 22 日

附件

全面推进依法治校实施纲要

为贯彻落实党的十八大精神，进一步推动《国家中长期教育改革和发展规划纲要（2010—2020 年）》实施，在各级各类学校深入贯彻科学发展观，全面落实依法治国要求，大力推进依法治校，建设现代学校制度，制定本实施纲要。

一　全面推进依法治校的重要性与紧迫性

1. 深刻认识全面推进依法治校的重要性。当前，随着社会主义民主法治和政治文明建设的推进，教育改革的不断深化，各级各类学校的发展环境、发展理念、发展方式正在发生深刻变化，迫切需要全面推进依法治校、加快建设现代学校制度。推进依法治校，是学校适应加快建设社会主义法治国家要求，发挥法治在学校管理中的重要作用，提高学校治理法治化、科学化水平的客观需要；是深化教育体制改革，推进政校分开、管办分离，构建政府、学校、社会之间新型关系，建设现代学校制度的内在要求；是适应教育发展新形势，提高管理水平与效益，维护学校、教师、学生各方合法权益，全面提高人才培养质量，实现教育现代化的重要保障。

2. 深刻认识全面推进依法治校的紧迫性。《教育部关于大力加强依法治校工作的通知》（教政法〔2003〕3 号）发布以来，各地和学校普遍重视学校章程和制度建设，加强校长和教师法制培训，积极创建依法治校示范学校，探索了不少成功的经验，依法办学和依法管理的意识和能力明显提高。但是，与教育改革发展的新形势、新任务相比，与全面推进依法治国的新要求相比，依法治校还存在较大差距，主要体现在：工作进展不平衡，一些地方和学校对推进依法治校认识还不到位，制度不健全；一些人民群众反映强烈的违法办学、违规招生、违规收费等问题在个别地区和学校还不时发生；学校管理者和教师运用法律手段保护自身权益、依法对学生实施教育与管理的能力、意识还亟待提高，权利救济机制还不健全；政府教育管理职能转变还未完全到位，部分教育行政管理人员依法行政意识和能力还不强。这些问题的存在，在一定程度上影响了国家教育方针的贯彻落实，影响到教育科学发展与深化改革的进程。解决以上问题，必须进一步深化教育改革，加快转变政府职能，全面加快推进依法治校。

二　全面推进依法治校的指导思想和总体要求

3. 全面推进依法治校的指导思想。全面推进依法治校，必须以中国特色社会主义理论为指导，坚持社会主义办学方向，弘扬和践行社会主义核心价值体系，将坚持和改善学校党的领导与学校的依法治理紧密结合起来；必须全面贯彻国家教育方针，把立德树人，培养德智体美全面发展的社会主义建设者和接班人作为学校教育的根本任务，全面提高校长、教职工和学生的法律素质，加强公民意识教育，培养社会主义合格公民；必须坚持以人为本，依法办学，积极落实教师、学生的主体地位，依法保障师生的合法权利；必须切实转变管理理念与方式，提高管理效率和效益，为全面推进依法治国和全面实现教育现代化打下坚实的基础。

4. 全面推进依法治校的总体要求。学校要牢固树立依法办事、尊重章程、法律规则面前人人平等的理念，建立公正合法、系统完善的制度与程序，保证学校的办学宗旨、教育活动与制度规范符合民主法治、自由平等、公平正义的社会主义法治理念要求；要以建设现代学校制度为目标，落实和规范学校办学自主权，形成政府依法管理学校，学校依法办学、自主管理，教师依法执教，社会依法支持和参与学校管理的格局；要以提高学校章程及制度建设质量、规范和制约管理权力运行、推动基层民主建设、健全权利保障和救济机制为着力点，增强运用法治思维和法律手段解决学校改革发展中突出矛盾和问题的能力，全面提高学校依法管理的能力和水平；要切实落实师生主体地位，大力提高自律意识、服务意识，依法落实和保障师生的知情权、参与权、表达权和监督权，积极建设民主校园、和谐校园、平安校园。

三　加强章程建设，健全学校依法办学自主管理的制度体系

5. 依法制定具有自身特色的学校章程。学校起草制定章程要遵循法制统一、坚持社会主义办学方向的基本原则，以促进改革、增强学校自主权为导向，着力规范内部治理结构和权力运行规则，充分反映广大教职员工、学生的意愿，凝练共同的理念与价值认同，体现学校的办学特色和发展目标，突出科学性和可操作性。高等学校要依据《高等学校章程制定暂行办法》制定或者修改章程，由教育部或者省级教育行政部门核准；

普通中小学、幼儿园、中等职业学校章程，由主管教育行政部门核准。到2015年，全面形成一校一章程的格局。经过核准的章程，应当成为学校改革发展、实现依法治校的基本依据。

6. 提高制度建设质量。学校制定章程或者关系师生权益的重要规章制度，要遵循民主、公开的程序，广泛征求校内外利益相关方的意见。重大问题要采取听证方式听取意见，并以适当方式反馈意见采纳情况，保证师生的意见得到充分表达，合理诉求和合法利益得到充分体现。要依据法律和章程的原则与要求，制定并完善教学、科研、学生、人事、资产与财务、后勤、安全、对外合作等方面的管理制度，建立健全各种办事程序、内部机构组织规则、议事规则等，形成健全、规范、统一的制度体系。章程及学校的其他规章制度要遵循法律保留原则，符合理性与常识，不得超越法定权限和教育需要设定义务。学校章程和规章制度，应当加以汇编并公布，便于师生了解、查阅。有网络条件的，应当在学校网页上予以公开。涉及师生利益的管理制度实施前要经过适当的公示程序和期限，未经公示的，不得施行。

7. 建立规范性文件审查与清理机制。学校要设立或者指定专门机构，按照法制统一的原则，对校内规章制度进行审查。对与上位法或者国家有关规定相抵触，不符合学校章程和改革发展要求，或者相互之间不协调的内部规范性文件和管理制度，要及时修改或者废止，保证学校的规章制度体系层次合理、简洁明确、协调一致。要建立规范性文件核管理制度定期清理制度，清理结果要向师生公布。新的教育法律法规、规章或者重要文件发布后，要及时对照修订校内相应的规章制度。

四　健全科学决策、民主管理机制，完善学校治理结构

8. 依法健全科学民主决策机制。要依法明确、合理界定学校内部不同事务的决策权，健全决策机构的职权和议事规则，完善校内重大事项集体决策规则，大力推进学校决策的科学化、民主化、法治化。要进一步加强和改善党对学校的领导，按照《中国共产党高等学校基层组织工作条例》，在公办高等学校完善党委领导下的校长负责制；在中小学、民办学校充分发挥基层党组织的政治核心作用。依法明确高等学校党委会、校长办公会的职权范围和决策规则，发挥学术委员会、学校理事会（董事会）等组织在决策中的作用；中小学要健全校长负责制，建立有教师、学生及

家长代表参加的校务委员会，完善民主决策程序；职业学校要建立有行业企业人员参加的学校理事会或董事会，形成校企合作决策机制；民办学校和中外合作办学机构要健全学校董事会或者理事会的议事规则，依法按期开会履行法定职责；健全决策程序。有关学校发展规划、基本建设、重大合作项目、重要资产处置以及重大教育教学改革等决策事项，应当按照有关规定，进行合法性论证，开展合理性、可行性和可控性评估，建立完善职能部门论证、邀请专家咨询、听取教师意见、专业机构或者主管部门测评相结合的风险评估机制。要以教学、科研为中心，积极探索符合学校特点的管理体制，克服实际存在的行政化倾向，实现行政权力与学术权力的相对分离，保障学术权力按照学术规律相对独立行使。

9. 完善决策执行与监督机制。要在学校内形成决策权、执行权与监督权既相互制约又相互协调的内部治理结构，保证管理与决策执行的规范、廉洁、高效。按照精简、高效的原则和为教师、学生提供便利服务的要求，自主设置职能部门，明确职能部门的职责、权限与分工，健全重要部门、岗位的权力监督与制约机制，完善预防职务犯罪和商业贿赂的制度措施。除依法应当保密或者涉及学校特定利益需要保密的事项外，决策事项、依据和结果要在校内公开，允许师生查阅。在重大决策执行过程中，学校要跟踪决策的实施情况，通过多种途径了解教职员工及有关方面对决策实施的意见和建议，全面评估决策执行效果，并根据评估结果决定是否对决策予以调整或者停止执行。公办学校因违反决策规定、出现重大决策失误、造成重大损失的，要按照谁决策、谁负责的原则追究责任。

10. 完善民主管理和监督机制。要落实《学校教职工代表大会规定》，充分发挥教职工代表大会作为教职工参与学校民主管理和监督主渠道的作用。学校专业技术职务评聘办法、收入分配方案等与教职工切身利益相关的制度、事务，要经教职工代表大会审议通过；涉及学校发展的重大事项要提交教职工代表大会讨论。要扩大教职工对学校领导和管理部门的评议权、考核权。要积极拓展学生参与学校民主管理的渠道，进一步改革完善高等、中等学校的学生代表大会制度，推进学生自主管理。制定涉及学生利益的管理规定，要充分征求学生及其家长意见。要扩大有序参与，加强议事协商，充分发挥教职工代表大会、共青团、学生会等群众组织在民主决策机制中的作用，积极探索师生代表参与学校决策机构的机制。

11. 建立中小学家长委员会制度。中小学、幼儿园应当逐步建立健全家长委员会制度。家长委员会承担支持教育教学工作、参与和监督学校管理、促进学校与家庭沟通、合作等职责，其成员应当由全体家长民主选举产生。学校应当提供必要条件，保障家长委员会对学校、教师的教育教学、管理活动实施监督，提出意见、建议；应当定期与家长委员会成员进行沟通，听取意见。学校实施直接涉及学生个体利益的活动，一般应由学校或者教师提出建议和选择方案，并做出相应说明，提交家长委员会讨论，由家长自主选择、做出决定。要积极探索完善家长委员会的组织形式和运行规则，不断扩大家长对学校办学活动和管理行为的知情权、参与权和监督权。

12. 依法健全社会参与机制。要积极探索扩大社会参与学校办学与管理的渠道与方式。中小学要加强与所在社区的合作，积极开展社区服务，创造条件开放教育资源和公共设施，参与社区建设，完善与社区、有关企事业组织合作共建的体制、机制。健全兼职法制副校长的聘任办法和任职要求，探索借助社会资源和力量，加强学校安全管理、开展法制和其他有针对性的教育教学活动，改善学校周边环境。职业学校、高等学校要积极扩大社会合作，在决策咨询、教学科研、安全管理、学生实习实践等方面更多引入社会资源，健全制度，扩大社会参与的广度与深度。

五　依法办学，落实师生主体地位，形成自由平等公正法治的育人环境

13. 依法组织和实施办学活动。学校办学活动应当以育人为本，全面贯彻党和国家教育方针，切实依法规范办学行为，全面执行国家课程方案和课程标准，注重教育教学效果，形成良好的校风、教风和学风。要严格依法依规招生，建立内部制衡机制和社会监督机制，保证招生制度、选拔机制的公平、公正，招生活动的规范、透明。学校不得违背法律原则和国家有关规定，擅自设立有区别的招生条件或规则。要健全教育教学管理制度，在专业设置、课程安排、教材选择等环节建立评估机制，建立教学质量的评估和反馈机制。要依据有关规定，完善管理制度，对学校内设机构开展或者参与经营性培训活动进行规范，保证不影响学校正常的教育教学活动。要落实教师职业道德规范，明确教师行为规则，坚决杜绝教师违反法定义务和国家规定，利用自身特定职权谋取不当利益的行为。

14．依法建设平等校园环境。大力弘扬平等意识，在体制和制度上落实和体现师生平等、性别平等、民族平等、管理者与师生平等的理念。全面落实面向每个学生、平等对待每个学生的原则，消除以不当形式对学生进行分类、区别对待以及带有歧视的制度、言行。要切实保障残疾人的平等受教育权利，不得以非法理由拒绝招收残疾学生。要为残疾学生平等、无障碍地参与学校生活提供必要条件和合理便利。

15．尊重和保护学生权利。要完善制度规则，健全监督机制，保证学生在使用教育教学设施、资源，获得学业和品行评价，获得奖学金及其他奖励、资助等方面受到平等、公正对待。学生管理制度应当以学生为中心，体现公平公正和育人为本的价值理念，尊重和保护学生的人格尊严、基本权利。对学生进行处分，应当做到事实清楚、定性准确、依据充分、程序正当，重教育效果，做到公平公正。作出不利处分前，应当给予学生陈述与申辩的机会，对未成年学生应当听取其法定监护人的意见。对违反学校纪律的学生，要明确处分的期限与后果，积极教育挽救。要保障学生的人身权、财产权和受教育权不受非法侵害，杜绝体罚或者变相体罚、限制人身自由、侵犯人格尊严、违法违规收费，以及由于学校过错而造成的学生伤害等侵权行为，以及教师、学校工作人员对学生实施的违法犯罪行为。

16．尊重和保障教师权利。学校要依据《教师法》和相关法律法规的规定，进一步建立和完善教师聘任和管理制度，制定权利义务均衡、目标任务明确，具有可执行性的聘任合同，明确学校与教师的权利与义务，依法聘任教师，认真履行合同。要依法在教师聘用、职务评聘、继续教育、奖惩考核等方面建立完善的制度规范，保障教师享有各项合法权益和待遇。要充分尊重教师在教学、科研方面的专业权力，学术组织中教师代表的比例不低于1/2。要落实教师职业道德规范，强化师德建设，明确教师考核、监督与奖惩的规则与程序。

17．建立健全学术自由的保障与监督机制。要依法建立健全保障师生的研究自由、学习自由和学术自由的体制、机制。健全学术评价制度，保障各种学术评价机构独立开展活动，建立公平、公正的学术评价标准和程序。要建立灵活的教学管理制度，鼓励、保护学生自主、自由的学习，形成有利于创造性人才成长的制度环境。要明确教师课堂教学的行为规则和基本要求，保障教师根据课程的有关要求，科学安排教学内容和方法，充分、正当地行使教学的专业自主权，提高课堂教学的质量与效果。要建立完善对违反学术规范、学术道德行为的认定程序和办法，维护良好的学术氛围。

18. 大力推进信息公开和办事公开。学校配置资源以及实施干部选拔任用、专业技术职务评聘、岗位聘任、学术评价和各种评优、选拔活动，要按照公开公正的原则，制定具体的实施规则，实现过程和结果的公开透明，接受利益相关方的监督。要按照《高等学校信息公开办法》以及中小学信息公开的规定，建立健全信息公开的机构、制度，落实公开的具体措施，保证教职工、学生、社会公众对学校重大事项、重要制度的知情权，重点公开经费使用、培养目标与课程设置、教育教学质量、招生就业、基本建设招投标、收费等社会关注的信息。要创新公开方式、丰富公开内容，建立有效的信息沟通渠道，使学生、家长以及教师对学校的意见、建议能够及时反映给学校领导、管理部门，并得到相应的反馈。学校面向师生提供管理或者服务的职能部门，要全面推进办事公开制度，公开办事依据、条件、要求、过程和结果，充分告知办事项目有关信息，并公开岗位职责、工作规范、监督渠道等内容，提供优质、高效、便利的服务。

六　健全学校权利救济和纠纷解决机制，有效化解矛盾纠纷

19. 依法健全校内纠纷解决机制。要把法治作为解决校内矛盾和冲突的基本方式，建立并综合运用信访、调解、申诉、仲裁等各种争议解决机制，依法妥善、便捷地处理学校内部各种利益纠纷。要特别注重和发挥基层调解组织、教职工代表大会、学生团体和法制工作机构在处理纠纷中的作用，建立公平公正的处理程序，将因人事处分、学术评价、教职工待遇、学籍管理等行为引发的纠纷，纳入不同的解决渠道，提高解决纠纷的效率和效果。要尊崇法律、尊重司法。对难以在校内完全解决的纠纷，应当按照法定程序，提交有关行政机关、仲裁机构、社会调解组织或者司法机关依法解决。对师生与学校发生的法律争议，学校应当积极应诉，认真落实法律文书要求学校履行的义务。

20. 完善教师学生权利救济制度。学校要设立教师申诉或者调解委员会，就教师因职责权利、职务评聘、年度考核、待遇及奖惩等，与学校及有关职能部门之间发生的纠纷，或者对学校管理制度、规范性文件提出的

意见，及时进行调处，做出申诉结论或者调解意见。教师申诉或者调解委员会应当有广泛的代表性和权威性，成员应当经教职工代表大会认可。完善学生申诉机制。学校应当建立相对独立的学生申诉处理机构，其人员组成、受理及处理规则，应当符合正当程序原则的要求，并允许学生聘请代理人参加申诉。学校处理教师、学生申诉或纠纷，应当建立并积极运用听证方式，保证处理程序的公开、公正。

21．健全安全管理及突发事件的应急处理机制。各级各类学校、幼儿园要根据学生的身心特点和认知能力，完善校园安全管理制度，落实对学生教育与管理的法定职责，健全学校安全事故、突发事件应急处理机制，切实保障学生、教师的人身权和财产权，维护学校秩序的稳定。要积极借助政府部门、社会力量、专业组织，构建学校安全风险管理体系，形成以校方责任险为核心的校园保险体制，建立学校安全风险管理制度、学生伤害事故调解制度，健全安全风险的事前预防、事后转移机制，建设平安、和谐校园。

七　深入开展法制宣传教育，形成浓厚的学校法治文化氛围

22．切实加强对学校领导干部、职能部门工作人员依法治校意识与能力的培养。学校管理者要带头增强学法尊法守法用法意识，牢固树立依法办学、依据章程自主管理、公平正义、服务大局、尊重师生合法权益的理念，自觉养成依法办事的习惯，切实提高运用法治思维和法治方式深化改革、推动发展、化解矛盾、维护稳定的能力，准确把握权利与义务、民主与法治、实体与程序、教育与惩戒的平衡，实现目的与手段的有机统一。学校领导任职前，主管教育行政部门应当以适当方式考察其掌握相关法律知识和依法治校理念的情况。学校要高度重视内部职能部门管理理念和方式的转变，切实提高职能部门工作人员依法、依章程办事，为师生服务的意识。

23．全面提高教师依法执教的意识与能力。要认真组织教师的法制宣传教育，在教师的入职培训、岗位培训中，明确法制教育的内容与学时，建立健全考核制度，重要的和新出台的教育法律、法规要实现教师全员培训。要围绕全面推进依法治校的要求，组织教师深入学习有关落实国家教育方针、规范办学行为、维护教师合法权益、保障教职工民主管理权的法律规定，明确教师的权利、义务与职责，切实提高广大教职员工依法实施

教育教学活动、参与学校管理的能力。对专门从事法制教育教学的教师，要组织参加专门培训，提高其对法治理念、法律意识的理解与掌握程度。

24. 加强和改善学生法制教育。认真落实教育系统普法规划的要求，开展好"法律进课堂"活动。中小学要将学生法治意识、法律素养，作为素质教育的重要内容，在学生综合素质评价中予以体现。要深入开展学生法制教育的理论与实践研究，不断丰富法制教育的形式与内容，使学生通过课堂教学、主题活动、社会实践等多种方式，掌握法律知识，培养法治理念。要把法治文化作为校园文化建设的重要组成部分，将平等自由意识、权利义务观念、规则意识、契约精神等理念，渗透到学生行为规则、日常教学要求当中，凝练到学校校训或者办学传统、教育理念当中，营造体现法治精神的校园文化氛围。要适当加大对《儿童权利公约》、《残疾人权利公约》等我国签署加入的重要国际公约的宣传教育，培养学生建立对多元文化、少数人群和弱势人群权利的尊重与平等意识。

八　加强组织与考核，切实提高依法治校的能力与水平

25. 完善依法治校工作机制。学校要将依法治校纳入整体工作规划，明确学校领导班子、各级职能部门、工作岗位的职责，建立健全工作要求与目标考核机制。要将依法治校情况作为年度工作的专门内容，向教职工代表大会进行报告，并同时报送主管教育行政部门。高等学校应当设立或者指定专门机构、中小学应当指定专人负责学校法律事务、综合推进依法治校，有条件的学校，可以聘请专业机构或者人员作为法律顾问，协助学校处理法律事务。学校的法制工作机构或人员在学校的决策、管理过程中要发挥参谋和助手作用，对学校出台的有关管理措施、对外签订的合同、实施改革方案等，要进行合法性评估、论证。

26. 健全依法治校考核评价机制。教育行政部门要把依法治校情况，作为对学校进行综合评估重要方面，在对学校办学和管理评估考核中，更加突出依法治校综合考核的作用，减少对学校具体办学与管理活动的干扰。要完善校长选任和考核制度，把依法治校的情况，作为考核学校领导班子的重要指标，创新考核评价机制，采取多种途径听取师生和社会公众的意见。各级教育行政部门都要建立由法制工作机构或者其他综合部门牵头负责的推进依法治校工作机制，加强对学校依法治校工作的指导，健全学校领导依法治校能力培训和考核制度，采取有效措施，推动和鼓励学校

积极实践、不断创新推进依法治校的制度、机制。

九 转变政府职能，加强对学校依法治校的保障

27. 切实转变对学校的行政管理方式。各级教育行政部门要大力推动依法治校工作，严格依法行政，按照法律规定的职责、权限与程序对学校进行管理，规范行政权力的行使。要切实转变管理学校的方式、手段，从具体的行政管理转向依法监管、提供服务；切实落实和尊重学校办学自主权，减少过多、过细的直接管理活动。要主动协调其他有关部门为学校解决法律问题，保障学校的办学自主权和合法权益，积极开展校园及周边环境的治理工作，依法维护校园安全，为学校改革发展创造良好外部环境。

28. 依法建立健全对学校的监督和指导机制。教育行政部门要积极探索建立教育行政执法体制机制，健全行政执法责任制，提高行政执法能力，实现依法对学校办学与管理行为的监督和管理。要遵循法定职权与程序，积极运用行政指导、行政处罚、行政强制等手段，依法纠正学校的违法、违规行为，保障法律和国家政策有效实施。对公办学校实施违反国家法律和政策规定的行为，要依法健全对学校及其负责人的问责机制。要建立对学校办学与管理活动中违法行为的投诉、举报机制，引入社会监督和利益相关人的监督，进一步健全教师、学生的行政申诉制度，畅通师生权利的救济渠道，改革完善行政监管机制。要建立学校规章和重要制度的备案制度，及时纠正学校有悖法律规定和法治原则的规定。

29. 深入开展依法治校示范学校创建活动。推进依法治校要立足学校需求，结合实际、分类指导、示范引领。不同层次、不同类型的学校要根据本纲要，结合自身特点和需要，制定本校依法治校的具体办法。地方各级教育行政部门要及时总结在依法治校实践中形成的典型经验与成功做法，完善对不同层次、类型学校依法治校的具体要求，分类实施指导。要进一步完善依法治校示范校的评价标准，将依法治校示范学校创建活动制度化、规范化，在国家和地方层面，开展依法治校示范学校创建活动，积极推广典型经验，推动各级各类学校依法治校水平的整体提高。

参考文献

一　中文文献

［1］中共中央文献研究室：《邓小平论教育》（第三版），人民教育出版社 2004 年版。

［2］程北南：《美国大学治理结构的经济学分析》，中国财政经济出版社 2010 年版。

［3］王绽蕊：《美国高校董事会制度：结构、功能与效率研究》，高等教育出版社 2010 年版。

［4］姜万军：《研究型大学的结构治理与生产率提升机理——基于知识生产者个人视角的理论思考》，清华大学出版社 2011 年版。

［5］王世权：《监事会治理的有效性研究》，中国人民大学出版社 2011 年版。

［6］李维安、王世权：《大学治理》，机械工业出版社 2013 年版。

［7］许为民、张国昌等：《学术与行政：中外大学治理结构案例研究》，浙江大学出版社 2013 年版。

［8］张端鸿：《中国公立大学法人治理结构研究：以 A 大学为例》，复旦大学出版社 2014 年版。

［9］蒋达勇：《现代国家建构中的大学治理：基于中国经验的实证分析》，中国社会科学出版社 2014 年版。

［10］林泉：《组织结构、角色外行为与绩效间的关系研究》，经济管理出版社 2012 年版。

［11］周雪光等：《国家建设与政府行为》，中国社会科学出版社 2013 年版。

［12］贺国庆等：《外国高等教育史》（第二版），人民教育出版社 2006 年版。

［13］尹晓敏：《利益相关者参与逻辑下的大学治理研究》，浙江大学出版社 2010 年版。

［14］湛中乐：《公立高等学校法律问题研究》，法律出版社 2009 年版。

［15］文芳：《行为公司治理》，厦门大学出版社 2012 年版。

［16］周光礼：《教育与法律：中国教育法律关系的变革》，社会科学文献出版社 2005 年版。

［17］于海棠：《高校教代会中教师代表参与的张力及其限度——以某地方综合性大学为例》，《高校教育管理》2013 年第 1 期。

［18］林炊利：《核心利益相关者参与公办高校内部决策的研究》，博士学位论文，华东师范大学，2013 年。

［19］周光礼：《中国大学办学自主权（1952—2012）：政策变迁的制度解释》，《中国地质大学学报》（社会科学版）2012 年第 3 期。

［20］魏淑艳：《中国的精英决策模式及发展趋势》，《公共管理学报》2006 年第 3 期。

［21］龚怡祖：《大学治理结构：建立大学变化中的力量平衡——从理论思考到政策行动》，《高等教育研究》2010 年第 12 期。

［22］陈运超：《公平与效率视野下的大学治理平衡》，《教育发展研究》2008 年第 1 期。

［23］孙大军：《对当代我国高校治理中民主与效率问题的认识》，《教育评论》2014 年第 12 期。

［24］卢晓中、谢静：《论高校效率与自主权》，《江苏高教》2015 年第 1 期。

［25］顾建民、刘爱生：《超越大学治理结构——关于大学实现有效治理的思考》，《高等教育研究》2011 年第 9 期。

［26］刘国权、彭学文：《治理视角下我国大学教师"双重忠诚"研究》，《大学教育科学》2015 年第 1 期。

［27］郭卉：《如何增进教师参与大学治理——基于协商民主理论的探索》，《高等教育研究》2012 年第 12 期。

［28］陈星平：《现代大学共同治理中的教师参与》，《学术界》2011 年第 5 期。

［29］林尚立：《在有效性中累积合法性：中国政治发展的路径选择》，《复旦学报》（社会科学版）2009 年第 2 期。

［30］王宁：《代表性还是典型性？——个案的属性与个案研究方法的逻辑基础》，《社会学研究》2002 年第 5 期。

［31］卢晖临、李雪：《如何走出个案——从个案研究到扩展个案研究》，《中国社会科学》2007 年第 1 期。

［32］侯欣迪、郭建如：《高校教代会代表的参与路径和参与周期——基于某综合性大学的案例研究》，《北京大学教育评论》2013 年第 2 期。

［33］陈霜叶、孟浏今、张海燕：《大数据时代的教育政策证据：以证据为本理念对中国教育治理现代化与决策科学化的启示》，《全球教育展望》2014 年第 2 期。

［34］朱旭峰：《政策决策转型与精英优势》，《社会学研究》2008 年第 2 期。

［35］刘小强、沈文明：《两种人：大学群体文化的分裂与跨越——大学行政人和学术人文化差异的实证研究》，《中国高教研究》2013 年第 11 期。

［36］陈霜叶：《中国大学的学术逻辑与行政逻辑的互动类型》，《高校教育管理》2013 年第 3 期。

［37］李志峰、浦文轩、刘进：《权力与学术职业分层——学校权力对高校教师职务晋升影响的实证研究》，《高等教育研究》2013 年第 7 期。

［38］胡鞍钢：《中国国家治理现代化的特征与方向》，《国家行政学院学报》2014 年第 3 期。

［39］江必新：《国家治理现代化基本问题研究》，《中南大学学报》（社会科学版）2014 年第 3 期。

［40］刘献君：《论大学内部权力的制约机制》，《高等教育研究》2012 年第 3 期。

［41］石仲泉：《邓小平与国家治理现代》，《中共中央党校学报》2014 年第 4 期。

［42］周光礼：《大学治理模式变迁的制度逻辑——基于多伦多大学的个案研究》，《高等工程教育研究》2008 年第 3 期。

二　外文文献

[43] ［德］尤塔·默沙伊恩：《大学治理与教师参与决策》，魏进平、马永良译，知识产权出版社 2014 年版。

[44] ［英］迈克尔·夏托克：《成功大学的管理之道》，范怡红译，北京大学出版社 2006 年版。

[45] ［美］卡罗尔·佩特曼：《参与和民主理论》，陈尧译，上海世纪出版集团 2006 年版。

[46] ［美］罗伯特·伯恩鲍姆：《大学运行模式》，别敦荣译，中国海洋大学出版社 2003 年版。

[47] ［美］罗伯特·K. 殷：《案例研究：设计与方法》（中文第 2 版），周海涛等译，重庆大学出版社 2010 年版。

[48] ［加拿大］约翰·范德格拉夫等：《学术权力——七国高等教育管理体制比较》（第 2 版），王承绪等译，浙江教育出版社 2001 年版。

[49] ［比利时］希尔德·德·里德 - 西蒙斯：《欧洲大学史》（第二卷 近代早期的欧洲大学），贺国庆、王保星等译，河北大学出版社 2008 年版。

[50] ［美］伯顿·克拉克：《高等教育新论——多学科的研究》，王承绪等译，浙江教育出版社 2001 年版。

[51] ［加拿大］许美德：《中国大学 1895—1995：一个文化冲突的世纪》，许洁英等译，教育科学出版社 2000 年版。

[52] ［德］费希特：《论学者的使命　人的使命》，梁志学、沈真译，商务印书馆 2013 年版。

[53] ［美］托马斯·索维尔：《知识分子与社会》，张亚月、梁兴国译，中信出版社 2013 年版。

[54] ［美］约翰·克莱顿·托马斯：《公共决策中的公民参与》，孙柏英等译，中国人民大学出版社 2014 年版。

[55] ［美］埃利诺·奥斯特罗姆：《公共事物的治理之道——集体行动制度的演进》，余逊达、陈旭东译，上海三联书店 2000 年版。

[56] Lampton, D. M., A Plum for a Peach: Bargaining, Interests, and Bureaucratic Politics in China, in Kenneth G. Lieberthal and David M. Lampton（eds.）, Bureaucracy, Politics, and Decision Making in

Post – Mao China. Berkley: University of California Press, 1992.

[57] Adrianna Kezar, "What is More Important to Effective Governance: Relationship, Trust, and Leadership, or Structures and Formal Process", New Direction for Higher Education, No. 127, 2004.

[58] G. Keller (ED.), Academic Strategy: The Management Revolution in American Higher Education, *Baltiomore: The Johns Hopkins University Press*, 1983.

[59] *Cohen, M. D. & March, J. G., Leadership and Ambiguity: the American College Presiden*, Boston: Harvard Business School Press, 1986.

[60] Goldman, Merle, Timothy Cheek and Carol L. Hamrin, eds. China's Intellectuals and the State: In Search of New Relationship. Cambridge, MA: Council on East Asian Studies, Harvard University Press, 1987.

[61] Ma, Shu – Yun, "Clientelism: Foreign Attention, and Chinese Intellectual Autonomy", Modern China, *No.* 4, 1998.

[62] *Ashby E., Anderson M., Universities, British, Indian, African: A Study in the Ecology of Higher Education, Weidenfeld and Nicholson*, 1966.

后　记

　　《权力的规制：大学章程的历史流变与当代形态》于 2013 年由中国社会科学出版社出版，先后获得浙江省第 18 届哲学社会科学优秀成果奖和中国高等教育学会第九次高等教育科学研究优秀成果一等奖等奖项，但我经常反思这本著作及自己在大学治理研究上的不足。追问大学治理"是什么"、"为什么"这几个基本问题，认为此书最大的不足之处可能是没有给予大学治理行为、治理过程足够的关注，没有超越结构主义研究路向。这一点，正如《大学有效治理研究》一书在文献研究部分中指出的，结构主义是国内外学者研究大学治理的主要范式。为此，从 2012 年起，我开始有意识"超越"结构主义研究范式。在阅读文献和观察大学实际运行的基础上，经过比较长时间的探索，我认为从组织社会学视角来研究大学治理可能是"超越"结构主义研究范式缺陷的一条路径。研究初衷是希望在之前研究基础上再往前走一步，使大学治理研究有一点创新。

　　大学治理存在一个有效与无效、高效与低效的问题，从组织社会学视角看，有效或高效的大学治理不仅是个结构性问题，还是个主体行为问题。也就是说，有效或高效的大学治理是宏观制度安排与微观主体行为相互塑造的结果，反之亦然。从结构和行为两个维度，可能能够对大学运行过程中的若干现象作出比较合理的解释，进而为解决大学运行中存在的一些问题提供较为客观的政策建议。基于这点考虑，本书从形式有效（民主参与）和实质有效（效率，特别是制度效率）两个维度，建构了大学有效治理理论分析框架。总体而言，这个理论分析框架能够对大学治理历史经验和当下大学治理实践作出一定的解释。

　　从组织社会学视角研究大学治理，案例研究法可能是比较恰当的研究方法，但获取真实且典型性强的案例非常困难。本书中的 7 个案例都是真实案例，但案例的典型性可能有所欠缺。当然，我国大学内部外治理结构高度趋同，在这种治理结构中，各校治理主体的行为也可能有不少相似之处。案例研究方法遵循分析性归纳逻辑，试图实现理论与实践的对话，以及宏观与微观的对话，实际操作中，其难度远大于统计性分析。囿于自己的学术功力不足，尚不足以把控好这种"高难度动作"，书中的案例研究停留在较为浅显的分析。

本书是跨学科研究结晶。大学有效治理离不开法治，需要用分权制衡思想完善治理结构并用法律规制治理主体的行为，化解治理过程产生的各种纠纷，以确保治理的实质有效性，同时以程序正义理念确保治理的形式有效性。要完成这些研究任务，显然超出了我的研究能力。幸运的是，邀请到法学博士周湖勇参与课题研究和著作撰写。周湖勇的法学理论功底很深厚，实务经验也非常丰富。研究中，深感跨学科研究不容易，因为双方学科背景不一致，开展学科对话有一定的困难。尽管双方都作了很大的努力，书中还是存在较为明显的学科融合度不高的瑕疵。因此，本书是跨学科合作研究的尝试。

在研究和出版中，得到学术前辈和同辈的大力支持，在此深表谢意。特别需要感谢导师周光礼教授，《权力的规制：大学章程的历史流变与当代形态》一书"后记"中有关先生的言辞，今日来看，依然是客观和恰当的。得到教育部人文社会科学研究青年基金项目"我国公办大学治理有效性评估机制研究"（13YJC880128）的支持，在此表示感谢。

最后，向本书涉及的所有注释、参考文献作者致以谢意。

朱家德
2016 年国庆节于温州